Leslie Cameron-Bandler
Wieder zusammenfinden
NLP — neue Wege der Paartherapie

Reihe
Innovative Psychotherapie und Humanwissenschaften
Band 22
Herausgegeben von
Hilarion Petzold

Leslie Cameron-Bandler

Wieder zusammenfinden

NLP — neue Wege der Paartherapie

Junfermann-Verlag · Paderborn
1992

© Junfermannsche Verlagsbuchhandlung, Paderborn 1983
6. Auflage 1992
Amerikanische Ausgabe: They lived happily ever after by Leslie Cameron ©:1978 by Meta Publications, P.O. Box 565, Cupertino CA 95015, USA.
Lektorat: Christoph Schmidt
Übersetzung aus dem Amerikanischen: Annerose Hechler.
Einband-Gestaltung: Christof Gassner
Alle Rechte vorbehalten.
Nachdruck oder Vervielfältigung des Buches oder von Teilen daraus nur mit ausdrücklicher Genehmigung des Verlages.
Gesamtherstellung: Paderborner Druck Centrum

CIP-Kurztitelaufnahme der Deutschen Bibliothek
Cameron-Bandler, Leslie:
Wieder zusammenfinden: NLP — neue Wege der Paartherapie /
Leslie Cameron-Bandler. [Übers. aus d. Amerikan.: Annerose Hechler].
Paderborn: Junfermann, 1983.
(Reihe innovative Psychotherapie und Humanwissenschaften; Bd. 22)
Einheitssacht.: They lived happily ever after «dt.»
ISBN 3-87387-205-6
NE: GT

ISBN 3-87387-205-6
ISSN 0720-2385

Widmung

Dieses Buch widme ich mit tiefster Zuneigung meinem Bruder Wade,
auf daß Du glücklich und zufrieden leben mögest,
und
meinen Eltern Harry und Joyce
dafür, daß sie mich lehrten,
auf meinen eigenen Füßen statt auf anderer Leute Zehen zu stehen.

Danksagung

Für den geduldigen Beistand, der über jegliche normale Pflichterfül-
lung hinausging, möchte ich meinem Mann Richard, meinem Sohn
Mark und meiner lieben Freudin Adrienne danken.

Inhalt

Vorwort an den deutschen Leser

Virginia Satir, deren therapeutisches Handeln neben dem von Milton H. Erickson, Fritz Perls und Gregory Bateson die wichtigste Grundlage für die Entwicklung der effektiven Kommunikationstechniken des Neurolinguistischen Programmierens (NLP) war, antwortete auf die Frage, von wem man ihrer Meinung nach und in ihrem Sinne das NLP am besten lernen sollte: „Von Leslie Cameron-Bandler!"

Kontext dieses Zitates waren Bedenken, diese Sammlung hochpotenter therapeutischer Veränderungstechniken („Sie entstanden aus meiner Arbeit, die voll ist von Liebe und Achtung vor dem Menschen!" — V. Satir) könne mißbraucht werden — und werde es auch: als kalte Manipulationstechnologie, deren Beherrschung *dann* den Machtbedürfnissen ihrer Anwender mehr entgegen käme als einem Bemühen um einen an humanistischen Idealen und am Wohl des Klienten orientieren therapeutischen Interventionsstil.

Leslies klarer, humorvoller und einfühlsamer Umgang mit den Menschen, die sich ihrer therapeutischen Führung und ihren Seminaren anvertrauten, rechtfertigt voll und ganz die Empfehlung ihrer Lehrmeisterin. Darüberhinaus ist ihr Stil bei aller Eigenständigkeit und in gut integrierter Weise dem ihrer Lehrerin in bezug auf deren sinnliche Heiterkeit und respektvollen Optimismus angenehm ähnlich. Die von ihr mitentwickelte NLP-Technologie setzt sie erfrischend flexibel und unaufdringlich ein — sie hat nicht nur die Techniken, sondern auch die Person und den Geist Virginia Satirs erfaßt und assimiliert.

Beides wird im vorliegenden Buch deutlich: Obwohl Leslie, und auch darin ist sie Virginia nicht unähnlich, in geschriebener Form nur einen Bruchteil ihrer energiegeladenen Beweglichkeit und kommunikativen Brillanz vermitteln kann (was in diesem Bereich ohnehin nicht einfach ist), finden sich in ihrem Buch eine Fülle von „handfesten" und strukturstiftenden praktischen Anweisungen, deren Kontext und Substanz, nämlich die wachstumsorientierte therapeutische Grundhaltung, hinter der eher typisch amerikanisch anmutenden Machbarkeitsideologie immer noch deutlich erkennbar bleibt.

Sexual-, Paar- und Familientherapeuten werden dieses Buch mit Freude und Gewinn lesen — und mit Lust auf den nächsten Arbeitstag.

Thies Stahl, Hamburg

Zum Geleit

Geheimnisse hat es schon seit Urzeiten gegeben, und seit Beginn der Kultur hat es immer drei Typen von Genies gegeben. Beim ersten Typ handelt es sich um Leute, die die einzigartige Fähigkeit besitzen, zu orten, wo Geheimnisse liegen. Diese Denker haben stets bewiesen, daß sich mächtige Tiefen auftun, wenn man das Offenkundige durchforscht, um zum Unbekannten vorzustoßen. *Newton* und *Freud* waren solche Leute. Dem zweiten Typ von Genie gehören Leute an, die — gleich, welcher Methode sie sich bedienten — Geheimnisse entschlüsseln und die ungeheuren Ressourcen nutzbar machen konnten, die potentiell immer vorhanden waren. Diese Denker und Handelnden haben bewiesen, wie sehr es sich lohnte, ausdauernd und zäh zu sein. Sie bilden die Haupttriebkraft des Fortschritts in allen akademischen Disziplinen. *Linus Pauling* und *Marie Curie* und viele andere gehören zu diesen Leuten. Zum dritten Typ von Genie zählen jene wenigen Persönlichkeiten, die über die Fähigkeit verfügen, esoterisches Wissen einer Vielzahl von Leuten nutzbar, verständlich und zugänglich zu machen. Die Entdeckung der Elektrizität ist nur insofern wertvoll, als wir Leute wie *Thomas Edison* haben, die sie der Weltbevölkerung nutzbar und zugänglich machen. Denn Wissen, das sich in einem Vakuum befindet, bleibt Teil dieses Vakuums. Man gebe diesem Wissen Form und Substanz, und es wird einen weitreichenden Einfluß auf die Menschheit haben.

Die Autorin dieses Buches, *Leslie Cameron Bandler*, verfügt über ein bißchen von jeder dieser drei Fähigkeiten. Mein Geist ist durch ihre Fähigkeit, Geheimnisse zu erkennen, weiterentwickelt worden, meine Gedanken sind durch ihre Fähigkeit, Geheimnisse zu entschlüsseln, harmonisiert und geklärt worden, und mein Horizont ist durch ihre Fähigkeit erweitert worden, diese Geheimnisse zu einem Phänomen zu machen, das sich jeder, der es wünscht, zunutze machen kann. Einen wesentlichen Teil der letzten paar Jahre habe ich der Aufgabe gewidmet, die Geheimnisse der menschlichen Kommunikation zu entschlüsseln. Ich glaube, es ist mir ein bißchen gelungen, die unerschöpflichen Ressourcen zu erschließen, die sich auftun, wenn man Wissen verstehbar macht. Während dieser Zeit hat Leslie mit mir Kommunikationsmuster erforscht und herausgefiltert. Daß diese Muster der Kommunikation nun explizit vorliegen, bedeutet, daß sie erlernbar sind. D. h., alle Ressourcen, die wir zu nutzen gelernt haben, können auch von anderen genutzt werden, die bereit sind, die von uns angewandten Methoden zu erlernen. Allerdings ist damit noch nichts darüber ausgesagt, ob das Wissen und die Methoden, über die man verfügen muß, um die Früchte unserer Entdeckungen zu ernten, auch leicht zugänglich und verstehbar sind. Daher schreibe ich mit größtem Vergnügen diese Einleitung, weil Leslie — ein Mensch, der mir sehr lieb und teuer ist — eine Kostprobe davon gibt, wie stark sie über diesen dritten Typ von Genie verfügt. Wieder einmal versetzt sie mich in Erstaunen mit ihrem Talent, das Komplexe einfach, das Esoterische allgemeinverständlich und das Unzugängliche zugänglich zu machen. Dieses Buch bietet allen, die als Kommunikatoren größere Wirkung ausüben wollen — den Therapeuten, den Magiern — die Gelegenheit, einen klar vorgezeichneten Pfad durch die überwucherten Labyrinthe zu finden, welche die Struktur der Magie bilden. Mit größter Hochachtung, tiefster Liebe und einem riesigen Seufzer der Erleichterung sage ich nun zu Ihnen: Lesen Sie weiter und lernen Sie!

Richard Bandler, 18. Juli 1978

Vorwort

Es waren einmal im gar nicht so mythischen Lande Nom zwei sehr nette Leute, die verliebten sich. Sie beschlossen zu heiraten, um für den Rest ihres leiblichen Lebens die guten Gefühle einzufangen, die sie füreinander empfanden. Sie glaubten, die Liebe könne alles überwinden, und sie malten sich in der Phantasie eine Zukunft mit fortwährender Freude und wachsendem Glück aus. Als jedoch die Zeit verstrich, lauerte an der Schwelle zu ihrem Glück ein geheimnisvolles Unheil, und heimlich, still und leise, ohne sich auf irgendeine Weise anzukündigen, drang es allmählich bis zum Kern ihrer Beziehung vor. Beide nahmen an, es handle sich nur um eine vorübergehende Laune des anderen. Als jedoch die Zeit verstrich, verstärkte sich bei beiden der Verdacht, der andere sei irgendwie verhext. Als noch mehr Zeit verstrich, wurde jeder Tag immer mehr zu einem Kampf darum, den Anschein des Glücks aufrechtzuerhalten, das einst so prächtig gedieh, bis schließlich beiden klar war, daß es äußerste Anstrengung erforderte, auch nur so zu tun, als sei alles in bester Ordnung. Schließlich begannen sie, einander anzuklagen, daß der andere der Grund des Unheils sei, und jeder machte sich zum Fürsprecher der eigenen Unschuld. Sie suchten Verbündete in ihren Freunden und Verwandten, man ergriff Partei, und es brachen offene Feindseligkeiten aus. Die Eskalation der Feindseligkeiten hielt an, bis schließlich „Experten" als Berater hinzugezogen wurden. Drei der Berater behaupteten, das Problem gehe ganz eindeutig zu Lasten des Mannes, aber drei weitere behaupteten, das Problem gehe ganz eindeutig zu Lasten der Frau; beide Seiten legten ausführliche Daten und Theorien dar, um ihre Behauptung zu untermauern; dies führte nur zu weiterer Eskalation. Der Mann und die Frau konnten einander nicht mehr ansehen, ohne Leere oder Wut oder manchmal große Schuld zu empfinden. In einsamen Augenblicken fragten sie sich oft, „Ist es wirklich meine Schuld?", oder „Wie kamen sie dazu, daß ich keine Schuld trage?" Noch mehr Zeit verstrich, bis die ganze Sache vor Gericht gebracht wurde, damit man ihr auf den Grund gehe.

Ein weiser und kluger Richter führte den Vorsitz bei der Sache. Anklagen und Gegenklagen wurden vorgebracht. Nach einer Zeit lehnte er sich über die Richterbank vor und sagte: „Bevor wir mit diesem Fall fortfahren, muß ich euch etwas sagen. Wenn einer von euch schuldig gesprochen wird, dann wird er ganz gewiß zu lebenslangem Unglück verurteilt. Er wird ständig von unerträglicher Schuld gequält werden. Den anderen wird nichts an dem Versuch hindern, ein glückliches Leben zu finden. Aus der Erfahrung vieler Jahre weiß ich, daß die Karten gegen euch stehen. Aber die Sache ist dennoch nicht ausweglos. Ich werde euch eine Wahl anbieten. Wenn jeder von euch ganz sicher ist, daß er tatsächlich derjenige ist, der im Recht ist, werde ich diesen Fall anhören und meine Entscheidung treffen; doch ich bin nicht vollkommen und kann mich bei meiner Entscheidung irren. Daher setzt jeder von euch seine Zukunft auf meine Fehlbarkeit und auf die Kraft seines Anspruchs. Oder ihr könnt euch statt dessen entschließen, einen vom Gericht bestimmten Seelentechnologen aufzusuchen: Er wird euch Alternativen aufzeigen, die es unnötig machen, zu wissen, wer wirklich im Recht ist".

Dieser Vorschlag war für den Mann und die Frau ebenso furchteinflößend wie erregend, weil keiner von beiden in seinem Innern sich sicher war, wer wirklich im Recht sei, und alle hatten von den großen Kräften und Geheimnissen des Seelentechnologen gehört. Also entschlossen sich beide nach großen Diskussionen und gegen den Rat ihrer Anwälte und Berater, sich lieber der Ungewißheit zu stellen, die der Seelentechnologe für sie bot, als ihre Zukunft den Launen eines Gerichtsverfahrens auszusetzen.

Am nächsten Morgen gelangten beide im Labor an und warteten ängstlich im Büro des technischen Leiters. Schließlich trat ein Mann in weißem Laborkittel ein und gab ihnen schweigend das Zeichen, ihm zu folgen. Sie gingen durch Gänge hinab, an denen sich Zimmer reihten, die offenbar mit riesigen Maschinen und wissenschaftlichen Utensilien gefüllt waren, bis sie einen kleinen, verdunkelten Raum betraten, in dem nur ein rotschillernder Schein zu sehen war. Drei Stühle befanden sich in dem Raum, der ansonsten leer zu sein schien. Der Gehilfe im weißen Kittel verließ den Raum, während der Mann und die Frau sich hinsetzten und nervös umherblickten. Die Zeit stand still.

Die Tür des kleinen Raumes öffnete sich und herein kam eine Gestalt. Man konnte schwer sagen, ob es sich um einen Mann oder eine Frau handelte. Der rote Schein reflektierte sich an seinem weißen Laborkittel und ergab einen unheimlichen Glanz. Der Mann wie auch die Frau bemerkten, daß er gleichzeitig von überall und nirgendwo her strahlte. Die Gestalt stellte sich als Techniker 4 vor. Die Stimme ließ immer noch nicht das Geschlecht erkennen. Techniker 4 machte eine Handbewegung in der Luft, und aus dem Boden tauchte ein kleines

Computer-Terminal auf, flinke Finger spielten auf der schreibmaschinenähnlichen Tastatur, und auf dem Monitor erschienen Worte.

Techniker 4 wandte sich beiden zu und sagte: „Wißt ihr, warum ihr hier seid?" Der Mann und die Frau zuckten bloß die Achseln. „Dann laßt es mich so kurz wie möglich erklären. Ihr seid Leute, die — wie es auch immer dazu gekommen sein mag — beschlossen haben, nicht herauszufinden, was schief ging und wer Schuld hatte, sondern stattdessen eine Zukunft zu schaffen, die in sich selbst befriedigend ist und euch dadurch von dem Bedürfnis befreit, zu wissen, was schief ging. In meiner Kartei ist verzeichnet, daß es sich um ein übliches Problem handelt. Einst war große Liebe zwischen euch, und nun ist sie weg. Laßt mich beginnen, indem ich euch eine einfache und doch komplexe Frage stelle: Wohin geht die Liebe, wenn sie weggeht? Wenn es eine Antwort auf diese Frage gibt, dann liegt darin die Anweisung für den Aufbau einer befriedigenden Zukunft". Hier angelangt, hielt Techniker 4 inne und sah von dem Mann zur Frau, die beide, da sie von alledem sehr verwirrt waren, wieder nur die Achseln zucken konnten. Der Techniker fuhr fort: „Wir hier am Institut für generatives Erleben bieten Leuten, die euer Problem haben, eine Vielzahl von Zukunftsentwürfen an. Ich würde jede Zukunft gerne kurz umreißen, so daß ihr beide euch darüber einigen könnt, welche ihr gerne möchtet".

Dann griff Techniker 4 zur Computer-Konsole hinüber; wieder webten flinke Finger ein kompliziertes Muster über die Tastatur. Der rote Schein im Raum schien einen Augenblick zu zittern. Dann nahm er allmählich die Gestalt einer Pyramide an, so daß schließlich in der Mitte des Raumes eine durchsichtige Pyramide in der Luft schwebte. Der übrige Raum war nun dunkel.

Techniker 4 begann zu sprechen: „Ich möchte, daß jeder von euch jetzt eine angenehme Erinnerung aus eurer Vergangenheit hervorholt, die für die Art des Glücks steht, das ihr euch jetzt wünscht". Der Mann und die Frau betrachteten das Hologramm. Plötzlich konnten beide sehen, wie die Erinnerung in der Pyramide erschien. Zwei Leute lebten Ereignisse aus — so, wie sie sie im Gedächtnis hatten. Jeder sah seine eigene Erinnerung, und jeder empfand Trauer darüber, daß das Glück, das einmal da war, nun nicht mehr da war. Der Techniker fuhr fort: „Jedem von euch ist ein Ereignis erschienen. Wenn ihr bereit sein solltet, euch in die Pyramide zu begeben, dann würdet ihr nicht nur das Ereignis von Anfang bis Ende sehen, sondern ihr würdet auch alles, was sich zu dieser Zeit an diesem Ort zutrug, hören und fühlen, riechen und schmecken. Ihr könnt es ausprobieren, wenn ihr möchtet". Der Mann und die Frau traten in die Pyramide ein. Einen Augenblick lang leuchteten sie nur in dem schillernden Licht, dann wurden sie beide aufgehoben und durch eine Verwandlung in die Erinnerung versetzt; zuerst in die Erinnerung des Mannes und dann in die der Frau. Jede Erinnerung war für beide voll Glück und Befriedigung. Der Techniker tippte die Sequenz „Schluß, zurück" ein.

Der Mann und die Frau standen zusammen im Raum, der nun mit rotem Licht erfüllt war. Die Pyramide war weg, aber jeder sah den anderen an, wie er ihn angesehen hatte, als die Liebe bei ihnen war. Beide seufzten tief auf und begaben sich zu ihren Stühlen zurück.

Der Techniker begann zu sprechen: „Dieses erste Programm sieht vor, daß euer Heim mit einer Reihe Pyramiden ausgestattet wird — auf die Zahl müßt ihr euch einigen. Jede Pyramide beinhaltet drei Ereignisse von ungefähr sechs Stunden Dauer. Sie sind ziemlich teuer, so daß es vielleicht besser ist, wenn ihr einige jetzt und einige erst zu einem späteren Zeitpunkt kauft". Der Mann und die Frau sahen einander mit starkem Interesse an. Der Techniker fuhr fort: „Jedoch muß ich euch darauf aufmerksam machen, daß die meisten unserer früheren Kunden ein oder zwei Probleme hatten. Entweder wurde es ihnen langweilig, immer wieder die Vergangenheit aufleben zu lassen, oder sie kauften eine Vielzahl von Pyramiden, bis ihnen die schönen Erinnerungen oder das Geld ausgingen. Schlimmer noch, manche blieben so lange in einer Erinnerungspyramide, daß wir sie nicht mehr herauszuholen vermochten". Der Techniker hielt inne und sah den Mann und die Frau an. „Doch bei vernünftigem Gebrauch", fuhr Techniker 4 fort, „bietet die Erinnerungspyramide eine Alternative zu Ehestreitigkeiten. Das zweite Programm, das wir anbieten…" — der Techniker griff wieder zur Computer-Tastatur hinüber, der Schein im Raum begann wieder zu zittern und verschmolz diesmal zur Gestalt eines Gehirns, das nun da schwebte, wo zuvor die Pyramide gewesen war. Der Techniker fuhr fort: „ …ist etwas einfacher und etwas billiger, doch ist es von viel beständigerer Beschaffenheit. Das Gehirn, das ihr vor euch seht, ist kein richtiges Gehirn, sondern ein leeres Hologramm, das mit jedem beliebigen Gedanken oder Glauben gefüllt werden kann, den wir einzugeben wünschen. Es ist im wesentlichen nichts anderes als eine gut ausgestattete Erinnerungsbank, die man verwenden kann, um Daten wie auch Programme zur Verarbeitung dieser Daten zu speichern, oder, einfacher ausgedrückt, wir können es mit Tatsachen und Deutungssystemen zur Verarbeitung dieser Tatsachen füllen".

Der Techniker wandte sich wieder der Computer-Tastatur zu und tippte eine Sequenz ein, dann hielt er inne und sah den Mann und die Frau gespannt an. „Das zweite Programm bietet euch die folgende Möglichkeit: Jeder von euch wird wohl fest daran glauben, daß der andere im Unrecht ist; ihr werdet nun die totale Illusion haben, daß der andere dies als die völlige Wahrheit akzeptiert. Ihr braucht, um es auszuprobieren, nur in das Hologramm zu treten. Man kann dies natürlich zu einem Dauerzustand machen". Der Techniker hielt inne und wies auf das Bild des Gehirns. Die Frau erhob sich und trat einen Augenblick lang in das Bild des Gehirns. Sie rief sich Ereignisse ins Gedächtnis, die eigentlich nie stattfanden, und ohne Zweifel war sie diejenige, der Unrecht zugefügt worden war, und das mit böser Absicht. Sie hatte das Gefühl, vollkommen im Recht zu sein, doch das füllte nicht die Leere in ihrem Innern. Der Mann folgte ihr und hatte das gleiche Erlebnis.

Der Techniker fuhr fort: „Der Nachteil ist natürlich, daß es unabdingbar ist, daß ihr beide euch nie wieder begegnet. Die anderen Nachteile liegen auf der Hand. Dennoch ist dies eine Wahl, die die meisten Leute erwägen".

Techniker 4 ließ noch einmal seine geschickten Finger ein kompliziertes Muster von Wörtern über die Computer-Tastatur weben. Das Gehirn verschwand und hinterließ nur den roten Schein im Raum. Der Techniker wandte sich dem Mann und der Frau zu und sprach: „Die dritte Wahlmöglichkeit, die wir euch hier anbieten, ist sehr beliebt. Diese Wahlmöglichkit bietet euch eine Zukunft miteinander an, eine Zukunft mit neuen Erfahrungen ohne das Risiko unschöner Gefühle. Der Techniker wandte sich zur Computer-Tastatur zurück und schlug rhythmisch eine neue Konfiguration von Tastensequenzen an. Das rote Schillern erzitterte nochmals. Diesmal erschien kein Hologramm. Stattdessen erschien jeweils um den Mann und die Frau eine grüne Aura, die sie von Kopf bis Fuß einhüllte und hell aufleuchtete. Dann forderte der Techniker den Mann und die Frau auf, daß jeder von ihnen die schönen Erinnerungen an sich vorbeiziehen lasse, welche ihre gesamte Beziehung hätten prägen sollen.

Jeder begann, für sich alleine Bruchstücke von Erinnerungen vorbeiziehen zu lassen — aus der Zeit des anfänglichen Verliebtseins und den ersten Ehejahren. Angenehme Erinnerungen erfüllten ihre Gedanken und Körper. Der Techniker wies den Mann und die Frau an, in irgendeiner Form zu interagieren.

Sie wandten sich einander zu und begannen zu sprechen. Auf einmal geschahen die seltsamsten Dinge. Was immer sie auch sagten oder machten, sie hatten nur Gefühle wie diejenigen, welche sie empfanden, als sie verliebt waren. Beide experimentierten. Sie versuchten, beleidigend und gemein zu sein, es kamen immer die gleichen freundlichen Reaktionen.

Schließlich drückte der Techniker die passenden Tasten, und das rote Schillern kehrte zurück, um den grünen Schein verschwinden zu lassen. Der Techniker sprach: „Diese Wahlmöglichkeit bietet eine Zukunft mit vielgestaltigem Verhalten bei einem begrenzten Spektrum an Gefühlen. Der Vorteil ist natürlich, daß sie alle unschönen Tiefen in einer Beziehung beseitigt. Das geht jedoch auf Kosten jeglicher neuer Höhen". Wieder sahen sich der Mann und die Frau mit Interesse an. Hier angelangt, erhob sich der Techniker aus dem Stuhl und signalisierte dem Mann und der Frau, ihm zu folgen. Sogleich folgten beide dem Techniker zur Tür des kleinen Raumes hinaus. Wieder kamen sie durch lange Gänge, in denen ein Zimmer am anderen war, bis der Techniker scharf in eines einbog. An den Wänden reihten sich Röhren, die ungefähr einen halben Meter im Durchmesser und zweieinhalb Meter in der Höhe maßen. Eine war auf die andere gesteckt, eine befand sich neben der anderen. Es müssen Zehntausende davon im Raum gewesen sein. Jede schien aus einer Art Glas zu bestehen und war von einem rotschillernden Schein erfüllt.

Der Techniker sah die ehrfürchtigen Gesichter des Mannes und der Frau an, und ohne Gefühlsregung sprach er nochmals: „Was ihr hier seht, ist die letzte Wahlmöglichkeit, die wir euch anbieten". Der Techniker ging zu einer der Röhren hinüber und machte davor eine Handbewegung. „Wenn man einen von euch in das Innere der Röhre stellt, dann könnt ihr nach ausreichender Programmierung das Leben führen, das ihr euch an eurem Hochzeitstag vorgestellt hattet. Wir müssen nur die Erwartungen dieses Tages genau analysieren, einen Modul für euch programmieren, und die Träume eures Lebens werden sich erfüllen. Ihr werdet dies nur erleben, es wird in Wirklichkeit gar nicht geschehen, aber ihr werdet den Unterschied nicht feststellen können. Ihr werdet den Rest eurer Tage in einem komaähnlichen Zustand verbringen, während ihr innerlich alles, was zum Leben gehört, erleben werdet. Wir werden eure Lebensführung überwachen und alle überschüssige Energie, die ihr produziert, abziehen, um eure Reise zu bezahlen". Der Techniker machte wieder eine Handbewegung, die Röhre öffnete sich und leuchtete immer noch rot. „Diese ist für eine kurze Vorführung programmiert worden". Der Techniker deutete auf den Mann.

Der Mann trat vorsichtig ein, und die Tür schloß sich hinter ihm. Ein seltsames Gefühl überkam den Mann. Sein Kopf wurde leicht. Plötzlich befand er sich im Büro des technischen Leiters, hielt die Hand der Frau, und er hörte sich, wie er, den Glauben und die Wahrheit seiner Worte empfindend, mit Überzeugung sagte: „Wir sind zu dem Schluß gelangt, daß wir eure Dienste nicht brauchen. Wir werden uns unsere eigene, schöne Zukunft bereiten". Als sie beide davongingen, sah er in die Augen der Frau, und er wußte, was auch geschehen würde, sie würden die Liebe, die sie einmal geteilt hatten, finden und erhalten. Drei Tage fortwährender Freude, voll schöner Stunden, großer Liebe und aufmerksamer Kommunikation wurden von dem Mann durchlebt und sie bestärkten ihn in seiner Überzeugung. Er hatte vergessen, daß er sich in einer Röhre befand, als sich plötzlich seine Umgebung auflöste und er in einer Röhre stand und den Techniker anstarrte. Er trat heraus, und die Frau trat gerade aus der Röhre gleich neben der seinen heraus. Sie sahen einander an. Kein Wort fiel. Die Zeit begann wieder. Der Techniker führte sie zum Büro des technischen Leiters zurück und sagte ihnen, daß sie nun über ihr Schicksal entscheiden müßten. Dann ließ er sie alleine.

Nach einer Stunde kam der technische Leiter zurück ins Büro und fragte: „Was ist euere Entscheidung?"

Der Mann und die Frau sahen einander an, und schließlich sagte der Mann: „Wir haben beschlossen, auf euere Dienste zu verzichten, so verführerisch sie auch sein mögen. Wir werden versuchen, unsere eigene Zukunft aus den Freuden unserer Vergangenheit aufzubauen und es diesmal besser zu machen. Wenn es uns nicht gelingt, werden wir zurückkehren, aber wartet nicht auf uns. Wir wissen, es wird nicht so leicht sein, wie ihr es machen könnt, aber wir hoffen, es wird besser sein, als ihr es machen könnt". Damit wandten sie sich um und gingen.

Der technische Leiter zog eine Augenbraue hoch und wandte sich der Wand hinter sich zu. Ein Wink mit der Hand, die Wand verschwand und an ihrer Stelle stand jetzt Techniker 4. Der technische Leiter ging zu dem Techniker und sagte: „Wieder einmal hast du es geschafft. Du sollst wegen dieser Leistung befördert werden. Wende dich wieder deinen Pflichten zu". Der Techniker lächelte, der technische Leiter lächelte, und der Mann und die Frau lebten noch lange glücklich und zufrieden.

1 Vorbemerkungen

Einleitung

Und sie lebten noch lange glücklich und zufrieden. Haben wir es hier mit einem Therapeuten-Märchen zu tun? Sicherlich zeichnet es eine sehr wünschenswerte Lösung vor. Statt zu entscheiden, wer recht oder unrecht hat, oder in die Vergangenheit zurückzugehen oder in einer illusionären Zukunft zu leben, gelangten diese beiden Menschen zur besten aller Lösungen: Sie heißt „generatives Erleben"; dadurch konnten beide gegenüber dem Partner Verhaltensweisen entwickeln, welche die erwünschten Reaktionen hervorriefen, und dadurch waren beide imstande, auf Schwierigkeiten so zu reagieren, daß diese zu Möglichkeiten der Bereicherung werden konnten. Darüber hinaus taten sie dies unabhängig vom Therapeuten, ohne sich an dessen Schürzenband zu klammern. Natürlich handelt es sich hier nur um eine erfundene Geschichte. Doch was genau führte diese beiden Menschen zu diesem glücklichen Ende? War es der Zufall? Oder waren es Zaubertricks des Therapeuten? Oder stand ein vorgefaßter Plan dahinter? Wenn ja, können Sie ihn finden?

Nun hatte der Techniker ein komplexes technisches Rüstzeug, das einige komplexe Gefühle produzierte. Aber könnte jeder von uns dieselben Gefühle und auch das glückliche Ende herbeiführen, ohne solche technischen Wunderwerkzeuge anzuwenden? Ich kann das. Um dies zu erreichen, benötigen Sie nur die von mir und meinen Kollegen entwickelten Meta-Techniken und das Geschick, diese wirkungsvoll einzusetzen. Ich weiß, daß dies wahr ist. Ich habe sie selbst eingesetzt, um mir selbst ein glückliches und zufriedenes Leben zu schaffen und zu erhalten und solch ein glückliches Ende den Leuten zu vermitteln, die zu mir gekommen waren und sich verändern wollten. Weil ich mich darauf verstehe, die Meta-Techniken der Veränderung geschickt und kreativ einzusetzen, gelingt es mir auf privatem wie beruflichen Gebiet, ein Leben in Glück und Zufriedenheit zu gestalten. Jeder kann zu einem solchen Leben gelangen, wenn er sich diese Techniken aneignet und sie richtig einsetzt.

Obwohl sie den psychologisch und therapeutisch Tätigen bereits international vermittelt wurden, stellt dieses Buch die erste veröffentlichte Beschreibung vieler dieser hochgeschätzten und begehrten Techniken dar. Diese Methoden der therapeutischen Intervention sind über eine Reihe von Jahren anhand des Studiums therapeutischer Magier wie *Fritz Perls, Virginia Satir* und *Milton Erickson* gewonnen worden, die man beobachtete, wie sie Einzel-, Paar- und Familientherapien durchführten und Trainingsseminare für Fachleute aller Art leiteten. *Richard Bandler* und *John Grinder*, die wahrhaftig selbst Magier sind, haben durch ihre Bücher und persönlichen Kontakte vieles aus dem Bereich der Klinischen Psychologie in eine andere, produktivere Richtung umgelenkt. Diese andere, neue Richtung verleiht alten Verständnisansätzen ganz neue Perspektiven, und was am wichtigsten ist, sie vermittelt hautnah, wie man durch therapeutische Intervention zu den Ergebnissen gelangt, die man sich wünscht. Jede Meta-Technik der Veränderung erbringt einen Erfolg auf der Verhaltensebene, der sich leicht an der Erfahrung verifizieren läßt: somit werden alle Zweifel daran beseitigt, daß sie ihre Wirkung getan hat. Diese Techniken stellen einen ungeheuren Fortschritt in der therapeutischen Technologie dar.

Anfangs kombinierten *Richard Bandler* und *John Grinder* ihre außerordentlichen Talente, Strukturen menschlichen Verhaltens aufzudecken und nutzbar zu machen, um Veränderungen herbeizuführen, und wandten diese Talente an, um ein brauchbares therapeutisches Modell der englischen Sprache zu konstruieren. Es gelang ihnen, das Meta-Modell zu schaffen (vgl. *Richard Bandler, John Grinder*, Metasprache und Psychotherapie. Die Struktur der Magie I, Junfermann, Paderborn, 1981). Das Meta-Modell ist ein spezifisches Repertoire an linguistischen Strategien, mit denen man erfolgreich und produktiv auf verschiedenartige sprachliche Äußerungen verschiedener Menschen reagieren kann. Es bildet das Fundament, auf dem der Stoff dieses Buches aufbaut. (Deshalb bringe ich in Anhang I eine zusammenfassende, kurze Darstellung des Meta-Modells und fordere Sie auf, darauf zurückzugreifen.)

Meine eigene Verbindung mit *Richard Bandler* und *John Grinder* geht auf eine Zeit zurück, als das Meta-Modell noch nicht existierte. Diese Verbindung begann mit gemeinsamen, gründlichen Ausbildungserfahrungen und weitete sich zur vollständigen beruflichen Zusammenarbeit aus. (Zu guter Letzt fanden diese produktiven und befriedigenden Jahre ihren Ausdruck in meiner Heirat mit Richard.) Ich habe mir zwar (was den Aufbau von Modellen betrifft) in den Jahren, in denen ich zusammen mit Richard und John forschte, therapierte und

Ausbildungsseminare durchführte, formale Fertigkeiten angeeignet; meine bevorzugte Tätigkeit jedoch bleibt die direkte Anwendung unserer Methoden, wenn es also gilt, erwünschte Veränderungen hervorzurufen und diese Methoden an andere weiterzuvermitteln. Gerade in diesem Bereich kann sich meine persönliche Kreativität und mein eigener Stil entfalten. Gerade bei der Weitervermittlung dieses Wissensstoffs in Seminaren fällt es mir leicht und bereitet mir besondere Freude, diese scheinbar komplizierten Techniken und Strukturen menschlichen Verhaltens so darzustellen, daß sie auch der Laie verstehen und erlernen kann. Gewiß ist dieses Buch — diese Darstellung meiner Therapiemethoden — ein Test für meine Fähigkeiten, anderen Menschen Dinge zu vermitteln. Ich will die relevanten Strukturen menschlichen Verhaltens und die Meta-Techniken der Veränderung durch ausführliche Beschreibungen und sinnvolle klinische Beispiele verständlich und der Erfahrung zugänglich machen. Alle Techniken werden Schritt für Schritt dargestellt, und manche davon eignen sich auch zur Selbsthilfe.

Ob es mir gelingt, Ihnen etwas zu vermitteln, läßt sich daran ablesen, inwieweit Sie den Stoff dieses Buches aufnehmen und im Berufs- und Privatleben verwenden können. Gelingt Ihnen dies, so habe ich Ihnen geholfen, die Brücke zwischen der Form und dem Inhalt menschlichen Verhaltens zu schlagen, die so unabdingbar für wirkungsvolle therapeutische Intervention im besonderen und wirkungsvolle Kommunikation im allgemeinen ist.

Die Strukturen menschlichen Verhaltens und die Meta-Techniken der Veränderung sind bereits in sich selbst faszinierend. Aber meine Motivation, dieses Buch zu schreiben, entstammt den vielen glücklichen Lösungen für scheinbar unlösbare Probleme, die sich durch die Anwendung dieser Techniken ergeben haben. Meine persönliche Einstellung zu dem, was einen glücklichen Ausgang darstellt, motiviert mich, diesen Stoff in seiner Anwendung auf die Sexualtherapie darzustellen. (Bei meinen „happy endings" wird immer fleißig geliebt.) Diese persönliche Einstellung wie auch meine Berufserfahrung haben mich zu der Ansicht gebracht, daß Menschen, die irgendwo im Spektrum der therapeutischen Berufe ihre Tätigkeit ausüben, gewisser Fertigkeiten bedürfen, die ihnen den Umgang mit sexuellen Problemen erleichtern.

So berichtete mir ein Kollege und Teilnehmer an vielen Trainingssitzungen von dem Fall einer Frau, die sich wegen eines Torticollis therapieren lassen wollte, einer Krankheit, bei der der Kopf in eine fixierte Position gedreht wird und der Betroffene den Hals so gut wie nicht bewegen kann. Als der Therapeut dieses psychosomatische Symptom behandelte, erfuhr er, daß dessen Ursache in einer Fellatio zu suchen war, zu der die Klientin im Alter von acht Jahren gezwungen wurde.

Im Wegdrehen des Kopfes hatte sich der unbewußte Wunsch der Klientin manifestiert, ein weiteres Erlebnis dieser Art zu vermeiden. Daß sie etwas über den Ursprung dieses Symptoms erfuhr, war nicht nur für die Behandlung des Torticollis wichtig, sondern jene traumatische Episode erklärte darüber hinaus auch die schwere sexuelle Störung der Klientin. Daher mußte die sexuelle Störung, obwohl diese nicht der eigentliche Grund für die Therapie war, in die Behandlung der spezifischen Symptome des Torticollis mit einbezogen werden. Somit stellt dieser Fall ein Beispiel dafür dar, daß man ein Rüstzeug braucht, eine Sexualtherapie durchzuführen, die sich auch in ein bereits laufendes Therapieprogramm integrieren läßt.

Da ich viel reise, um Trainingsseminare über Kommunikation und Veränderung durchzuführen, bin ich mit vielen Leuten zusammengetroffen, die sexualtherapeutisch tätig sind. Manche sind wegen ihrer fachlichen Fähigkeiten hoch angesehen und verhelfen ihren Klienten wirklich zu intensiverem sexuellem Erleben. Doch sind nicht selten auch diese Leute heimlich an mich herangetreten, um vertraulich um Hilfe nachzusuchen. In einem Fall konnte eine Sexualtherapeutin nur mit Hilfe eines Vibrators zum Orgasmus kommen. Eine andere konnte während des Geschlechtsverkehrs nicht zum Orgasmus gelangen. Ein Mann, der Koordinator und Lehrer von Kursen über sexuelle Störungen für eine medizinische Fakultät und für ein Familientherapie-Ausbildungszentrum ist, bat um Beratung, weil er zeitweilig unter Impotenz litt. Was bedeutet es, wenn so erstaunlich viele Sexualtherapeuten und -erzieher selbst an einer sexuellen Störung leiden?

Zum Teil erklärt sich dies daraus, daß man menschliches Sexualverhalten so behandelt, als liege es außerhalb allen anderen menschlichen Verhaltens. Ob man die Sexualität nun ignoriert oder sich vollkommen darauf konzentriert — es stellt eine grobe Fehleinschätzung dar, die Sexualität gesondert in den Blick zu fassen, ohne den Menschen in seiner Gesamtheit zu berücksichtigen.

Die Struktur des Erlebens

Will man begreifen, daß menschliches Sexualverhalten nur ein Aspekt innerhalb eines funktionierenden Gesamtsystems ist, so gehört dazu mehr, als lediglich anzuerkennen, wie wichtig ein systembezogener Ansatz in der Sexualtherapie ist. Menschliches Erleben entsteht aus der Interaktion zwischen dem, was die Außenwelt unseren Sinnen zuführt, und dem, was unsere Psyche an inneren Bildern, Dialogen, Gerüchen und Gefühlen produziert. Weil die Meta-Techniken der Veränderung uns ein Verständnis dieser Interaktion vermitteln und zeigen, wie man die für diese Interaktion geeigneten Fertigkeiten richtig einsetzt, konnte ich den eben erwähnten Leuten zu den von ihnen erwünschten Veränderungen in ihrem Sexualverhalten verhelfen.

Wir denken in Bildern, Klängen, (körperlichen) Gefühlen und Worten. Manchmal laufen diese innerlich erzeugten Prozesse nicht parallel zum sinnlichen Erleben von Außenreizen, und dann entsteht eine bestimmte Inkongruenz. Diese Inkongruenz kann in manchen Situationen durchaus nützlich sein, so zum Beispiel, wenn sie es uns ermöglicht, durch lange, langweilige Konferenzen unseren Tagträumen nachzuhängen, oder wir können unser Bewußtsein auf eine schöne Erinnerung oder Phantasie lenken, während wir uns im Zahnarztsessel befinden. Diese inneren Prozesse ermöglichen es uns, zu planen, uns an die Vergangenheit zu erinnern, uns in die Zukunft zu versetzen, aber sie können uns auch in unserer Fähigkeit einschränken, zu den erwünschten Erlebnissen zu gelangen.

Bestimmt kennen Sie alle jene Leute, die sich selbst daran hindern, ein neues Verhalten an den Tag zu legen, weil sie denken, „es wird dumm aussehen". Genauer gesagt, diese Leute versetzen sich selbst bildlich in eine Situation, wo sie ungeschickt mit diesem neuen Verhalten umgehen, und es ist ihnen alles so peinlich, als hätten die im Bild erlebten Geschehnisse tatsächlich stattgefunden.

Mit einem weiteren Beispiel für innere Prozesse, die einen von der Verwirklichung erwünschter Erfahrungen abhalten oder diese einschränken, sind gerade die meisten Therapeuten ganz besonders vertraut; nämlich mit der Erfahrung, daß ihre Arbeit in verschiedenen Stadien der Ausbildung supervidiert wird. Der Therapeut ist in der Supervisionssituation so abgelenkt durch seine inneren Projektionen — nämlich durch seine Vorstellungen, wie der Supervisor sein Verhalten wohl bewertet —, daß sich die Qualität seiner Arbeit erheblich vermindert.

Was nun das sexuelle Erleben betrifft: Das Vorspiel oder die sexuellen Fertigkeiten können noch so gut sein — wenn einer der Beteiligten dabei in einem inneren Dialog über die morgige Einkaufsliste nachdenkt oder im Geist Zahlen multipliziert, so vermindert sich die Intensität des Erlebnisses ganz erheblich. Oder wenn man sich während des Liebesaktes eine Konfliktsituation vorstellt (z. B. einen Streit mit der Mutter) oder innere Stimmen hört, die einem vom gerade ablaufenden Erlebnis ablenken (die Stimme der Mutter, wie sie sagt: „Also, brave Mädchen tun so etwas nicht", oder wie die eigene Stimme sagt: „Mal sehen, ob er/sie müde wird"), oder wenn man sich an unpassende Gefühle aus einem vergangenen irrelevanten Erlebnis erinnert (wie man eine Prüfung abgelegt hat oder durch den Straßenverkehr gefahren ist), — dann entgeht einem die Möglichkeit, voll und ganz im Erlebnis aufzugehen. In solchen Fällen würde das Erlebnis zu einer inkongruenten Mischung aus dem momentan ablaufenden Liebesakt einerseits und Bildern, Tönen, Worten oder Gefühlen andererseits, die in keinem Zusammenhang zum momentan ablaufenden Erlebnis stehen. Doch selbst wenn diese innerlich produzierten Prozesse kongruent zum momentan ablaufenden sexuellen Erlebnis sind, können sie dessen Intensität einschränken. Ein Beispiel hierfür: Wenn man sich während des Geschlechtsverkehrs jeden Teil des Körpers bildhaft vorstellt, den man gerade mit seiner rechten Hand berührt, so läuft man Gefahr, daß man sich mehr auf die Bilder als auf die Empfindungen konzentriert. Oder wenn man sich ein Bild davon vorstellen würde, wie man selbst und der Partner auf einen ungesehenen Zuschauer aus der anderen Ecke des Raumes wirkt, so kann es vorkommen, daß man alle Bewußtheit für die von direkten Reizen ausgelösten Körperempfindungen verliert. Um *Bill Masters* aus „Pleasure Bond" zu zitieren:

„Es gibt wahrscheinlich niemanden, der nicht während des Akts manchmal zum Zuschauer wird. Manchmal beobachten wir, was wir selbst tun oder was unser Partner tut. Es ist völlig natürlich, den Vorgang bewußt zu beobachten; es ist in der Tat recht stimulierend, dies gelegentlich zu tun.

Worauf es ankommt, ist der *Grad*, bis zu dem wir diese Zuschauerrolle einnehmen. In manchen Fällen zeugt die Zuschauerrolle von einer Distanzierung von jeglichem emotionalen Engagement. Auch das ist normal und kein Anlaß zur Beunruhigung. Aber es verringert den *Einsatz* von Anreiz. Wenn Sie sich während des Sexualaktes als Zuschauer fühlen, entgeht Ihnen ein Teil der Lust und Erregung Ihrer Frau, das heißt, es entgeht Ihnen entsprechend viel an Stimulierung. Und auch Ihre Lustempfindungen sind stumpfer, weil Sie nicht in dem Erlebnis aufgehen — Sie schauen zu. Ich sage *nicht*, daß Sie gar keine Lust empfinden. Ich sage nur, daß ein Teil blockiert ist. Eine Wahrnehmungsebene ist blockiert". (dt. 1976, S. 43)

Diese inneren Prozesse können manchmal auch unser sexuelles Erleben steigern. Wieder schreibt *Bill Masters* in „Pleasure Bond":

„Jeder von uns *phantasiert* mehr oder weniger. Es ist eine Form der Selbstanimierung. Es hilft uns, uns von da, wo wir sind, nach dort, wo wir sein möchten, zu versetzen, wenn die Gelegenheit günstig ist. In diesem Sinn ist es eine Brücke und kann sehr nützlich sein". (dt. 1976, S. 84)

Vielleicht ist *Bill Masters* Analogie mit einer Brücke hier besonders zutreffend. Bei sexuellen Störungen liegt innerlich erzeugtes Erleben auf der einen Seite einer breiten, tiefen Kluft, während äußeres sinnliches Erleben auf der anderen Seite liegt. Wenn inneres Erleben so gelenkt werden kann, daß es erwünschte Phantasien produziert, die irgendwie zum momentan ablaufenden äußeren sinnlichen Erleben kongruent sind, dann können die Kluft überbrückt und die beiden Seiten vereint werden.

Die hier dargestellten Meta-Techniken der Veränderung bieten zahllose Möglichkeiten, diese Brücken sowohl *zwischen* als auch *innerhalb* von Personen zu schlagen. Beim Bau solcher Brücken sollte man stets im Auge behalten, daß unser Bewußtsein gewissen Einschränkungen unterliegt. Unser subjektives Erleben ist weitgehend abhängig von genau dem, auf das sich unser Bewußtsein konzentriert. Wir sind uns entweder des inneren Erlebnisses, des äußeren Erlebnisses oder einer Mischung von beidem bewußt. Manchmal ist das eine, manchmal wiederum das andere günstig. Die Kombination aus innerer Phantasie und äußerer sexueller Stimulierung kann therapeutisch insofern wirkungsvoll eingesetzt werden, als man dadurch schrittweise das Bewußtsein auf die von außen kommende Stimulierung lenken kann. Dieses Buch bietet Methoden, solche Brücken zwischen Innen und Außen zu bauen, und außerdem Möglichkeiten, wie man sich und anderen helfen kann, diese zu überqueren.

Bedürfnisse, die erfüllt werden sollten

Man kann gar nicht genug betonen, wie wichtig ein befriedigendes Sexualleben für eine Beziehung ist. Augenblicke geteilter körperlicher Intimität, in denen zwei Menschen einander zur sexuellen Erfüllung bringen, können das Fundament für eine Beziehung bilden, die auch äußere Zwänge und Belastungen zu überstehen vermag. Die natürliche Sexualität — das natürliche Lustempfinden — vermag Leidenschaft, Intimität, Liebe, Zärtlichkeit und vieles mehr über das unmittelbare Erleben auszudrücken. Obschon auch Worte das Erlebnis steigern können, erhält dieses vor allem durch die unmittelbare sinnliche Kommunikation seine Lebendigkeit. Die Berührungen, Gerüche, Geräusche und visuellen Eindrücke beim Liebesakt dienen der unmittelbaren Kommunikation zwischen zwei Menschen. Wie schrecklich ist es, daß solche natürlichen und ergreifenden menschlichen Erfahrungen manchen Leuten unnötigerweise versagt bleiben.

Es besteht ein erhebliches Bedürfnis nach wirksamen Methoden für den Umgang mit sexuellen Störungen. Oft wissen die davon Betroffenen überhaupt nicht, ob sie „normal" funktionieren oder nicht. „Nach vorsichtigen Schätzungen liegen bei der Hälfte der Ehen entweder zur Zeit sexuelle Störungen vor, oder es bahnen sich solche für die Zukunft an" (*Masters* und *Johnson* 1970, S. 27). Die Sexualität ist ein einzigartiges Gebiet innerhalb der Psychotherapie. Bei den meisten anderen Problembereichen, mit denen es ein Therapeut zu tun hat — ob es sich nun um psychische oder Beziehungsprobleme handelt —, ist die Frage, ob ein Verhalten einen Fortschritt oder Rückfall darstellt, viel mehr eine

Sache der Interpretation. Bei der Behandlung von sexuellen Störungen dagegen lassen sich Erfolge bzw. Mißerfolge direkt am sexuellen Erleben festmachen. Der Therapeut sollte sich jedoch nicht durch diese Tatsache abschrecken lassen, sondern sich vielmehr darüber freuen, daß ein solch klares Feedback einen sicheren Erfolg demonstriert.

Im folgenden, wenn ich Ihnen nun diese Strukturen und Techniken vorführe, mit denen sich Erfolge erzielen lasen (private und berufliche „Happy Endings"), brauche ich wohl nicht langwierig zu definieren, wann man von einer sexuellen Störung im klinischen Sinne spricht. *Masters* und *Johnson* haben diese Definition in ihren Büchern schon so hervorragend herausgearbeitet, daß an dieser Stelle dazu nichts mehr hinzuzufügen ist. Außerdem blühen und gedeihen Techniken, die direkt und ausschließlich für den Umgang mit sexuellen Störungen bestimmt sind, so daß der Versuch, in diesem Bereich etwas Neues anzubieten, meine Kreativität überstrapazieren würde.

Der hier dargestellte Stoff soll sowohl einen theoretischen Rahmen als auch spezifische therapeutische Techniken zur Intensivierung des sexuellen Erlebens des Klienten liefern. Es muß betont werden, daß diese Techniken, die sich universell auf menschliches Verhalten anwenden lassen, nur insofern Techniken für den Umgang mit sexuellen Störungen sind, als sie hier in einem bestimmten Zusammenhang aufgezeigt werden. Obwohl diese Muster und Strukturen hier nur im Zusammenhang mit sexuellen Störungen dargestellt werden, sind sie und die damit verbundenen spezifischen Techniken auch bei jedem anderen Problembereich von Nutzen. Ich fordere Sie dringend auf, sie auch in anderen Bereichen anzuwenden. So nämlich können Konzepte und Interventionsmethoden entstehen, die von uns allen eingesetzt werden können, ungeachtet der Vorbildung und Schulung.

Zusammenfassend sei nun gesagt, daß andere zwar zuvor unbekannte Strukturen menschlichen Sexualverhaltens herausgefiltert und wirkungsvolle Therapiemethoden für den Umgang mit sexuellen Störungen entwickelt haben, daß jedoch noch viel Raum für Verbesserungen besteht. Die bereits vorhandenen Verfahren sind nicht sehr effektiv bei phobischen Reaktionen, die infolge früherer Traumen oder nachhaltiger Konditionierung entstanden sind. Die meisten existierenden Verfahren eignen sich nicht bei einem schwer Gestörten oder bei einem Menschen, der nicht in einer Paarbeziehung steckt. Ganz besonders ungeeignet sind sie für Fälle, bei denen innerlich erzeugtes Erleben die physiologischen Reaktionen stört, die bei einem erfolgreichen sexuellen Erlebnis ablaufen.

Dies ist keineswegs eine Kritik an bestehenden Therapieverfahren. Ganz im Gegenteil, die Tatsache ist die, daß der von *Masters* und

Johnson und anderen entwickelte Fundus an Wissen das Bedürfnis, Fertigkeiten in diesem Bereich weiterzuentwickeln, vermindert, aber nicht aufgehoben hat. Es ist nicht sinnvoll abzulehnen, was andere gemacht haben, jedoch ist es durchaus sinnvoll, ihrem Werk etwas hinzuzufügen. Ich bezweifle stark, daß diese Experten wollen würden, daß andere dort aufhören, wo sie angehalten haben, sondern ich meine, daß sie stattdessen Ergänzungen zu ihren Verfahren durchaus begrüßen würden. Es gibt zwei Möglichkeiten wie man diese Verfahren ergänzen kann: (1) Man setzt die Strukturen menschlichen Verhaltens und die Meta-Techniken der Veränderung, die sich als so wirkungsvolle Mittel der Veränderung menschlichen Erlebens allgemein erwiesen haben, auf dem Gebiet der Sexualtherapie ein, und (2) man integriert die Sexualtherapie als Spezialgebiet in die Therapie der Gesamtperson, statt die Sexualität von den übrigen Erlebensbereichen abzutrennen. So bitte ich Sie höflich, während Sie die in diesem Buch angebotenen Möglichkeiten weiterentwickeln und in Ihre Person integrieren, die nützlichen Verhaltensmöglichkeiten, die bereits in Ihrem Repertoire enthalten sind, beizubehalten und sie nur zu ergänzen. Behalten Sie im Auge, daß die Utopie von gestern die Wissenschaft von heute ist und daß nicht alle Technik auf Maschinen beschränkt ist. Sie können sich mit den folgenden Seiten den Weg eröffnen, ein Seelentechnologe zu werden.

Strategischer Überblick

Von dem folgenden Überblick können Sie sich leiten lassen, wenn Sie Menschen helfen, Strategien zu entwickeln, die sich auf der Ebene des Unbewußten abspielen und den Betreffenden zu befriedigenderen und bereichernderen sexuellen Erlebnissen verhelfen. Die Gliederung, in der der Stoff dieses Buches dargeboten wird, dient auch zugleich als Struktur, nach der der Therapeut sein Verhalten bei der Behandlung von sexuellen Störungen organisieren kann.

Damit diese Darstellung ihren Nutzen hat, muß sie die komplexe therapeutische Intervention so vereinfacht wiedergeben, daß wir imstande sind, uns ihrer zu bedienen. Ich habe große Sorgfalt darauf verwandt, dieses Erfordernis während der ganzen Darstellung im Auge zu behalten. Zwar biete ich zahlreiche Techniken für therapeutische Interventionen an, doch sind die Strukturen in einfachen, leicht zu verfolgenden Schritten vorgeführt, und die Verfahrensweisen werden durch mehrere Beispiele gründlich erläutert. Diese Strukturen der Kommunikation und der Veränderung haben meine Kollegen und ich angewandt und im ganzen Land in Trainings-Workshops den Psychotherapeuten nahegebracht, immer mit großem Erfolg. Wenn sich Therapeuten die Mühe machen, die notwendigen Unterscheidungen zu treffen, und ihre Erfahrungen so wie hier beschrieben in Form von Sequenzen und Kategorien zu analysieren und einzusetzen, so haben sie nach meiner Erfahrung durchweg gute Erfolge, wenn sie ihre Klienten den erwünschten Zielen näherbringen.

Die Form dieses Buches ist selbst eine Strategie. Diese Strategie — so habe ich festgestellt — ist eine gute Möglichkeit, meine therapeutische Arbeit zu strukturieren. Sie hat drei Grundschritte:

1) Gewinnen von Informationen zum gegenwärtigen und zum erwünschten Zustand der Klienten sowie Herstellen eines Rapports zu den Klienten.

2) Die Klienten vom gegenwärtigen Zustand in den erwünschten Zustand entwickeln.

3) Brückenschlagen in die Zukunft (*Futurepacing*): Integration des erwünschten Erlebens in das Gesamtverhalten auch nach der Therapie[1].

Diese drei Schritte bauen eine wirkungsvolle therapeutische Veränderung auf, wenn man zwei lebenswichtige Zutaten beifügt: sinnliche Erfahrung und Flexibilität des Verhaltens. Und zwar die äußere sinnliche Erfahrung, um aufzudecken, welche beobachtbaren Verhaltensweisen den momentanen bzw. problematischen Zustand ausmachen bzw. welche beobachtbaren Verhaltensweisen den erwünschten bzw. geheilten Zustand bei einer Person oder einem Paar ausmachen. Sobald man das weiß, benötigt man Flexibilität des Verhaltens, um die Klienten von da, wo sie sich befinden, dahin zu bringen, wohin sie gerne möchten. Wenn Sie flexibel in Ihrem Verhalten sind, können Sie von einer Interventionsmethode zur anderen überwechseln, bis Sie die angestrebten Ergebnisse erzielt haben. Mit anderen Worten beschrieben, sehen die Schritte wie folgt aus:

1) Sondieren Sie *einfühlend und behutsam*, wohin die Klienten wollen und wo sie sich jetzt befinden.

2) Wählen Sie eine Methode aus, mit der man zum erwünschten Ziel gelangen kann, und wenden Sie diese an.

---

[1] Brückenschlagen in die Zukunft (*Futurepacing*): Da man während des therapeutischen Prozesses fortlaufend dafür sorgen muß, daß der Erfolg dauerhaft ist, ist das „Brückenschlagen in die Zukunft" in die jeweilige therapeutische Intervention integriert und ist weniger eine eigene Intervention. Ich werde dem Konzept des „Brückenschlagens in die Zukunft" einen gesonderten Abschnitt widmen, um zu betonen, wie wichtig es für das Bewirken dauerhafter Veränderungen ist.

3) Achten Sie darauf, ob der angepeilte Zielort auch wirklich erreicht wurde. Wenn ja, dann ergreifen Sie Maßnahmen, die sicherstellen, daß er in Zukunft auch ohne Ihre therapeutische Hilfe erreicht werden kann. Falls das angepeilte Ziel nicht erreicht wurde, gehen Sie zu Schritt (2) zurück und wählen eine andere Methode und setzen diese ein — Sie wenden also weiter verschiedene Methoden an, bis sich ein Erfolg abzeichnet.

Dies mag wie eine unglaubhafte Vereinfachung der höchst komplexen Aktivität des Therapierens klingen, doch ist das für mich die eleganteste mir mögliche Form, mein Verhalten beim Therapieren zu strukturieren. Und wieder bestimmt diese Strategie die *Form* dieses Buches. Der *Inhalt* dieses Buches beschäftigt sich damit,

a) welche lebenswichtigen Informationen über den gegenwärtigen Zustand des Klienten und seinen erwünschten Zustand man unbedingt mit den Sinnen aufnehmen soll,

b) wie man diese Informationen gewinnt,

c) welche Methoden man einsetzt, um konsistent und sinnvoll einen Rapport zu allen Klienten herzustellen,

d) welche Techniken man anwendet, um den Klienten vom gegenwärtigen Zustand in den erwünschten Zustand zu entwickeln,

e) welche Methoden man einsetzt, um die innerhalb der Therapiesitzung gemachten Lernerfahrungen und Erlebnisse so im fortdauernden Verhalten des Klienten zu verankern, daß sie eine nachhaltige Wirkung auch in der Zukunft haben.

Wie bei jedem Buch zeichnet sich in Form und Inhalt dieses Textes eine Selbstdarstellung der Autorin ab. Die hier beschriebenen Strukturen haben sich so bei mir herausgebildet. Mit dieser Strategie und mit diesen Interventionsmethoden verändere ich mich und die Leute, die zu mir kommen, um sich zu verändern.

Mein therapeutisches Vorgehen läßt sich mit dem Bau eines Hauses vergleichen. Ich informiere mich über das vorhandene Gerüst und darüber, was der Klient für das neue Haus möchte. Möchte er Türen mit Schlössern oder offene Türbögen fürs Kommen und Gehen? Große offene Gemeinschaftsräume oder gemütliche, stille Kämmerchen, in die man sich zurückziehen kann? Was will er in der neuen Wohnung sehen, hören und fühlen, das ihm zur Zeit nicht zugänglich ist? Und welche Charakteristik des gegenwärtigen Heimes möchte er gerne unverändert beibehalten und in das zukünftige integrieren?

Wenn ich erst einmal das alles weiß, kann ich die für den Bau des neuen Hauses geeigneten Materialien und Werkzeuge auswählen. Und ich verfüge über eine derartige Vielfalt an Materialien und Werkzeugen, daß ich, wenn eines nicht funktioniert, mir etwas anderes suchen kann, was dann funktioniert. Während alles im Aufbau begriffen ist, bemühe ich mich, stabilisierende Elemente einzubauen, welche die Unzerstörbarkeit des neuen Heimes garantieren. Und die ganze Zeit über sorge ich für An- und Ausbaumöglichkeiten, um einem Bedürfnis nach Erweiterung in der Zukunft entgegenzukommen.

Jede einzelne dieser „Wohnungen" baut auf das Fundament meiner persönlichen Philosophien auf. Eine davon ist der Glaube daran, daß jeder Mensch irgendwo in sich selbst die Ressourcen trägt, die es ihm ermöglichen, Veränderungen zu vollziehen. Meine Aufgabe besteht in erster Linie darin, diese Ressourcen zu erschließen und so zu strukturieren, daß erwünschte und nachhaltige Veränderungen eintreten. Ich glaube nicht an die Einschränkungen des menschlichen Erlebens und der Erfahrung, sondern vielmehr an deren Entwicklungsmöglichkeiten.

2 Informationen gewinnen und Rapport herstellen

In diesem Kapitel wird zunächst dargestellt, welche Informationen man gewinnen sollte, um den gegenwärtigen und den erwünschten Zustand des Klienten zu verstehen.

Repräsentationssysteme

Manche Therapeuten sagen, die sexuelle Störung sei nicht das eigentliche Problem, und behandeln stattdessen die Beziehung als Problem. Aber was bedeutet es eigentlich, wenn eine Beziehung problematisch ist? Das Wort „Beziehung" (*relationship*) ist selbst eine Verzerrung (*distortion*) des Prozeßwortes „sich beziehen". Das heißt, es gibt kein greifbares Objekt, das man „Beziehung" nennt, sondern wir haben es mit einem Prozeß zu tun, bei dem lebende Wesen sich aufeinander beziehen. Nun mögen Therapeuten die Ansicht vertreten, daß Liebe und Vertrauen eine Beziehung funktionieren lassen. Aber was genau ist „Liebe", was genau ist „Vertrauen"? Im Grund haben wir es hier nur mit Wörtern zu tun, die Ereignisse beschreiben; sie enthalten jedoch keine Definition dessen, was im Erleben eines bestimmten Menschen vor sich geht. Wenn wir „die Beziehung" denominalisieren, bekommen wir das Verb „sich beziehen" (*relate*), und wir können die Fragen stellen: „Wer bezieht sich auf wen und wie beziehen sie sich aufeinander, so daß Unglück und Unzufriedenheit entstehen? Wie können sie sich aufeinander beziehen, so daß wünschenswertere Erlebnisse herbeigeführt werden können?" Die Antworten auf diese Fragen vermitteln nützliche Informationen über den gegenwärtigen und den erwünschten Zustand der Klienten.

Meistens läßt es sich leicht feststellen, daß Leute sich nicht gut aufeinander beziehen. Sie sagen es Ihnen, und sie sagen es verbal und nonverbal. Ihre Verbalisierungen sind Repräsentationen ihres Erlebens, wie Landkarten Darstellungen von Gebieten sind. Diese Menschen beschreiben mit Worten, was sie „glauben", daß passiert sei. Sie können Ihnen niemals sagen, was wirklich passiert ist, wie auch eine Landkarte nie eine vollständige Darstellung des Gebietes, dessen Modell sie ist, sein kann.

Für uns, die wir mit Kommunikation zu tun haben, kommt es darauf an zu verstehen, daß nämlich das, was die Leute uns erzählen, *nicht* das ist, was wirklich geschehen ist, sondern das, was sich in ihrem bewußten Erleben abgespielt hat, so daß sie es als das ansehen, was geschehen sei. Es besteht ein ungeheurer Unterschied zwischen diesen beiden Dingen. Wenn also zwei Leute hereinkommen und mir zwei unterschiedliche Geschichten über dieselbe Erscheinung erzählen, dann weiß ich, daß sie beide recht haben. Bezeichnenderweise ist es nicht so, daß der eine die Wahrheit sagt und der andere lügt. Sie erzählen beide das, was ihnen in bezug auf das Erlebte bewußt ist.

Der Inhalt der Verbalisierungen von Menschen verrät Ihnen, was diese glauben. Die Prozesse, die in den Verbalisierungen von Menschen enthalten sind, sagen Ihnen, wie sie sich diesen Glauben geschaffen haben. Fast jedes Paar, das zur Therapie kommt, kann sich nicht darüber verständigen, was zwischen beiden geschieht... er sagt, „f" und „h" sei passiert, und sie sagt, es sei mehr wie „m" und „n". Darauf zu achten, wie sich ihre Beschreibungen unterscheiden, ist wichtig, wenn man verstehen will, warum sie sich gegenseitig mißverstehen. Wir müssen die Ebene der Prozesse in der Kommunikation analysieren, um herauszubekommen, wie man den Prozeß der Veränderung am besten dirigiert. Die Wörter, mit denen sich jeder von uns ausdrückt, sind Indikatoren für die Elemente unseres Erlebens, und sie können uns den Weg zeigen, der aus der Misere ins Glück führt.

Nehmen wir an, Ihr Klient kommt herein und sagt:

„Nun, so wie's aussieht... also ich kann wirklich keine Zukunft für unsere Ehe sehen. Ich bin durchaus gewillt, es zu versuchen, denn ich sehe mich als Menschen, dem nichts so leicht egal ist, aber ich kann mir wirklich nicht vorstellen, daß sich die Lage bessert. Es ist einfach stockfinster".

Und seine Frau sagt:

„Nun, ich spüre, daß sich die Lage bessern kann. Wir haben einiges, auf das wir aufbauen können, und wenn wir an unserer Beziehung arbeiten und uns anstrengen, können wir unsere Schwierigkeiten beheben".

Wenn wir, während wir dieser Kommunikation zuhören, auf das *Gesagte* achten und den *Inhalt* wichtig nehmen — daß er nicht glaubt, daß es funktioniere, sie aber doch —, dann müssen wir anfangen zu raten, wer recht hat und wer nicht. Wenn Sie sich mit dem Inhalt befassen, finden Sie nichts heraus über den Prozeß, der bezeichnend für ihre Meinungsverschiedenheit ist. Sie erfahren nicht, wie es passieren konnte, daß der eine die Ehe als hoffnungslos und der andere sie als aussichtsreich erlebt. Stattdessen sind Sie darauf beschränkt, auf die Schilderungen Ihrer Klienten zu reagieren, indem Sie sich Urteile, Meinungen und Interpretationen über sie bilden — als seien diese Schilderungen konkrete, reale Erfahrungen. Wenn man entweder ihr oder ihm *glaubt*, reagiert man auf den Inhalt dessen, worüber sie sprechen, und dies bringt einen in dasselbe Dilemma, in dem sich die beiden miteinander befinden. Denn nur wenn Sie in der Lage sind, auf die *Form* ihrer Verbalisierungen zu reagieren, können Sie „wirklich verstehen". Die beide Menschen können einander nicht verstehen; sie können sich nicht darüber einigen, was die Realität ist. Ihre Aufgabe als geschulter Kommunikator ist nicht, sich mit der „Realität" zu befassen; Ihre Aufgabe besteht darin, sich mit Prozessen zu befassen.

Woran liegt es nun, daß zwei Leute, die zusammenleben, so wenig übereinstimmen? Indem Sie nur die Prozesse genau beobachten, die in ihren Sätzen enthalten sind, werden Sie als erstes feststellen, daß die beiden über unterschiedliche Anteile derselben konkreten Erfahrung der Welt sprechen. Er redet ausschließlich in Bildern, über Bilder, die er in seinem Innern sieht oder nicht sieht — d. h. nicht nur über Dinge, die er in der Außenwelt mittels der sinnlichen Wahrnehmung sieht oder nicht sieht, sondern auch über im Innern erzeugte bildhafte Vorstellungen. Sie dagegen spricht über Gefühle. Das können Sie feststellen, wenn Sie auf die Prozeßwörter im Satz achten. Wenn Sie auf die Nomina im Satz achten, dann verfangen Sie sich im Inhalt. Wenn Sie auf die Prozeßwörter achten — die Adjektive, Verben und Adverbien —, dann können Sie etwas über den Prozeß erfahren. Alle Prozeßwörter in seinen Sätzen haben mit *bildhaften* Vorstellungen zu tun („aussieht", „sehen", „vorstellen") — alles Wörter, die „sehen" als Vorannahme beinhalten. Dagegen haben alle ihre Wörter mit inneren körperlichen Gefühlen zu tun („spüre", „anstrengen", „beheben") — alles Wörter, die konkret-körperliches Erleben voraussetzen. Das verrät Ihnen sofort, daß beide im Innern erzeugte Erfahrungen über ihre eheliche Situation beschreiben. Es verrät Ihnen auch, daß jeder von beiden sich verschiedener Anteile der Erfahrung bewußt ist: er konzentriert sich auf den visuellen Anteil und sie auf den kinästhetischen (bzw. auf die Dimension der konkret-körperlichen Empfindung). Dadurch läßt sich erkennen, daß es einen wichtigen Unterschied zwischen den Partnern gibt: jeder strukturiert und verarbeitet seine Wahrnehmungen anders und drückt sie anders aus. Dieser Unterschied in der Struktur ihrer Wahrnehmungen beschreibt, *wie* sie sie nicht vertragen. Genau von diesem Vorgang rührt der größte Teil mißlungener Kommunikation her. Es ist so, als ob zwei verschiedene Sprachen gesprochen würden, was aber niemand bemerkt.

Also was bedeutet es, sich auf eine Person „erfolgreich" zu beziehen? Teilweise bedeutet es, daß man gleichzeitig über den gleichen Anteil der Erfahrung spricht. Zur Veranschaulichung dessen sei hier ein Beispiel angeführt, das direkt aus einem Therapietranskript stammt:

Shirley: Ich mag einfach nicht, wie er mich in aller Öffentlichkeit immer betatscht. Er macht eine Szene und sieht nicht einmal, wie uns jeder anguckt. Er zieht einfach zuviel Aufmerksamkeit auf sich, und ich will, daß er vor anderen Leuten mir gegenüber mehr Respekt zeigt.

Bob: Aber ich bin ihr gerne nahe. Ich will in Kontakt mit ihr kommen, wenn ich Zuneigung spüre, und manchmal spüre ich auch außer Haus Zuneigung. Sie stößt mich weg, und ich finde, das ist wirklich kalt gegenüber jemandem, den man eigentlich liebt. Früher hatte sie es gerne, wenn ich nach ihr gelangt habe. Jetzt fühle ich mich überhaupt nicht mehr von ihr geschätzt.

Wieder verweisen die Wörter Bobs und Shirleys darauf, daß sie zwei ganz verschiedene Erfahrungen wahrnehmen im Hinblick darauf, daß er sie in der Öffentlichkeit anfaßt. Es ist nicht so, daß der eine „recht" und der andere „unrecht" hat. Sehen wir uns nämlich die Prozeßwörter an, so erlaubt uns das, nützliche Unterscheidungen zu treffen zum jeweiligen Anteil der Erfahrung, die jeder wahrnimmt. Ihre Wörter („Szene", „sieht", „anguckt", „zeigt") setzen alle ein *visuelles Repräsentationssystem voraus*[1]. Seine Wörter („Kontakt", „spüre", „stößt", „kalt", „gelangt") setzen alle eine *kinästhetische* Repräsentation voraus. Die Wörter des Paares verweisen darauf, daß beide jeweils auf einen anderen Anteil des Erlebens achten: sie auf den visuellen, er auf den kinästhetischen Anteil. Bevor diese Leute nicht eine ähnliche Sprache sprechen, können sie kaum erwarten, erfolgreich miteinander zu kommunizieren.

Wie Sie sehen, können wir uns nur eines kleinen Anteils unseres momentan ablaufenden Erlebens bewußt sein. Selbst jetzt, wenn Sie diesen Satz lesen, nehmen Sie möglicherweise die Geräusche um Sie herum wahr, die Qualität der Luft, die Sie atmen, die Buchstabentypen, die Sie lesen, die Farbe des Bucheinbandes oder das Gewicht oder die Position Ihrer linken Hand. Wahrscheinlich verlagerten Sie, als Sie von diesen Möglichkeiten lasen, Ihre bewußte Wahrnehmung auf das, was von mir jeweils suggeriert wurde. Es ist höchst unwahrscheinlich, daß Sie alle oder auch nur einige Parameter des Erlebens, auf die ich Sie hingelenkt habe, bewußt wahrgenommen haben. Die Forschung zur Informationsverarbeitung hat festgestellt, daß das menschliche Bewußtsein sieben plus/minus zwei Informationseinheiten gleichzeitig bewältigen kann. Dies bedeutet, daß wir unser waches Bewußtsein auf bestimmte Anteile unseres momentanen Erlebens richten. Welche Anteile Sie ins Bewußtsein dringen lassen, wird durch eine Interaktion

[1] Zu den „Repräsentationssystemen" vgl. *Grinder, Bandler*, Kommunikation und Veränderung. Die Struktur der Magie II, 1982, S. 11 f.

zwischen Ihren gegenwärtigen Motivationen und Ihren Lernerfahrungen aus der Kindheit bestimmt.

Wenn Sie dem Vortrag eines gelehrten und faszinierenden Redners zuhören, ist es unwahrscheinlich, daß Sie die Farbe der Schuhe und Kleider des zwei Plätze entfernt sitzenden Fremden bewußt wahrnehmen. Ihre Aufmerksamkeit richtet sich auf den Vortragenden. Verbreitet dieser Redner jedoch Langeweile, so werden Sie in sich vielleicht Einsamkeitsgefühle bemerken, die Sie motivieren, nach Leuten, die für eine persönliche Bekanntschaft in Frage kommen, Ausschau zu halten. In diesem Fall achten Sie vielleicht sehr auf die Farbe der Schuhe und Kleider des Fremden. Ihre momentane Motivation bestimmt also, was für Aspekte Ihres Erlebens Sie in Ihr Wachbewußtsein dringen lassen.

Als Kind lernten Sie, manche Apsekte der Kommunikation, mit denen Ihre Familie Sie konfrontiert hat, gegen andere abzuwägen. Wenn Ihnen Ihre Mutter sagte: „Es ist alles in Ordnung", dabei aber die Zähne zusammenbiß, die Fäuste ballte und Tränen in den Augen hatte, welcher Botschaft haben Sie vertraut? Derjenigen, die Sie hörten, oder derjenigen, die Sie sahen? Wenn Ihr Vater Sie verbal wegen irgendeines Vergehens schalt, dabei aber jovial lächelte und Ihnen einen Klaps auf den Rücken gab, welcher Botschaft haben Sie geglaubt? Ein Kind aus einer solchen Familie wird wahrscheinlich später den visuellen Anteilen des Erlebens mehr Bedeutung beimessen als anderen; es wird das Gesehene mehr beachten als das Gehörte. Sagte man solchen Leuten: „Ich liebe dich", so antworten sie vielleicht: „Aber du siehst nicht so aus, als würdest du mich lieben. Wie soll ich dir denn glauben?"

Als Zuhörer können Sie feststellen, welchen Anteil der Erfahrung eine Person bewußt repräsentiert, indem Sie auf die Prozeßwörter achten. Solche Wörter geben meistens an, ob man es mit dem Vorgang des Sehens, Hörens, Fühlens, Riechens oder Schmeckens zu tun hat. Nachstehend einige Beispiele für solche Prozeßwörter:

Visuelle	Auditive	Kinästhetische	Geruch, Geschmack
sich vorstellen	schreiben	fühlen	bitter
verschwommen	hören	warm	salzig
hell	kreischen	berühren	duftend
leuchten	rufen	behandeln	scharf
blau	laut	begreifen	riechen
sehen	verstärken	weich	schal
abzielen	abstimmen	fest	frisch
Perspektive	tönen	glatt	Geschmack
klar	harmonisieren	rauh	süß, sauer

Wenn Sie beliebigen Äußerungen zuhören oder wenn Sie Transkripte von Ehetherapien lesen, bekommen Sie eine Fülle an geeigneten Beispielen für diese Repräsentationssysteme geliefert. Während ich Transkripte durchforschte, entdeckte ich ein interessantes Phänomen: daß nämlich Verheiratete, die außereheliche Beziehungen pflegten, sich typischerweise auf ihre eheliche Beziehung mit kinästhetischen Prädikaten bezogen (solide, festgefahren, zementiert usw.) und ihre außerehelichen Beziehungen mit visuellen Prädikaten belegten: wie sie von dem, was sie sahen, angezogen würden, daß diese Beziehungen farbiger seien usw. Als ich ferner Transkripte von Leuten las, die sich als „Swinger" betrachteten und Gruppensex betrieben, entdeckte ich eine Fülle an gustatorischen Prädikaten: Sie setzten den Geschlechtsverkehr mit Restaurantbesuchen gleich; sie gaben an, daß sie wie Gourmets die Vielfalt der Kochkunst suchten und den Gedanken an die Monogamie fade und geschmacksarm fänden.

Prozeßwörter, die auf keinen dieser vier Parameter der Erfahrung verweisen, sind *unspezifiziert*. D. h., sie geben nicht an, wie der Prozeß repräsentiert oder ausgeführt wird — ob in Bildern, Gerüchen, Gefühlen oder Tönen. Einige Beispiele für unspezifizierte Prädikate sind:

denken	lernen	sich verändern	erinnern
wissen	nett	respektvoll	glauben
verstehen	erahnen	vertrauensvoll	

Wenn der zuhörende Therapeut es mit solchen Wörtern zu tun hat, hat er mehrere Möglichkeiten zu bestimmen, wie der Prozeß jeweils vom Klienten repräsentiert wird. Sie können fragen: „Was genau denken (wissen, verstehen, lernen) Sie?" Dies wird entweder eine (an detaillierten Aussagen über den Prozeß reichere) verbale Reaktion oder nonverbales Verhalten (Suchmuster der Augen: *eye scanning patterns*) auslösen, das die inneren Prozesse spezifiziert. Natürlich sondieren und wählen Menschen nicht bewußt die Worte oder die Syntax, die sie zur Beschreibung ihres Erlebens gebrauchen. Jedoch sind ihre Worte eine Repräsentation derjenigen Anteile des Erlebens, derer sie sich bewußt sind.

Zugangshinweise (Accessing Cues)

Während uns also die Sprache einer Person Information über das bewußte Erleben des Sprechers gibt, müssen wir anderswo nach der Information suchen, *wie* das jeweilige Erlebnis ins Bewußtsein gelangte. Meistens sprechen Leute in der Therapie über ihre Vergangenheit oder ihr inneres Erleben. Der Klient spricht selten darüber, was er im jeweiligen Augenblick sinnlich erlebt: die Haarfarbe des Therapeuten, das Gewicht seines eigenen auf dem Oberschenkel ruhenden Armes, die Geräusche der Klimaanlage oder irgendwelche sinnlichen Erlebnisse, die ablaufen, während er im Behandlungszimmer des Therapeuten sitzt. Vielmehr spricht der Klient von inneren Reaktionen auf momentane therapeutische Aktivitäten oder von inneren Repräsentationen vergangener oder projizierter zukünftiger Ereignisse.

Um über solche innerlich erzeugten Erfahrungen sprechen zu können, muß jeder von uns in irgendeiner Weise Zugang (*access*) zu diesen inneren Erlebnissen gewinnen. Um dieses Problem weiter zu veranschaulichen, möchte ich Sie auffordern, folgendes zu machen:

1) Denken Sie an ein schönes Kindheitserlebnis, das Sie zusammen mit einem Freund hatten.

2) Erinnern Sie sich daran, welche Kleider Sie bei Ihrer Schulabschlußfeier trugen.

3) Erinnern Sie sich an Ihren ersten Kuß.

4) Erinnern Sie sich an ein Mal, als Ihre Neugier über Ihre Ängste siegte.

Um diese Aufgaben zu erfüllen, mußten Sie sich bestimmte unterschiedliche Klassen vergangener Erlebnisse zugänglich (*accessible*) machen. Die Art und Weise, wie Sie zu dieser Information gelangten, wird von meinen Kollegen und mir als „Zugänglichmachen" (*accessing*) bezeichnet (der Prozeß, über den man sich innerlich Informationen besorgt, d. h. Bilder, Klänge, Worte, Gefühle, aus welchen sich Erinnerungen, Phantasien usw. zusammensetzen). Jene spezifischen nonverbalen Verhaltensweisen, die Informationen darüber vermitteln, wie Sie solche Informationen Ihrem bewußten Erleben zugänglich machen, werden „Zugangshinweise" (*Accessing Cues*) genannt.

Sie sehen, daß Menschen — neben Wörtern und Syntax — dem sorgsamen Beobachter und Zuhörer auch eine Fülle an nonverbalem Verhalten bieten, das ebenfalls unbewußt erzeugt wird. Zum nonverbalen Verhalten bzw. zur „Körpersprache" des Menschen hat es viele Spekulationen gegeben (man denke nur an die vielen unverantwortlichen Interpretationen dazu, was es wohl bedeutet, wenn eine Frau die Beine übereinandergeschlagen hat oder nicht usw.). Ich glaube, daß einige der relevantesten Informationen zum nonverbalen Verhalten durch das Konzept der Zugangshinweise geliefert wird. Meine Kollegen *John Grinder*, *Richard Bandler*, *Judith DeLozier* und ich fanden im Zuge unserer Studien zum menschlichen Verhalten heraus, daß die Suchmuster der Augen (*eye scanning patterns*) eindeutig Bezug zu der inneren Informationsverarbeitung haben, die notwendig ist, um Informationen zu inneren (früheren oder zukünftigen) Erlebnissen ins Bewußtsein zu rufen.

Wie schon in *Patterns II* (1977) ausgeführt: „ ...Jeder von uns hat bestimmte Körperbewegungen entwickelt, die dem scharfsinnigen Beobachter bedeuten, welches Repräsentationssystem wir verwenden. Besonders bedeutungshaltig sind die Suchmuster der Augen, die wir entdeckt haben. Daher eröffnen die Prädikate im verbalen System und die Suchmuster der Augen im nonverbalen System für die Hypnose-Schüler schnelle und wirkungsvolle Wege, zu bestimmen, welche der potentiell bedeutungshaltigen Ressourcen (welches Repräsentationssystem) der Klient zu einem bestimmten Zeitpunkt benützt, und daher kreativ auf den Klienten zu reagieren. Wie oft hat man schon jemandem eine Frage gestellt, und der Befragte hat innegehalten und gesagt: „Hmm, sehen wir mal", und bei dieser Aussage die Augen nach oben links gewandt. Die Bewegung der Augen nach oben links stimuliert (bei Rechtshändern) eidetische Bilder, die in der nicht-dominanten Hirnhemisphäre lokalisiert sind. Die neurologischen Bahnen, die aus der linken Seite beider Augen kommen (linke visuelle Felder) sind in der rechten (nicht-dominanten) Hirnhemisphäre repräsentiert. Die Bewegung der Augen nach oben links ist eine übliche Methode, diese Hemisphäre zu stimulieren — eine Methode, sich Zugang zum visuellen Gedächtnis zu verschaffen. Dagegen stimuliert man, wenn man die Augen nach oben rechts bewegt, die linke Hirnhemisphäre und konstruierte Bilder, d. h. man stimuliert visuelle Repräsentationen von Dingen, die man noch niemals gesehen hat" (*Patterns*, Volume II, 1977, S. 182).

Zugangshinweise, die für den Beobachter sichtbar sind, sehen beim Rechtshänder folgendermaßen aus:

Zugangshinweise	Indiziertes Repräsentationssystem		
Augen nach oben links	eidetische Bilder	(V)	(visuell)
Augen nach oben rechts	konstruierte Bilder	(V)	(visuell)
Augen stehen in fixierter Position und sind defokussiert	Bilder	(V)	(visuell)
Augen nach unten links	auditiv internal	(A)	(auditiv)
Telephon-Stellung	auditiv internal	(A)	(auditiv)
Augen links oder rechts, starrender Blick	auditiv internal	(A)	(auditiv)
Augen nach unten rechts	kinästhetisch	(K)	(kinästhetisch)

Zur weiteren Veranschaulichung: Wenn Sie jemandem gegenüberstehen und mit ihm kommunizieren, und wenn die Augen Ihres Gegenübers sich in die in den „Mondgesicht"-Zeichnungen angegebene Richtung bewegen, ist bei dem Betreffenden der jeweils angeführte innere Prozeß zugänglich. Beim Rechtshänder ergeben sich folgende Augenstellungen:

eidetische Bilder

konstruierte Bilder

visuelle Bilder,
sowohl eidetische als
auch konstruierte möglich

in einer fixierten
Position verweilende
defokussierte Augen,
meistens sind die Pupillen
etwas erweitert

auditiv internal
(oft innerer Dialog)

kinästhetisch
(Gefühle)

Telephon-Stellung
innerer Dialog

Wahrscheinlich haben Sie es schon einmal erlebt, daß Sie jemandem eine Frage stellten und derjenige daraufhin den Augenkontakt abbrach, die Augen nach oben links wandte und sagte: „Hmm, sehen wir mal" (was er dann auch tat). Andere Male aber hatten Sie es mit Leuten zu tun, deren Augen nach oben rechts wanderten oder defokussierten, während sie dahinstarrten, oder sich nach unten links oder nach unten rechts bewegten. Oder vielleicht lief eine Sequenz dieser Suchbewegungen ab. Vielleicht wußten Sie es nicht, aber der Betreffende bedeutete Ihnen, *wie* er sich die zur Beantwortung Ihrer Frage nötige Information zugänglich machte.

Durch den Mangel an Verständnis für Zugangshinweise entstehen viele Kommunikationsprobleme. Leute, die im Prozeß des Zugänglichmachens begriffen sind, befinden sich nicht „im" sinnlichen Erleben (konzentrieren sich nicht auf Außenreize) und verpassen daher die sensorische Eingangsinformation (*Input*). So hört der Therapeut und Menschenhelfer oft die Klage:

„Er hört einfach nicht zu. Er steht mitten im Zimmer, ich erzähle ihm etwas, und dann tut er so, als hätte er mich überhaupt nicht gehört". (Diese Frau merkte nicht, wann ihr Mann dafür zugänglich war, *bewußt* Information zu empfangen. Obwohl er mit ihr im Zimmer war und sogar den Augenkontakt aufrechterhielt, waren seine Pupillen erweitert, was bedeutete, daß er sich visuell etwas vergegenwärtigte.)

„Du hast das nie erzählt. Ich habe nie von dir so etwas gehört". (Und er hat recht: Er hat tatsächlich nie von ihr so etwas gehört.)

„Hast du denn nicht gesehen, wo ich es hingelegt habe? Du warst doch dabei!"

„Nein, war ich nicht. Du hast es nicht hingelegt, solange ich da war". (Und sie haben beide recht, denn sein Bewußtsein konzentrierte sich auf seine inneren Bilder und nicht auf das, was in seinem äußeren Erleben ablief.)

Wenn sich das Bewußtsein eines Menschen auf innere Prozesse konzentriert (visuelle, auditive und sogar kinästhetische), dringt der Input oft unbemerkt ein. Wenn er über einer bestimmten Schwelle liegt, bringt er die Person zum sinnlichen Erleben zurück; ansonsten dringt der Input ein, aber ist dem Bewußtsein des Betreffenden nicht zugänglich. Daher bringe ich Paaren, Familien und Gruppen, ja selbst geschäftlichen Organisationen bei, wie man durch Beobachtung herausbekommt, ob jemand bewußt zuhört, sieht usw.

Über nonverbale Kommunikation zu *schreiben*, bedeutet ein gewisses Handicap, denn man kann sie leichter visuell veranschaulichen. Da dies nun einmal so ist, sind Sie darauf „beschränkt", die hier dargestellten Informationen zu bestätigen, indem Sie sich auf Ihre eigenen Erfahrungen im Umgang mit anderen Menschen konzentrieren, und zwar je eher, desto besser.

Nachstehend einige Beispiele für Zugangshinweise und die dazugehörigen Muster der Augenbewegungen:

Sue:	Ich sehe keine Möglichkeit (Augen nach oben links). John war noch nie dazu imstande, warum sollte er also jetzt damit anfangen?
John:	Haben Sie das gehört (Augen nach unten links)? Ich frage mich, warum ich mir die Mühe machen soll, es zu versuchen. Es scheint so (Augen nach unten rechts), als könnte man sie einfach nie zufriedenstellen.

(Bei diesem Beispiel produziert Sue eidetische Bilder. Naturgemäß kann sie nicht sehen, was bislang noch nicht passiert ist. Es käme darauf an, ihr zu helfen, ein konstruiertes Bild aufzubauen, in dem John macht, was er noch nie gemacht hat, damit sie sich Hoffnungen auf zukünftige Möglichkeiten machen kann.)

Oder:

Will:	Sehen Sie, wie sie angezogen ist? Ich erinnere mich (Augen nach oben links), wie sie früher ausgesehen hat. Wenn sie mich liebte, ließe sie sich nicht so gehen. Ich sehe mich (Augen nach oben rechts) als attraktiven Mann. Es ist peinlich (Augen nach oben rechts). Natürlich würde ich das vor ihr nicht sagen.

(Will vergleicht ein früheres Bild von seiner Frau mit ihrer gegenwärtigen Erscheinung, konstruiert dann Bilder, wie er sich selbst sieht und wie andere das Paar sehen. Die ganze Zeit vergleicht er, was er im sinnlichen Erleben sieht, mit seinen inneren Bildern, und das sinnliche Erleben kommt dabei sehr schlecht weg.)

Oder hier Beispiele aus einer Frauen-Diskussionsgruppe:

Sal:	(Augen nach oben links) Er ist zu schnell. Ich ziehe ein Negligée an und zünde eine Kerze an, schlage die Decken um, mache mich bereit, und er merkt es nicht einmal (Augen nach oben links). Er würde lieber einfach in der Nacht nach mir greifen.
Stella:	(Augen nach unten rechts) Ich wünschte, Jim würde einfach nach mir greifen. Ich fühle mich (unten rechts) die ganze Zeit so gedrängt, eine Schau abzuziehen und mich aufzuputzen und so auszusehen (unten rechts). Ich werde es leid.
June:	(Unten rechts) Darauf kommt es nicht an. Worauf es ankommt, ist die Art (oben rechts) der Annäherung. Daß man es in Liebe (oben rechts) und auch in Lust (unten rechts) tut.

(Sal macht sich frühere Bilder zugänglich und empfindet die visuellen Aspekte des Liebeserlebnisses als wichtig. Stella äußert kinästhetische Prioritäten, die zu ihren kinästhetischen Zugangshinweisen kongruent sind. Junes Zugangshinweise verweisen darauf, daß sie sich innerlich etwas sagt, ein konstruiertes Bild zu der „Art der Annäherung" produziert und sich dann kinästhetisch das Erlebnis der Lust zugänglich macht.

Um die Wörter aufzuspüren, die auf das Repräsentationssystem einer Person verweisen, können Sie Ihre Ohren gebrauchen; Ihre Augen können Sie gebrauchen, um auf die Zugangshinweise des Klienten/der Klientin zu achten. Zugangshinweise sind jene Augenbewegungen, die anzeigen, *wie* eine Person denkt — in Bildern, Wörtern oder körperlichen Gefühlen. Diese Schlüsselreize verschaffen uns lebenswichtige Information zu den inneren Verhaltensweisen der Klienten. Obwohl wir nicht wissen können, was für Bilder, Wörter und Gefühle jeweils vorhanden sind, können wir doch sagen, welche inneren Prozesse das Erleben einer Person prägen.

Leitsysteme

Ebenso wie Menschen ein charakteristisches Repräsentationssystem bevorzugen (was sich an den am häufigsten gebrauchten Prozeßwörtern ablesen läßt), so bevorzugen sie auch einen bestimmten inneren Prozeß für das Zugänglichmachen. Der achtsame Kommunikationsexperte kann feststellen, um welchen inneren Vorgang es sich dabei handelt, indem er beobachtet, welcher Zugangshinweis gewöhnlich zuerst verwendet wird. Dieser bevorzugte innere Prozeß wird als Leitsystem (*lead system*) bezeichnet.

Unlängst ließ ich bei einem Workshop zwei Männer vor das Publikum treten. Nachdem ich zuvor an ihrem Verhalten festgestellt hatte, daß sie Informationen sehr unterschiedlich verarbeiteten, benützte ich sie, um das Konzept der unterschiedlichen Leitsysteme zu veranschaulichen. Ich forderte das Publikum auf, die Männer genau zu beobachten, und wies die beiden an, sich die Antworten auf die Fragen, die ich ihnen gleich darauf stellen wollte, bloß zu überlegen. Dann stellte ich ihnen eine Reihe von Fragen.

„Welche Farbe haben die Augen Ihrer Mutter?"

„Wieviele Türen gibt es in Ihrem Haus?"

„Welche Tür schlägt am lautesten zu?"

„Wo ist bei Ihrem Auto der Rückwärtsgang?"

„Wie fühlt man sich, wenn man Sonnenbrand hat?"

„Können Sie hören, wie Ihre Mutter Ihren Namen ruft?

Der eine Mann reagierte auf jede Frage, indem er zuerst nach unten rechts schaute. Der andere Mann reagierte auf jede Frage, indem er zuerst nach oben links schaute. Der erste suchte kinästhetisch nach den Antworten, der andere dagegen visuell. Beide fanden sie die Antworten auf die Fragen, benützten dafür aber verschiedene Leitsysteme, um sich die Information zugänglich zu machen. Sie benützten ihr eigenes charakteristischstes Leitsystem.

Während das Leitsystem mancher Leute je nach Frage variiert hätte, war das bei diesen Herren nicht der Fall. Deswegen nämlich wählte ich gerade sie aus, um Leitsystemverhalten zu illustrieren. Statt bei der Frage, bei der es um visuelle Information (Farbe) ging, die Information visuell oder akustische Information (Lautstärke, Stimme der Mutter) auditiv zugänglich zu machen oder das Gefühl des Sonnenbrandes kinästhetisch zugänglich zu machen, machten beide habituell *einen* inneren Prozeß, um jede einzelne der Fragen zu beantworten, zugänglich. Das Folgende sind ihre eigenen Beschreibungen zu ihren inneren Erlebnissen, die als Reaktion auf einige der Fragen abliefen.

1. Frage

Mann I: Ich nahm Fühlung mit meiner Mutter auf. Dann sah ich ihr Gesicht und sah ihre Augen an.

Mann II: Ich sah einfach ihr Gesicht und konzentrierte mich auf ihre Augen.

2. Frage

Mann I: Ich ging durch mein Haus und fing dabei an der Eingangstüre an und zählte die Türen an meinen Fingern ab.

Mann II: Ich sah Abbildungen der Türen meines Hauses. Wie Karteikarten zogen sie an mir vorüber, und jede Karte war numeriert.

3. Frage

Mann I: Ich fühlte, wie ich jede zuschlug, und hörte hin.

Mann II: Ich sah, wie ich jede zuschlug, und hörte sie.

4. Frage

Mann I: Ich fühlte, wie meine Haut heiß und empfindlich wurde und spannte.

Mann II: Ich sah mein Gesicht im Spiegel, und es war ganz rot.

Die Beschreibungen dieser Männer verraten, wie sie das jeweilige System benutzen, um sich zu Informationen hinführen zu lassen, die in anderen Modalitäten des Erlebens enthalten sind. Diese beiden Leute würden wahrscheinlich ein gemeinsames Erlebnis unterschiedlich erinnern, indem sie es mittels differierender sensorischer Modalitäten sich ins Gedächtnis rufen oder ausdrücken würden. Ihre Beschreibungen zeigen, wie ein innerlich erzeugtes Erleben dadurch beeinflußt wird, welches Leitsystem eingesetzt wird.

Bei der Behandlung sexueller Störungen muß man insbesondere auf ein Leitsystem achten, nämlich auf das konstruiert-visuelle Leitsystem. Die Augen bewegen sich dabei noch oben rechts. Nicht immer, aber oft sehen sich die Personen, die gewöhnlich konstruierte Bilder zugänglich machen, in ihren inneren Bildern. Fordert man sie auf, sich vorzustellen, wie sie geküßt werden, so sehen sie sich selbst, wie sie geküßt werden, sehen aber nicht, wie sich das Gesicht des Partners nähert und die Lippen Kontakt herstellen. Ein Beispiel dafür, was solche inner Verarbeitung auf sexuellem Gebiet bedeuten kann, liefern *Masters* und *Johnson* (1970, S. 65 f.; dt. 1973, S. 61 f):

„Beim sexuellen Vorspiel, wo beide Partner versuchen, eine Erektion zu erzwingen, beobachtet sich der Mann dauernd selbst. Im Geist verfolgt er seine eigenen Reaktionen und die seines Partners auf die sexuelle Stimulation und quält sich mit der Frage, ob die Erektion nun auch eintritt, und wenn ja, ob sie ausreichend und dauerhaft genug sein wird. Anstatt sich zu entspannen und die Erektion aufgrund von natürlichen sexuellen Reaktionen zustande kommen zu lassen, stellt diese nun eine meßbare Leistung dar. In seiner Rolle als eigener Beobachter entfernt sich der Mann weit von jeglicher physiologischer Sexualität. Er begreift nicht, daß eine Erektion ein ebenso physiologischer Prozeß wie der unbewußt ablaufende Atmungsvorgang ist.

Auch die Partnerin, die sich bemüht, bei ihm durch sexuelle Stimulation eine Erektion hervorzurufen, nimmt vielleicht eine ähnliche Rolle ein und beobachtet kritisch die Reaktionen des Mannes: Tritt eine Erektion ein, die stark und andauernd genug ist? Wurde der Partner ausreichend stimuliert, und wenn er nicht reagiert, was wurde wohl falsch gemacht? Alle diese Fragen stellen sich, wenn die Partnerin ebenfalls aus einer Beobachterposition heraus alle sexuellen Reaktionen verfolgt. Es ist daher kein Wunder, wenn auch die Partnerin eines impotenten Mannes nicht voll sexuell reagiert, selbst wenn gelegentlich eine sexuelle Betätigung möglich ist.

Keiner der beiden Partner macht sich klar, daß der andere den Beobachter spielt; beide lenken sich dadurch unabsichtlich so stark ab, daß die sexuellen Stimuli diesen Panzer von Leistungsangst und ‚Voyeurismus' kaum noch durchdringen können".

Wenn Sie entdecken, daß jemand ein aus konstruierten Bildern bestehendes Leitsystem benützt, während Sie ihm Fragen über vergangene oder vorstellbare zukünftige sexuelle Erlebnisse stellen, dann fragen Sie ihn direkt, ob er sich selbst im Bild sieht oder das Erlebnis so sieht, als ob er sich selbst darin befände. Falls er sich selbst sieht, können Sie die Technik der Überlappung (*overlapping*) von Repräsentationssystemen anwenden, um ihm zu helfen, in das Bild zu treten und es vollkommener zu erleben.

Anwendung in der Therapie

Um zu unterstreichen, wie nützlich es ist, auf Repräsentationssysteme und Zugangshinweise zu achten, wird der folgende Ausschnitt aus einem Transkript vorgestellt.

JoAnn ist achtundzwanzig Jahre alt und wurde durch eine frühere Klientin, deren Arbeitskollegin sie ist, an mich verwiesen. Sie ist Substitutin bei einem kleinen, aber angesehenen Damenbekleidungsgeschäft. JoAnn ist bestechend attraktiv — groß, schlank, makellos gekleidet und frisiert: „bildhübsch". (Wie der Leser bemerken wird, kam die Klientin ursprünglich nicht wegen ihrer sexuellen Störung in die Therapie. Doch erwies sich die sexuelle Störung als wichtig für den Veränderungsprozeß.)

Th:	JoAnn, sagen Sie mir, was möchten Sie für sich selbst ändern?	[1] Zugangshinweis konstruiertes Bild; visuelles Prädikat (sehen); innere Reaktion „deprimiert"
Kl:	(Augen nach oben rechts) Nun, ich sehe[1] mich so, daß ich zuviel deprimiert bin.	
Th:	Deprimiert worüber?	
Kl:	(Augen nach oben links; Gesten mit der linken Hand)[2] Meistenteils über meinen Mann.	[2] eidetischer visueller Zugangshinweis
Th:	Was sehen Sie im Hinblick auf Ihren Mann, das Sie deprimierend finden?	
Kl:	Nun (Augen oben links)[3], ich weiß nicht. Er ist ja nicht einmal mehr da.	[3] eidetischer visueller Zugangshinweis
Th:	Oh. Deprimiert es Sie, daß er so völlig von der Bildfläche verschwunden ist?	
Kl:	Ja (Augen nach oben links)[4]. Hmm, es ist einfach deswegen, weil er mich verlassen hat und ich jetzt alleine bin.	[4] eidetischer visueller Zugangshinweis
Th:	So sehen Sie es also, mh? Er hat Sie verlassen?	
Kl:	Oh, ja. Das steht außer Frage. Er hat mich verlassen. Ich wollte die Trennung nicht.	
Th:	Wann passierte das?	
Kl:	(Augen nach oben links)[5] Vor zwei Jahren.	[5] eidetischer visueller Zugangshinweis
Th:	Wie würden Sie sich gerne selbst erleben?	
Kl:	(Augen nach oben rechts; nach unten links)[6] Ich weiß nicht. Nicht als deprimiert.	[6] konstruiertes Bild, dann auditiver Zugangshinweis
Th:	Ich frage mich, ob Sie mir vielleicht sagen können, wie Sie sich erleben *wollen.*	
Kl:	Ach (Augen nach oben links)[7], wenn ich doch nur wieder glücklich sein könnte.	[7] visuelles eidetisches Bild
Th:	Was sehen Sie, das Sie glücklich machen könnte?	
Kl:	(Runzelt die Stirn) Hmm (Augen nach oben links) Wenn alles wieder so wäre, wie es einmal war.	Im weiteren Verlauf der Sitzung wird deutlich, wie das Wissen über Zugangshinweise und Prädikate der Therapeutin gestattet, sich mit der Klientin in die geeignete Richtung zu bewegen.
Th:	(Lächelt) Und wie war es einmal? (Führt Augen der Klientin zurück nach oben links, indem sie ihre eigenen Augen nach oben rechts verlagert.)	
Kl:	Oh nein. Das will ich nicht (Augen nach oben und links; Augen nach oben rechts). Ich wäre glücklich, wenn ich sehen könnte, daß ich Fortschritte mache.	Zusammen mit Prädikaten und Zugangshinweisen wird auch während des ganzen Transkripts das Meta-Modell benutzt. Zu einer weiteren Diskussion des Meta-Modells siehe Anhang I.
Th:	Was müßten Sie passieren sehen, um zu wissen, daß Sie Fortschritte machen?	
Kl:	Größtenteils Beziehungskram (Augen nach oben links)... Männer.	

Th: Was für Männer im besonderen?

Kl: Irgendeinen Mann (nach oben links und oben rechts).

Th: *Irgendeinen Mann?*

Kl: Also, nein. Aber ich habe eigentlich niemanden Bestimmten.

Th: Eine so hübsche Frau wie Sie hat keine Männer in ihrem Leben?

Kl: Es gibt wohl Männer (oben-links und unten-rechts), aber keinen Bestimmten. Eigentlich mag ich Männer nicht sehr (zieht ein Gesicht).

Th: Oh, mögen Sie also Frauen? (Analoggeste, hebt Augenbrauen etc., sexuelle Konnotation.)

Kl: Nein, Gott, nein!

Th: Okay, okay. Was meinen Sie damit, daß Sie keine Männer mögen?

Kl: Mein Mann hat mir immer vorgeworfen, ich sei lesbisch.

Th: Oh, Sie können sich sicher vorstellen, was solch einen Vorwurf ausgelöst hat. Ich meine, Ihr Verhalten war sicher dazu angetan. Aber zuerst muß ich wissen, was Sie passieren sehen müssen, damit Sie wissen, daß Sie Fortschritte machen.

Kl: Ich müßte wissen, daß ich es schaffe, daß es mit einem Mann hinhaut (Augen nach oben-rechts, Stirnrunzeln).

Th: Was heißt das, „schaffen, daß es hinhaut"?

Kl: Das ist mir nicht sehr klar.

Th: Nun, benützen Sie Ihre Phantasie und malen Sie sich eine Szene aus, die darstellt, wie Sie es mit einem Mann schaffen.

Kl: (Augen nach oben links; nach oben rechts; zurück nach links, dann nach rechts, werden dort gehalten).

Th: Können Sie es sich vorstellen?

Kl: Hm-hmm.

Th: (Greift hinüber, berührt die Klientin, um das Erlebnis zu verstärken und diese besondere Berührung mit dem Erlebnis *zu assoziieren.*) Sehen Sie sich weiter diese Szene an, damit Ihnen klar wird, worauf Sie Ihre Aussichten setzen.

Kl:	Es ist alles ziemlich vage. Ich kann ihn nicht wirklich klar sehen. Nur mich, aber ich weiß, daß ein Mann da ist. Vor allem weiß ich, er liebt mich und ist mit mir zufrieden.
Th:	Okay (zieht die Hand weg). JoAnn, kommen Sie hierher zurück. Hallo. Nun, was hält Sie davon ab, sich zu verschaffen, was in dem Bild ist. Sie sind gewiß attraktiv genug, daß Männer sich um Sie bemühen, nicht wahr?
Kl:	Nun, ja. Aber ich kann sie nicht halten... Ich weiß nicht. Ich bin einfach so deprimiert (Augen nach unten rechts).

Auf die Prädikate des Repräsentationssystems und die Zugangshinweise zu achten, hat — wie Sie sehen können — geholfen, sachdienliche Information zu gewinnen wie auch den Rapport zu JoAnn herzustellen.

Im weiteren Verlauf der Sitzung kam JoAnn zu dem Schluß, daß ein zentraler Aspekt ihres Problems ihre sexuelle Störung sei. Sie erklärte, Ihr größter Wunsch sei eine erfolgreiche Beziehung zu einem Mann, und für diesen Erfolg sei es notwendig, intime sexuelle Erfahrungen zu machen, die schön und befriedigend seien — was sie für sie nie waren. Obwohl es für sie eine Fülle an Gelegenheiten zu sexuellen Kontakten gab, wußte sie, daß sich manche „Dinge" ändern müßten, bevor es ihr gut täte, diese Gelegenheiten zu nutzen. Aber damals wußte sie nicht, was für „Dinge" geändert werden konnten bzw. sollten.

Dies zeigt, wie sich JoAnn's Problem inhaltlich gestaltet. Es ergeben sich auch wichtige Informationen über JoAnn und ihren gewohnheitsmäßigen Gebrauch eines visuellen Leitsystems und eines visuellen Repräsentationssystems. Da Sexualität vorwiegend ein kinästhetisches Erlebnis ist, war es notwendig, die Flexibilität von JoAnns Verhalten zu erhöhen und die kinästhetischen Parameter des inneren und äußeren Erlebens in das Bewußtsein einzubeziehen, damit sie die Veränderungen vollziehen konnte, die sie sich wünschte.

Unser Bewußtsein ist begrenzt. Wenn wir also unser Bewußtsein während der sexuellen Aktivität auf etwas anderes als den kinästhetischen Anteil des Erlebens richten, können sich oft Probleme ergeben. Die meisten stark visuellen Leute sind flexibel genug, um während sexueller Kontakte auf eine kinästhetische Repräsentation umschalten zu können. Falls ihr charakteristischstes Leitsystem das visuelle ist, sind sie vielleicht auf sexuell stimulierende visuelle Inputs angewiesen. Oder sie verwenden vielleicht innerlich erzeugte visuelle Bilder, um sich stimulieren zu lassen. Es ist wichtig zu betonen, daß „Visuelle" genauso viel empfinden wie jeder andere, aber vielleicht sind sie sich dieser Empfindungen nicht bewußt, bevor sie nicht ihre Konzentration auf andere Aspekte des Erlebens verlagern. In der Sexualität kommt es bei den meisten Leuten zu dieser Verlagerung.

Ich habe die Erfahrung gemacht, daß bei einer Person, die gewöhnlich nur ein System ins Bewußtsein dringen läßt, alles Unangenehme in einem anderen System gespeichert ist. Wenn es sich bei dem anderen System um das kinästhetische handelt und wenn dieses ins Bewußtsein gebracht wird, entstehen nur unangenehme Gefühle; oder beim „Kinästhetiker", dessen visuelles System nur selten, wenn überhaupt, zugänglich gemacht wird, stellen sich nur furchterregende Bilder ein. Deshalb vermeiden diese Leute es, das betreffende System ins Bewußtsein zu bringen, um sich zu schützen. In solchen Fällen ist die Rigidität, mit der sich jemand auf ein System konzentriert, die beste Möglichkeit, die dem Betreffenden momentan zur Verfügung steht.

Typisch hierfür ist der Fall eines jungen Mannes, der wegen seit zehn Jahren währender Migräneanfälle zu mir in Therapie kam. Wie JoAnn machte er visuell Informationen zugänglich und repräsentierte visuell, trotz der intrinsisch kinästhetischen Natur der an ihn gerichteten Fragen. Bis auf die schrecklichen Kopfschmerzen hatte er, was Empfindungen betraf, absolut Mattscheibe. Sein ganzer Kopf, sein Nacken und die Asymmetrie seines Gesichtes wiesen daraufhin, daß er sich gewöhnlich visuell Zugang zu Informationen verschaffte, (d. h., die rechte Seite seines Gesichtes war länger, die linke kürzer; der linke Nasenflügel war kürzer und höher; die linke Seite des Mundes war höher als die rechte; sein Kopf war nach vorne geneigt, das Kinn nach oben gewandt, so daß sein Genick vom gewohnheitsmäßigen Hochschauen verkürzt war; schmale Brust und Schultern; er atmete hoch in der Brust; die Augenbrauen waren hochgezogen, die Stirn zusammengezogen; Falten vom Zusammenkneifen der Augen, um innere Bilder zu fokussieren). Ähnliche körperliche Charakteristika ließen sich auch bei JoAnn beobachten.

Um eine kinästhetische Reaktion auszulösen, bewegte ich buchstäblich eigenhändig seinen Kopf und seinen Nacken und sagte ihm, wo er seine Augen hinwenden sollte. Als ich fragte: „Was ist da?", antwortete er: „Traurigkeit", und Tränen traten in seine Augen. Schon allein die Veränderung der Kopfstellung ließ die Traurigkeit „verschwinden" (so seine eigenen Worte), aber jedesmal, wenn der Kopf wieder in die Position des kinästhetischen Zugangs gebracht wurde, kamen die Traurigkeit und die Tränen wieder. Ich setzte bei ihm die gleiche Technik ein, die ich — wie im nächsten Abschnitt beschrieben — bei JoAnn anwandte, und zwar mit gleichermaßen effektiven therapeutischen Ergebnissen. Er war sich seiner Empfindungen solange nicht bewußt, wie diese nicht überwältigend unangenehm wurden, wie bei den Kopf-schmerzen. Als er erst einmal imstande war, beruhigt auf kinästhetische Information zurückzugreifen, konnte er Botschaften aus seinem Körper zu Situationen und Aktivitäten, die kopfschmerzauslösend waren, empfangen und auf sie reagieren. Somit konnte er aktiv eingreifen und zu den Stimuli Reaktionen produzieren, die sehr viel wohltuender waren als die Kopfschmerzen.

Was JoAnn betraf, so blieb sie während der ersten Sitzung durchweg im visuellen Leit- und Repräsentationssystem verhaftet und wechselte zwischen eidetischen (oben und links) und konstruierten (oben und rechts) Bildern, und zwar trotz solcher Fragen wie:

Th: Und wenn Sie sich an seine Worte erinnern, wie *fühlen* Sie sich dann?

Kl: Ich *sehe* mich einfach als Versagerin.

Th: Wann *fühlen* Sie sich wirklich sexy?

Kl: Ich weiß, daß ich sexy bin. Viele Männer wollen mich. Es macht mir einfach keinen Spaß.

Th: An was erinnern Sie sich am meisten, wenn Sie an die Sexualität mit ihrem Mann denken?

Kl: An die kleinen, glitzernden Dinger an der Decke; ich wartete nur darauf, daß es vorbei war.

Th: Welche Art sexueller Präferenzen haben Sie?

Kl: Die Lichter müssen aus sein; es muß dunkel sein.

Wenn sich das Leitsystem nicht mit dem Repräsentationssystem deckt

Eine weitere wichtige Bestimmung, die man vornehmen sollte, besteht darin, ob Leitsysteme innerhalb oder außerhalb des bewußten Erlebens eines Menschen liegen; d. h. ob eine Person ihre eigenen innerlich erzeugten Bilder sehen, innerlich erzeugten Empfindungen spüren, innerlich erzeugten Klänge oder Worte hören kann. Bei Leuten, die in Therapie kommen, liegt oft ein System außerhalb des Bewußtseins. Dies war bei dem oben angeführten „Kopfschmerz"-Beispiel der Fall.

Liegt nun gerade dasjenige System, welches charakteristischerweise das Erleben einer Person erzeugt (ihr Leitsystem), außerhalb des Bewußtseins, so hat die betreffende Person keine Möglichkeit, die Art der innerlich erzeugten Erlebnisse selbst zu wählen. Dieser Fall tritt besonders häufiger auf, wenn eine Diskrepanz zwischen Leit- und Repräsentationssystem vorliegt, und weniger häufig, wenn diese sich decken.

Wenn Sie auf die Prädikate von Leuten hören und auf ihre Zugangshinweise achten, werden Sie feststellen, daß diese manchmal nicht zusammenpassen. Das heißt, diese Leute sind in ihrer Zugangssuche visuell und sprechen über ihre Empfindungen, oder sie sind kinästhetisch und erzählen Ihnen, wie die Dinge für sie aussehen, oder man hat es mit irgendeiner anderen Kombination der Systeme zu tun. Das sagt Ihnen, daß ihr Leitsystem sich nicht mit ihrem Repräsentationssystem deckt. Auf der Ebene des Erlebens machen sie sich Information mittels des einen Systems zugänglich, bringen aber Information aus einer anderen Modalität ins Bewußtsein.

So äußerte zum Beispiel ein Klient, der mir nach zwei Selbstmordversuchen überwiesen wurde, Gefühle tiefer Depressionen und Hilflosigkeit. Jedesmal, wenn ich ihn fragte: „Woher wissen Sie, daß Sie depressiv sind?" pflegte er die Augen nach oben und links (eidetisch-visueller Zugang) zu wenden und zu sagen: „Ich weiß nicht. Ich empfinde es einfach so". In diesem Fall lag sein Leitsystem außerhalb seines bewußten Erlebens. So hatte er wahrhaftig keine Vorstellung davon, was diese Empfindungen produzierte. Indem ich mich der Technik des Überlappens (S. 87) bediente, war ich imstande, ihm dabei zu helfen, seine innerlich produzierten Bilder zu sehen. Es tauchte wiederholt ein Bild aus seiner Vergangenheit auf. Es handelte von seiner Frau. Er stand neben ihrem Krankenhausbett. Sie starb an der Hodgkinschen Krankheit, und in der Tat hatte er sich niedergeschlagen und hoffnungslos gefühlt, als er danebenstand und ihr beim Sterben zusah. Da ihm nicht bewußt war, was seine Gefühle erzeugt hatte, blieben ihm wenige Möglichkeiten, mit ihnen fertig zu werden. Nachdem erst einmal sein visuelles Leitsystem in sein bewußtes Erleben gebracht worden war, wurde ihm bewußt, daß die Gefühle keine Reaktion auf die Gegenwart, sondern vielmehr auf die Vergangenheit waren. Wir arbeiteten weiter miteinander und wandten die Technik des „Umdeutens" (S. 119) an, um seine Fähigkeit zu entwickeln, sich Bilder zugänglich zu machen, die für seine momentane Erfahrung nützlicher und produktiver waren.

Ein anderer Klient klagte, er fühle sich wertlos, besonders, was seine Frau betreffe. Jedesmal, wenn er davon sprach, daß er sich wertlos fühle, blickte er nach unten links. Als man ihn fragte, was er zu sich selbst sage, erwiderte er: „Nichts, ich fühle mich nur einfach wertlos". Auf irgendeine Weise wurden diese Gefühle der Wertlosigkeit erzeugt. Sie entstanden nicht einfach spontan. Im sinnlichen Erleben der Außenwelt war nichts vorhanden, was diese Gefühle hätte hervorrufen können (seine Frau war nicht da). Der Zugangshinweis verwies darauf, daß außerhalb seines bewußten Erlebens ein innerer Dialog ablief, der solche Gefühle erzeugte. Im weiteren Verlauf der Sitzung stellte sich diese Annahme als richtig heraus. Durch Anwendung der Technik des Überlappens (sie wird in einem späteren Abschnitt dieses Buches erklärt) konnte dieser Klient die störende Stimme und Botschaft ins Bewußtsein bringen (es handelte sich um die Stimme seiner Mutter, die ständig darauf herumritt, daß er „zu nichts nutze" sei). Nachdem dies erst einmal geschafft war, konnte die Stimme direkt angegangen werden. Die Gefühle der Wertlosigkeit hörten auf und wurden durch zuträglichere und befriedigendere ersetzt.

Bei einem weiteren Fall ging es um einen an Impotenz leidenden Mann. Jedesmal, wenn dieser Mann beschrieb, was bei ihm ablief, wenn er sich als impotent erlebte, pflegte er nach oben und nach links zu schauen und zu sagen: „Ich fühle mich so, als könnte ich es nicht schaffen; ich fühle mich so, als würde ich zwangsläufig versagen". Bei der weiteren Arbeit stellte sich heraus, daß er sich ein eidetisches Bild zugänglich machte, und zwar vom ersten Mal, als er seine Impotenz erlebte (dieses Erlebnis hatte vor Jahren stattgefunden). Wenn er sich dieses Bild zugänglich machte, reagierte er mit Gefühlen, die zu diesem Bild kongruent waren. Aber nur die Gefühle befanden sich im Bewußtsein. Er *sah* das Bild nicht. Nachdem erst einmal sein visuelles Leitsystem seinem bewußten Erleben zugänglich gemacht worden war, konnte er eidetische Bilder von Begebenheiten erzeugen, wo er — so seine Worte — „sehr potent" war, und Gefühle für sich selbst haben, die zu den Bildern kongruent waren und die stark zu seinen sexuellen Erlebnissen beitrugen.

Probleme, die mit Eifersucht zu tun haben, beinhalten charakteristischerweise eine Diskrepanz zwischen Leit- und Repräsentationssystem, wobei eines der Systeme außerhalb des Bewußtseins liegt. Oft empfinden Menschen Eifersucht, ohne den Grund für solche Empfindungen zu kennen. In solchen Fällen verweisen die Zugangshinweise meistens auf ein Leitsystem, das außerhalb des bewußten Erlebens liegt.

So sitzt zum Beispiel eine Frau alleine daheim und wartet auf ihren Mann. Sie erzeugt innere Bilder, in denen sich ihr Mann angeregt mit einer anderen Frau unterhält, oder vielleicht sogar ein Bild, in dem ihr Mann tatsächlich mit einer anderen Frau intim ist. Sobald diese Bilder auftauchen, reagiert sie mit Eifersuchtsgefühlen darauf. Dieser Vorgang ist besonders dann ihrer Kontrolle entzogen, wenn sie sich nicht ihrer eigenen inneren Bilder bewußt ist. Ist dies der Fall, so weiß sie nur, daß sie Gefühle extremer Eifersucht erlebt, ohne zu wissen, woher diese kommen. Daher kann sie die Gefühle nicht bewältigen, denn sie kommen von außerhalb ihres bewußten Erlebens, und sie kann keine anderen, nützlicheren Bilder produzieren, die ihre Empfindungen verändern könnten. Nur allzu oft reagiert diese Frau so auf ihren Mann, als hätten die ungesehenen Bilder tatsächlich stattgefunden.

Solche Interaktionen innerer Prozesse sind keineswegs selten. Alle diese inneren Konflikte sind Beispiele dafür, wie innere Prozesse nicht der Bereicherung, sondern vielmehr der Verarmung individuellen Erlebens dienen können. Bei der Arbeit mit solchen inneren Konflikten besteht das zugrundeliegende therapeutische Ziel darin, jeden einzelnen inneren Prozeß zu einer Möglichkeit der Bereicherung, zu einer Ressource zu machen.

Als Ressource trägt jeder innere Prozeß zur Intensität des Gesamterlebens bei — entweder als Reiz, der das Individuum zum erwünschten Erlebnis hinführt, oder als Mittel, dem Erlebnis eine weitere komplementäre sensorische Dimension hinzuzufügen.

Im Falle von sexuellen Störungen geht es für eine effektive Therapie oft darum, dem Klienten beizubringen, verschiedene extern erzeugte und/oder intern erzeugte Reize in allen Systemen zu gebrauchen und dadurch zu einer befriedigenden kinästhetischen Repräsentation zu gelangen. Das heißt, der Klient soll intern oder extern jede Modalität gebrauchen, um die gewünschten Empfindungen zu erzeugen.

internal	
Vorstellen sexuell anregender Bilder	sexuelle Erregung empfinden
innerer Dialog, der die sexuellen Empfindungen beschreibt	sexuelle Empfindungen spüren
sich kinästhetisch an das letzte Mal erinnern, als man sich sexuell stark stimuliert fühlte	sexuelle Stimulierung empfinden

external	
sehen, daß Partner erregt ist	sich erregt fühlen
das erregte Atmen des Partners hören	sich erregt fühlen
die Berührung des anderen Körpers spüren	sich erregt fühlen

Zusammenfassend gesagt: außer Ihre Sinne zu gebrauchen, um das Repräsentationssystem oder das charakteristischste Leitsystem eines Menschen zu ermitteln, können Sie auch feststellen, welcher seiner inneren Prozesse außerhalb seines bewußten Erlebens liegt. Um zu ermitteln, ob ein Leitsystem außerhalb des bewußten Erlebens liegt, können

Sie auf die Zugangshinweise achten und auf die Prädikate hören, und Sie können feststellen, wann und ob eine Inkongruenz zwischen beiden vorliegt. Liegt eine vor, so forschen Sie weiter nach, indem Sie direkt fragen oder einige etwas diskretere Mittel anwenden, um zu ermitteln, ob sich das Leitsystem tatsächlich außerhalb des Bewußtseins befindet. Diese Information kann die beste Richtung für das therapeutische Vorgehen angeben wie auch eine Basis für die Beurteilung des therapeutischen Erfolgs erstellen. Gewiß kommt Ihr Klient seinen erlebensmäßigen Zielen leichter näher, wenn er geschickt seine eigenen inneren Prozesse manipulieren kann, um die erwünschten Erlebnisse bei sich selbst und bei den Menschen, die er liebt, herbeizuführen.

Neurolinguistisches Programmieren — internale Strategien

Es gibt noch feinere Unterscheidungen zu treffen als die zwischen dem Repräsentations- und dem Leitsystem einer Person. Diese feineren Unterscheidungen haben mit den internalen Prozessen und deren Beziehung zum externalen Verhalten zu tun. Dies gehört zu dem Bereich des neurolinguistischen Programmierens, der von meinen Kollegen und mir entwickelten Wissenschaft vom subjektiven Erleben. Das folgende sind Beispiele solcher Sequenzen und Interaktionen internaler Prozesse. Gewiß werden ihnen einige davon als bekannt erscheinen — wenn ein Klient etwa sagt:

„Also (Augen nach oben rechts), es sieht wie eine große Chance aus. Ich sehe, daß ich auf diese Weise vorankomme. Aber (Augen nach unten rechts) ich empfinde es als Risiko für meine Ehe". (Dieses Beispiel veranschaulicht eine Diskrepanz zwischen dem visuellen und dem kinästhetischen System des Klienten, die die „Chance" jeweils unterschiedlich behandeln.)

Oder:

„(Augen nach unten links) Es klingt durchaus logisch, aber (Augen nach oben links) ich kann mir nicht vorstellen, daß es passiert, und das (Augen nach unten rechts) gibt mir ein ungutes Gefühl". (Spricht mit sich selbst, sieht jedoch kein eidetisches Bild und hat deswegen ein schlechtes Gefühl.)

Oder:

„(Augen nach unten links) Ich weiß ja, daß ich es nicht ständig mit anderen Männern treiben sollte, aber wenn (Augen nach oben) ich einen gut aussehenden Mann sehe, und wenn ich sehe, daß er mich begehrt (Augen nach unten rechts) habe ich das Gefühl, ich kann nicht nein sagen". (Spricht im inneren Dialog mit sich selbst, aber die visuellen Bilder bestimmen die Gefühle und daher in ihrem Fall das äußere Verhalten.)

Oder:

„Ich (Augen nach oben rechts) überlege mir alles Mögliche, womit ich ihn befriedigen und anturnen könnte, aber (Augen nach unten rechts) ich kann mich einfach nicht dazu bringen, das alles auszuführen". (In diesem Fall denkt sie in konstruierten Bildern, aber ihre Gefühle sind zu inkongruent zu ihren Bildern, als daß sie die Bilder realisieren könnte.)

In diesen Fällen bieten die Zugangshinweise eine Fülle an Informationen, die durch die Worte nicht geliefert werden können.

Selbst wenn Menschen in ihren Leit- und Repräsentationssystemen flexibel sind und ihre internalen Prozesse im bewußten Erleben liegen, produzieren die spezifischen Interaktionen verschiedener Systeme oft Konflikte.

Ein Beispiel:

„Ich weiß nicht, warum ich eifersüchtig bin. Es ist einfach so ein Gefühl (berührt Taillenlinie, Augen nach unten rechts). (Augen nach unten links) Ich sage mir, daß es keinen Grund gibt, aber ich denke (Augen nach oben rechts) an all das, was sie vielleicht gerade macht, und werde eifersüchtig (Augen nach unten rechts)".

Dieses Beispiel zeigt, wie Systeme oft wechselseitig zusammenspielen. Er erzeugt sich konstruierte Bilder, die zeigen, was sie vielleicht gerade macht, und er fühlt sich wegen der Bilder schlecht, selbst wenn sein internaler Dialog sagt, daß es keinen „Grund" dafür gibt. In diesem Fall werden also seine Gefühle von internalen Bildern erzeugt. Sein internaler Dialog aber ist eine gegenläufige Reaktion, die vielleicht der externalen visuellen Information bedarf, um mit visuellen und kinästhetischen Prozessen übereinzustimmen.

Therapie mit solchen Leuten ist der Familientherapie recht ähnlich, da es notwendig wird, Differenzen zwischen internalen Prozessen zu beheben. Sie handeln alle im besten Interesse der Person, aber verfügen über nicht genug ähnliche Information, um sich darüber einigen zu können, wie man diesem besten Interesse dient.

Menschen erzeugen oft ihr Erleben entweder durch einfache oder manchmal auch durch komplexe Sequenzen internaler Prozesse und externaler Verhaltensweisen. Wir bezeichnen diese Sequenzen als Strategien. So macht sich jemand zum Beispiel Bilder, die Gefühle erzeugen, spricht dann in Worten zu sich selbst über die Gefühle, malt sich dann aus, wie eine andere Person schauen würde, wenn sie wüßte, was er gerade zu sich selbst sagte, und so fort. Eine frühere Klientin von mir dachte immer an eine neue Technik sexueller Verführung, und sie meinte, es wäre schön, wenn sie diese Technik bei ihrem Partner ausprobieren würde. Aber als sie darüber nachdachte (sich Bilder davon, wie sie es ausführte, vorstellte), sagte sie zu sich selbst, daß er vielleicht mißtrauisch fragen könnte: „Wo hast du das gelernt?" Und dann fühlte sie sich verletzt und sah sich dabei, wie sie es zu erklären versuchte, ohne jedoch dabei in die Defensive zu geraten, und sagte sich dann, sie hätte lieber dieses neue Verhalten gar nicht erst ausprobiert. Sie verwandte diese selbe „Strategie", um sich bei jedem neuen Verhalten zu hemmen. Sie stellte sich vor, wie sie in einem neuen Kleid aussah, sagte zu sich selbst, daß ihr Mann sie beleidigen würde, wenn sie es anhätte, fühlte sich verletzt und in die Defensive gedrängt und sagte sich dann, sie hätte es besser gar nicht gekauft. Natürlich war es schwierig, um es milde auszudrücken, diese Frau davon zu überzeugen, neue Verhaltensweisen auszuagieren, ohne daß man diese Strategie änderte.

Ein Aspekt des neurolinguistischen Programmierens (das von *John Grinder, Richard Bandler, Leslie Cameron Bandler, Judith DeLozier* und *Robert Dilts* entwickelt wurde) besteht darin, daß man diese komplexeren Interaktionen internalen und externalen Erlebens versteht und nutzt. Um dem Leser einen Schimmer, Eindruck oder Vorgeschmack davon zu vermitteln, was das für die Therapie bedeutet, werden die folgenden Fälle geschildert. Bei jedem Fall beschreibe ich, wie sich die bei dem Klienten vorhandenen Strategien therapeutisch nutzen lassen. Eine andere Möglichkeit wäre gewesen, die grundlegenden Strategien selbst zu ändern. Solch eine Maßnahme produziert die weitestgreifenden Veränderungen im Verhalten und Erleben, die überhaupt möglich sind. Doch sind bei dieser Art therapeutischer Intervention zu viele Entscheidungsvariablen im Spiel, als daß sie hier alle genannt werden könnten.

Ein frisch verheiratetes Paar kam in Therapie, weil sein Liebesleben nicht so war, wie es gehofft hatte. Der zentrale Aspekt seiner Schwierigkeiten war, daß sie sich nicht begehrt „fühlte" oider wirklich geliebt „fühlte". Und das, obwohl er sie geheiratet hatte und unablässig beteuerte, daß er sie wirklich liebe. Während der Therapiesitzung wurde ein Vorfall erzählt, bei dem es um die Rückgabe und den Umtausch eines Hochzeitsgeschenkes ging. Sie waren sich beide einig darüber, daß sie das Geschenk zurückgeben wollten, aber nicht darüber, gegen was sie es eintauschen sollten. Er brachte Argumente vor, bei denen es um den Wert, um ästhetische Kriterien und um gleiche Rechte ging: sie fruchteten alle nicht. Nachdem sie sich eine ganze Weile gestritten hatten, gab sie ihm glückselig nach. Dies erweckte mein Interesse, und ich ging der Ursache dieses Meinungsumschwunges auf den Grund. Was war abgelaufen, das sie davon überzeugte, ihre Haltung so radikal zu ändern? Mit ihren Worten: „Nun (Augen nach unten links), als ich aufhörte, auf seine Argumente zu hören, die ich ja einfach nicht akzeptieren konnte (Augen nach oben links), sah ich ihn einfach an, und ich konnte sehen, wie sehr er es wirklich wollte, und ich spürte, daß es wichtig für ihn war. Ich sagte mir einfach: ‚Hier ist eine Chance, ihn wirklich glücklich zu machen', und das (Augen nach unten rechts) gab mir ein gutes Gefühl, deshalb gab ich ihm nach, und ich konnte sehen, daß ich ihn wirklich glücklich machte".

Somit wurden mir einige sachdienliche Informationen enthüllt, die erkennen ließen, wie diese Frau ihr Erleben generierte. In diesem Zusammenhang ging es bei der Information darum, wie sie von etwas überzeugt wurde. Nicht mehr „auf die Argumente zu hören", war der erste Schritt. Verbal, sowohl internal als auch external, war sie charakteristischerweise voller „ja, abers". Als sie nun nicht mehr hinhörte und daher nicht mehr stritt, *sah* sie ihn, und der Ausdruck in seinem Gesicht wurde von ihr so interpretiert, daß er es wirklich wollte. Dies erzeugte positive Gefühle, die einen inneren Dialog hervorriefen, der besagte, daß sie ihn wirklich glücklich machen könne, was noch mehr gute Gefühle erzeugte und dann zum Handeln führte. Sie wußte, daß sie das „Richtige" gemacht hatte, weil sie sehen konnte, daß er tatsächlich glücklich war.

Diese Strategie nutzend, forderte ich ihn auf, so lange verschiedene Gesichtsausdrücke zu machen, bis sie denjenigen identifizieren konnte, der bedeutete, daß er sie liebte, und denjenigen, der bedeutete, daß er sie sexuell begehrte (es stellte sich heraus, daß es sich dabei um den gleichen handelte). Obwohl das eine unangenehme Aufgabe zu sein schien, begriff das Paar schnell den Sinn der Sache. Als erst einmal der Gesichtsausdruck identifiziert war, schickte ich ihn in das andere Zimmer zu einem Spiegel, vor dem er üben sollte, bis er jenen Gesichtsausdruck willkürlich erzeugen konnte. Währenddessen forderte ich sie auf, sich an den Gesichtsausdruck zu erinnern, den er hatte, als er sie „so" ansah, und fragte sie dann, was sie dabei erlebe. Natürlich folgte ihr Erleben dem zuvor erwähnten Muster. Sie sah, daß er sie begehrte und liebte, und das führte dazu, daß sie sich sehr geliebt und wichtig und begehrenswert fühlte. Sie pflegte zu sich zu sagen: „Ich kann ihm geben, was er will", und dies löste bei ihr sexuelle Erregung aus.

Nachdem er wieder im Zimmer war, gab ich beiden Anweisungen: Wann immer sie stritt oder äußerte, daß sie sich von ihm nicht geliebt und begehrt fühle, sollte er zu reden aufhören, und sie sollte aufhören zuzuhören. Er sollte ihr dann sagen, und zwar in der einzigen Weise, die sie wirklich verstehen konnte (nämlich visuell), daß er sie wirklich liebe und begehre, und zwar sollte er das solange tun, bis sie darauf reagierte. Ich nutzte also eine von Natur aus vorgegebene Strategie, um sie beide zum erwünschten therapeutischen Ziel hinzuführen.

Ein weiteres Paar suchte um Hilfe nach, weil es seit Jahren immer wieder zu turbulenten Höhen und Tiefen in seiner Beziehung kam. Sie waren beide stark visuell, zeigten aber innerhalb ihrer differierenden Verarbeitungsstrategien das „Paarungsprinzip"[2]. Die Frau bezeichne-

---

[2] Zum „Paarungsprinzip" vgl. *Grinder, Bandler*, Kommunikation und Veränderung. Die Stuktur der Magie II, 1982, S. 175 f.

te seine Strategie, sich in der Welt zu verhalten, als „realistisch", während sie ihre eigene Strategie als „idealistisch" bezeichnete. Seine Strategie lief folgendermaßen ab: Zunächst spürte er einen Schmerz, der physisch oder psychisch sein konnte. Dann pflegte er internal zu sehen, wovon ihn dieser Schmerz abhielt. Sein Erleben lief also von dem Gefühl des Schmerzes zu einem Bild aus seiner Vergangenheit, das ihn glücklich und ohne Schmerz zeigte, und dann zu einem internalen Dialog, der ihm Möglichkeiten, den Schmerz zu lindern und die Gefühle seines internalen Bildes zu erlangen, aufzeigte. Dann machte er sich eidetische Bilder von jedem Hinweis, den er dafür hatte, daß die jeweilige verbal aufgezeigte Möglichkeit funktionieren würde. Konnte er sehen, daß diese Möglichkeiten funktionieren würden, so pflegte er danach zu handeln. Konnte er in seiner früheren Erfahrung keinen Beweis für das Funktionieren der Möglichkeit finden, so kam er zu dem Schluß, daß man nichts gegen den Schmerz tun könne und er damit leben müsse.

Der größte Zankapfel dieses Paares war die Frage, ob die beiden sich wiederverheiraten und wieder zusammen ihre gemeinsamen sieben Kinder erziehen sollten. Sie wollte sich wiederverheiraten, er aber nicht. Immer, wenn er erwog, sie zu heiraten, spürte er den Schmerz, den er erdulden müßte, wenn er sie verlöre. Dann stellte er sich Bilder davon vor, wie er mit ihr glücklich sei, und dann verbalisierte er Möglichkeiten, wie er dieses fortwährende Glück verwirklichen könnte. Aber da der nächste Schritt in eidetischen Bildern bestand (d. h. in Bildern aus der Vergangenheit) und da alle seine Bilder aus der Vergangenheit nur bestätigten, daß es nicht möglich sei, glücklich und mit den Kindern zusammenzuleben, handelte er nach keiner der verbal aufgezeigten Möglichkeiten und fand sich damit ab, weiterhin getrennt von ihr zu leben. Er klagte viel darüber, daß sie doch einsehen müsse, daß es nicht funktionieren würde, wenn sie verheiratet seien; es wäre nur wieder so wie früher, und das müsse sie doch akzeptieren.

Er wandte denselben Prozeß an, um sein Verhalten zu generieren. So haßte er schon seit Jahren seine Arbeit, aber er konnte sich nicht vorstellen, wie es anders sein könnte, und zwar trotz der von überall kommenden Ratschläge, doch als Berater oder freiberuflich zu arbeiten. Erst als er sah, daß ein Kollege genau dies gemacht hatte und recht gut damit gefahren war, glaubte er, daß auch er es schaffen könne. Nachdem ihm erst einmal vor Augen geführt worden war, daß diese Möglichkeit tatsächlich realisierbar sei, setzte er sie unverzüglich in die Tat um. Sein ganzes Verhalten paßte auf dieses Muster: zukünftiges Verhalten wurde nach früheren Erfahrungen generiert, und diese wiederum waren in Form von Bildern gespeichert.

Die Frau dagegen begann mit einem internalen Dialog, der ihr sagte, ihr Leben könne besser sein; dann erzeugte sie *konstruierte* Bilder, die mögliche Zukunftsentwürfe beinhalteten. Für jedes Bild hatte sie eine Gefühlsreaktion. Dasjenige Bild, welches das „beste" Gefühl erzeugte, versuchte sie in die Realität umzusetzen. Ihr internaler Dialog produzierte Vorschläge, wie sie das Bild in die Realität umsetzen könnte, und dann handelte sie nach diesen Vorschlägen. Ihr Verhalten pflegte sehr direkt und geradlinig zu sein, aber wenn sich ihr bei ihrem Versuch, das Bild in die Realität umzusetzen, zuviele Hindernisse in den Weg stellten und sie schließlich „sah", daß sie nicht zu ihrem erwünschten Bild gelangen konnte, pflegte sie sich um die betreffende Möglichkeit betrogen zu fühlen. Was die Wiederverheiratung anbelangte, so erzeugte sie Bilder, in denen sie beide zusammen mit ihren Kindern in Glück und Liebe lebten, und sie arbeitete daraufhin, das Bild zu realisieren. Wenn er sich widersetzte, hatte sie das Gefühl, er betrüge sie um dieses Glück. Ihr Verhalten wurde aus ihren konstruierten Bildern generiert, die ihr die beste aller Zukunftsmöglichkeiten versprachen.

Somit brachten diese Strategien das Paar in Konflikt miteinander, obwohl jede Strategie in mancherlei Hinsicht nützlich war. Die seine hielt ihn davon ab, Zeit und Energie damit zu vergeuden, Phantomen nachzujagen, und ihre ließ sie häufig anscheinend unerreichbare Ziele erreichen. Ihre Strategien hatten jedoch auch mancherlei negative Seiten: Seine Strategie war zuweilen hemmend und hielt ihn davon ab, erwünschte Ziele zu erreichen, weil er nur ganz genau kalkulierte Risiken auf sich nehmen konnte; ihre Strategie führte zu häufig zu Enttäuschung und Desillusionierung, weil ihr erwünschter Zustand zu weit außer Reichweite lag, insbesondere wenn sie sich Bilder machte, die auch ihn miteinbezogen. Denn um das Bild in die Realität umzusetzen, hätte er einige neue Verhaltensweisen ausprobieren müssen. Bei seiner Strategie war dies jedoch oft unmöglich, besonders wenn die neuen Verhaltensweisen auf keine früheren Erfahrungen zurückgreifen konnten, nach denen sie hätten hervorgebracht werden können.

Ich entschloß mich, bei diesem Paar mit einem am bewußten Erleben orientierten Ansatz zu arbeiten. Das bedeutet, daß ich ihrem wachen Bewußtsein explizit die jeweils eigene und die Strategie des Partners vor Augen führte. Nachdem sie diese einmal verstanden hatten, demonstrierte ich ihnen, wie ihre Konflikte nichts anderes als das Ergebnis ihrer Strategien waren. Dann brachte ich ihnen bei, wie sie die Strategie des jeweils anderen für erfolgreichere Kommunikation anwenden konnte. Er lernte, ihr Beschreibungen von „realistischeren" Bildern zu geben, die leichter erreichbar waren, aber bei ihr auch sehr positive Gefühle erzeugten. So machte sie sich zum Beispiel Bilder davon, wieviel Spaß es machen würde, wenn sie zusammen in der freien Natur Sport trieben. Das war schön, nur hatte er leider ein Rückenleiden. Er sagte einfach nein, und sie zerriß sich fast, indem sie versuchte, ihn zur Freude an sportlichen Aktivitäten zu bringen. Wenn er nicht mitzog, fühlte sie sich schlecht und nahm ihm übel, daß er eine solche Schlafmütze sei. Mit ihren Worten: „Wenn ich ein Rückenleiden hätte, würde ich alles unternehmen, um es zu heilen. Ich würde alles und jedes unternehmen; aber er nicht. Er behält lieber sein Rückenleiden". Natürlich wandte er nur Heilmittel an, für die er absolute Beweise gesehen hatte. Und da er ja nicht für alle vorgeschlagenen Heilmittel Nachweise auskundschaftete, unternahm er sehr wenig dagegen. Um dieses Problem zu bearbeiten, veranlaßte ich ihn, ihr ein paar Szenen zu beschreiben, in denen die beiden in einer ruhigen, lieblichen Umgebung zusammen sehr glücklich waren und etwas taten, das für sein Rückenleiden besser geeignet und bequemer war. Sie wählte dann diejenige Szene aus, die sie für sich als die beste *empfand*. So lernte er, ihre Strategie zu verwenden, um ein wünschenswerteres, aber „realistischeres" und erreichbareres Ergebnis zu erlangen. Indessen wies ich die Frau an, ihm keine Vorschläge zu möglichen Alternativen oder Heilmitteln zu unterbreiten, wenn sie nicht zugleich schlagkräftige Beweise für den Wert ihrer Vorschläge liefere.

Des weiteren wünschte sie, daß er Kommunikationskanäle zwischen sich und ihrer Tochter eröffnete. Aufgrund seiner früheren Erfahrungen glaubte er, dies sei ein bestenfalls tollkühnes Unterfangen. Ich überredete sie, sich nicht mehr dadurch frustrieren zu lassen, daß sie ihm Vorschläge machte, was er tun solle, sondern stattdessen ihre Energie darauf zu verwenden, ein Erlebnis zwischen ihm und ihrer Tochter herbeizuführen, in dem *irgendeine* Form der Kommunikation von ihm als produktiv betrachtet werden könnte. Nachdem erst einmal ein solches Erlebnis stattgefunden hätte, könne sein zukünftiges Verhalten ihren Wünschen entsprechen. Auf diese Weise waren sie imstande, ihre jeweiligen Informationsverarbeitungsprozesse zu verstehen und sie bei Bedarf zu nutzen, um Konflikte zu umgehen, und sie erweiterten dadurch ihre Erfahrung.

Anhand dieser Fälle können Sie sehen, wie eine festgefahrene Abfolge von internalen Prozessen das Verhalten einer Person beeinflußt. Wie diese Leute, so sind wir alle den Erfahrungen und Verhaltensweisen, auf die uns unsere Strategien hinführen, unterworfen. Da diese Strategien sich aus festen Abfolgen von internalen Prozessen zusammensetzen, ist unsere Fähigkeit, daraus einen Prozeß zu konstruieren, der uns zu den von uns gewünschten Erfahrungen und Verhaltensweisen führt, umso größer, je besser wir uns darauf verstehen, diese Prozesse zu manipulieren.

Wie man Repräsentationssysteme und Zugangshinweise nutzt, um Rapport herzustellen

Im vorausgegangenen Abschnitt haben Sie gelernt, wie man Repräsentationssysteme und Zugangshinweise identifiziert. Natürlich gibt es außer den Zugangshinweisen auch noch andere nonverbale Verhaltensweisen, die ebenfalls zur Identifizierung bestimmter internaler Prozesse dienen können. Darunter fallen Verschiebungen im Ton der Stimme, Fluktuationen der Hauttemperatur, Veränderungen in der Gesichtsfarbe und im Muskeltonus oder in der Atmung. Jede davon kann ähnliche Informationen über die internale Verarbeitung liefern. Versuchen Sie, diese Muster der sinnlichen Erfahrung selbständig zu erforschen.

Angleichen (Matching)

Aufbauend auf dem bereits geschaffenen Fundament, beschäftigt sich dieser Abschnitt damit, wie Repräsentationssysteme und Zugangshinweise wirkungvoll im Veränderungsprozeß genutzt werden können. Damit man effektiv Informationen gewinnen oder den Veränderungsprozeß einleiten kann, wird es immer wichtig sein, daß Sie sowohl auf der bewußten als auch auf der unbewußten Ebene den Rapport zwischen sich und dem Klienten herstellen. Eine wertvolle Technik, mit der Sie das bewerkstelligen können, besteht darin, verbales und nonverbales Verhalten zu erzeugen, das zu demjenigen Ihres Klienten paßt. Diese Technik heißt „Angleichen" (Matching). Durch diese Technik fühlt sich der Klient in seinem subjektiven Erleben wirklich verstanden. Der Therapeut spricht ja schließlich verbal wie nonverbal seine Sprache.

Der Prozeß, Repräsentationssysteme und Zugangshinweise aneinander anzugleichen, verlangt vom Therapeuten, daß er: (1) imstande ist zu erkennen, von welchem Repräsentationssystem und welchen Zugangshinweisen aus der Klient operiert; (2) in seinem eigenen Verhalten flexibel genug ist, um in der Sprache jedes Repräsentationssystems kommunizieren und seine Augenbewegungen willkürlich dirigieren zu können; und (3) um das eben Angeführte zu leisten, imstande ist, sein eigenes Bewußtsein ständig auf das sensorische Erleben zu richten, statt sich mit seiner eigenen internalen Verarbeitung zu befassen. Da zwischen innerem und äußerem Erleben ein Wechselspiel besteht, wird ein Therapeut, der sein Bewußtsein auf sein internal zugänglich gemachtes Erleben richtet, die verbalen und nonverbalen Mitteilungen des Klienten verpassen. Es ist erschreckend zu beobachten, wie Therapeuten mit geschlossenen Augen Sitzungen durchführen. Für erfolgreiche Interventionen muß der Therapeut dem sensorischen Erleben gegenüber wachsam sein.

Die folgenden Beispiele für das „Angleichen" sollen dazu dienen, diese Aufgabe zu erhellen:

(1) *June:*   Also (Augen nach oben links) es ist mir klar, daß es ihn nicht interessiert, zu verändern, was läuft.

Ther: So? Sie sehen (Augen nach oben links) es also so, daß Ihr Mann mit dem zufrieden ist, was jetzt gerade passiert.

June: Das muß er wohl sein. Ich kann (Augen nach oben links; verneinendes Kopfschütteln) mir auch nicht vorstellen, daß er jemals anders sein wird.

Ther: Sie haben also (Augen nach links) noch kein Bild davon, wie Sie ihn gerne haben möchten? (Augen nach oben rechts) Stellen Sie sich es vor. (Therapeutin leitet die Klientin mit nonverbalem Verhalten — mit dem Zugangshinweis für konstruierte Bilder, der mit der Vorstellung eines Bildes kongruent ist, das June noch nie gesehen hat.)

(2) *Meg:*   Er sieht einfach nicht, wer ich bin.

Ther: Oh, als wen sieht er Sie denn?

Meg: Ich weiß nicht; ich weiß nur, daß es nicht ich bin.

Ther: Wie wollen Sie ihm *zeigen*, wie Sie wirklich sind, damit er es sich ansehen kann? (Damit wird die Klientin aufgefordert, die von ihr gewünschte Reaktion mit ihrem eigenen Verhalten auszulösen.)

(3) *Joe:*   Hören Sie (Augen nach unten links), in unserer Beziehung gibt es nichts als Mißstimmung, und alles, was ich je versucht habe, hat unser Problem nur noch verstärkt (Augen nach unten links).

Ther: Hmmm, wenn ich Sie richtig verstehe, möchten Sie gerne, daß sich die Dinge beruhigen und daß sich ein bißchen Harmonie zwischen Ihnen beiden einstellt.

Joe: Ja, jetzt sind Sie darauf eingestimmt, was ich will.

(4) *Shirley:* Wenn ich nur spüren könnte, daß er es versucht. Aber er dreht sich einfach weg, zieht die Decke über den Kopf, tut alles andere, als den Dingen ins Gesicht zu sehen.

Ther: Wenn ich begreife, was Sie sagen, so spüren Sie, daß ihn das, was abläuft, nicht berührt, und daß Sie ihm einen Stoß geben müssen, damit er auf Sie aufmerksam wird.

In Fällen, wo unspezifizierte Prädikate verwendet werden, kann der Zugangshinweis anzeigen, wie der Therapeut die Mitteilungen so strukturieren kann, daß er den Klienten spiegelt:

(1) *Betsy:*   Ich möchte, daß Sie wissen, daß sie (oben links) es wirklich versucht hat. Ich glaube nicht (nach unten links), daß man noch mehr tun kann.

Ther: Sie sehen also, was schon getan wurde, und Sie sagen sich, daß nichts mehr übrig ist?

(2) *Jimmy:* (Nach unten rechts) Es ist überhaupt nichts mehr da für mich. Es ist eine Katastrophe.

Ther: Sie fühlen, daß es nichts mehr gibt, woran Sie sich festhalten können, und vielleicht auch nichts, das sich an ihnen festhalten kann oder wird.

(3) *Sam:* Bei uns wäre (Augen nach oben rechts) alles okay, wenn mehr Respekt da wäre.

Ther: Sehen Sie, was Sie selbst tun könnten, um Ihrer Frau zu zeigen, wie sehr Sie sie respektieren? (Verlagerung des Beziehungsindex: Er will Respekt — wie drückt er Achtung gegenüber anderen aus?)

(4) *Theresa:* Gerade wenn (nach unten rechts) wir mal miteinander auskommen, passiert etwas, und *bumms* (nach oben links) sind wir schon wieder dabei.

Ther: Klingt (unten links) für mich so, daß gerade dann, wenn Sie sich sagen, daß alles okay ist, bumms (oben links) Sie sehen, daß überall Ärger ist...

Übersetzen (Translating)

Außer Prädikate und Zugangshinweise abzustimmen, muß der Therapeut, wenn mehr als eine Person an der Therapie beteiligt sind, auch noch die Kommunikationskluft zwischen den Klienten überbrücken. Diese Aufgabe verlangt vom Therapeuten die Fähigkeit, auf der Ebene des Erlebens von einem Repräsentationssystem in ein anderes zu übersetzen.

So ist für manche ausgeprägt visuelle Leute die Erfahrung, in einem sehr unordentlichen, ungepflegten Haus zu wohnen, mit der Erfahrung eines Kinästhetikers vergleichbar, der in einem Bett voller Kuchenkrümel schlafen muß. Für den Kinästhetiker ist weggestoßen zu werden so, wie es für einen Visuellen wäre, wenn er aus dem Bild gelassen würde. Für den auditiv-digitalen Menschen wäre unlogisch zu sein gleichbedeutend mit einem Besuch eines dreidimensionalen Films für den Kinästhetiker oder eine psychedelische Light-Show für den Visuellen. Will der Therapeut Erlebnisse von einer Modalität in eine andere übersetzen, so muß er in der Lage sein, verschiedene Erlebnisse in jeder Modalität darzustellen. So könnte man beispielsweise das auditive Erlebnis der Stille mit dem kinästhetischen Erlebnis der (empfindungsmäßigen) Taubheit und mit dem visuellen Erlebnis der totalen Dunkelheit gleichsetzen. Oder der visuelle Prozeß des Imaginierens ließe sich übersetzen als Prozeß des Aufbauens für einen Kinästhetiker oder als Prozeß der Orchestrierung für einen Auditiven. All dies sind kurze Illustrationen für Übersetzungen auf der Ebene des Erlebens. Nachstehend nun zwei Beispiele aus Therapie-Transkripten, die demonstrieren sollen, wie dieser Prozeß in der Therapie abläuft.

Transkript A

Joseph: (Augen oben links) Nun ich glaube, unsere Schwierigkeit ist eine andere als die der meisten Leute.

Ther: Oh, wie sehen Sie das?

Joseph: Also sie ist die Ungeduldige (oben links). Ich möchte planen, wie es sein soll. Alles vorbereiten.

Ther: Wie planen Sie?

Joseph: (Augen nach oben rechts) Nun...

Th: Ich verstehe. Sie genießen es also, sich auszumalen, wie es ablaufen soll.

Joseph: Ja. Ich fahre wirklich darauf ab, zu planen und die Pläne zu ändern, bis sie perfekt sind, dann möchte ich diese Phantasien ausleben. Und in allen ist Janis dabei. Ich möchte, daß Sie das wissen.

Th: Also sehen wir mal, ob ich Sie verstehe (Augen oben links; gestikuliert mit den Händen vor den Augen), Sie schaffen sich eine visuelle Phantasie, wie Sie und Janis sich lieben, von Anfang bis zum Ende, eine ausführliche und detaillierte Phantasie. Und wenn sie Ihnen richtig erscheint, dann wollen Sie diese Phantasie verwirklichen, dann wollen Sie, daß Sie beide sie ausagieren. Stimmt das?

Joseph: Ja.

Ther: Okay, nun werde ich Janis einige Fragen stellen, und ich möchte, daß Sie genau beobachten. Janis (Therapeutin greift hinüber und berührt sie leicht an ihrem linken Arm), fühlen Sie, was Sie wollen?

Janis: Also, ich (Augen unten rechts; dann links) empfinde das alles als ziemlich dämlich. Ich will doch keine Rolle in einem Theaterstück haben. Ich will mich begehrt fühlen, ohne das ganze Brimborium. Es hat keinerlei Spontaneität.

Joseph: Sehen Sie, sie ist nicht sehr romantisch!

Janis: Und du bist nicht sehr spontan!

Ther: Hey! Warten Sie einen Moment (hält Janis' Arm und führt Hand in „stop"-Geste vor Joes Gesicht). Also, Janis, wenn Sie mir nun mal erzählen, was Sie wirklich wollen, statt das zu erzählen, was Sie nicht wollen. Können Sie Fühlung damit aufnehmen, wie Sie es gerne haben möchten? Und Sie passen gut auf, Joe.

Janis: (Augen unten rechts) Ich möchte einfach, daß es mehr Spaß macht. Ich möchte gerne, daß er sich von mir überraschen läßt; aber nein, es geht immer nach seinem Plan. Und die Beleuchtung muß genau stimmen und sanfte Musik muß spielen. Manchmal möchte ich ihn einfach gerne packen, wissen Sie. Wenn ich mich danach fühle, mit ihm zu schlafen, dann möchte ich's gleich.

Ther: Ich glaube, ich erfasse, was Sie sagen. Sie fühlen, daß Sie glücklicher wären, wenn Sie, sobald Sie den Drang spüren, mit Joe zu schlafen, nach ihm langen könnten oder es ihn wissen lassen könnten und er darauf reagieren würde. Sie würden gerne spüren, daß mehr Überraschungen möglich sind.

Janis: Ja, das ist es. Überraschungen.

Ther: Joe, von Ihnen möchte ich, daß Sie genau aufpassen, weil ich Janis zeigen werde, was Sie wollen, und zwar auf eine Weise, die einen Sinn für sie ergibt. Okay?

Joseph: Okay. Das wäre wohl gut.

Ther:	Janis, haben Sie jemals ein vier- oder fünfgängiges Menü bereitet?
Janis:	Ja, öfters.
Ther:	Und hatten Sie schon einmal das Vergnügen, ein vier- oder fünfgängiges Menü serviert zu bekommen?
Janis:	Ja.
Ther:	Und jeder Gang war gut geplant und sollte ihren Appetit auf den nächsten anregen... stimmt's?
Janis:	Ja, stimmt.
Ther:	Als Sie ein solches Menü bereiteten, wären Sie dann nicht enttäuscht gewesen, wenn Ihre Gäste alle fünf Gänge auf einmal auf den Tisch gestellt und sich einfach rangemacht hätten? Oder schlimmer noch, wenn sie sich, bevor Sie zu servieren anfingen, an einem übriggebliebenen Thunfisch-Sandwich gesättigt hätten?
Janis:	Ja, sicher, da würde ich mich enttäuscht fühlen, ja sogar sauer.
Ther:	Nun, so ähnlich ergeht es Joseph. Er macht Pläne, die Ihnen Freude bereiten und Sie in aufregende Orte bringen sollen, und er ist enttäuscht, wenn Sie sich an der appetitanregenden Vorspeise sattessen.
Janis:	Aber —
Ther:	Bevor Sie „abern", möchte ich wissen, ob Sie nachempfinden können, wie das für ihn wäre.
Janis:	(Nickt mit dem Kopf)
Ther:	Gut. Nun werde ich Joseph einen Eindruck davon vermitteln, wie es für Sie ist. Warten Sie also einen Moment. Joseph, sind Sie je mit einem Reiseführer auf einer Tour gewesen... als Schüler oder so?
Joseph:	Nur einmal, in Hawaii.
Ther:	Also auf dieser Reise hat der Führer eine ganz bestimmte Route vorgezeichnet. Und wahrscheinlich haben Sie sich vorher schon einiges von dem, was Sie sehen sollten, ausgemalt.
Joseph:	Ja.
Ther:	Während Sie auf dieser Tour waren, haben Sie wohl, als Sie in die eine oder andere Richtung schauten, so manche faszinierende Seitenstraße oder einen Antiquitätenladen gesehen. Und Sie wollten sich das alles genau ansehen. Aber, oje, es war nicht in der Tour enthalten, und die Gelegenheit, das unerwartete Objekt zu erkunden, verschwand einfach, als Ihr Reiseführer Ihre Aufmerksamkeit zurück auf die geplante Route lenkte. Sehen Sie, wie frustrierend das sein kann? Es könnte sogar dazu führen, daß Sie in Hinblick auf solche Touren desillusioniert sind, meinen Sie nicht?
Joseph:	Also... Sie meinen, ich bin wie ein Tourenführer?
Janis:	Ja, ja, das bist du.
Ther:	Natürlich kann es manchmal ein sehr köstliches Erlebnis sein, auf eine Tour mitgenommen zu werden — wie ein achtgängiges Menü serviert zu bekommen. Und andere Male wiederum kann es sehr erregend sein, vom Augenblick fasziniert eine neue Straße zu erkunden. Geben Sie mir da nicht Recht?

Transkript B

Ther:	Sagen Sie mir, was Sie in dieser Beziehung gerne anders hätten.

66

Ron:	(Runzelt Stirn, Augen nach unten links, unten rechts) Nun, ich glaube, es würde helfen, wenn mehr (Augen nach unten rechts) Kooperation da wäre.
Ther:	Und was könnte Ihre Frau Sue Ann machen, das Ihnen das Gefühl vermittelt, es ist Kooperation da?
Ron:	Oh, wenn Sie nur verstehen würde, daß ich hart arbeite und der Druck mir manchmal zu schaffen macht. Es ist hart, arbeiten zu gehen, und wenn ich heimkomme, lädt sie mir nur noch mehr auf.
Ther:	Sie empfinden es also so, daß sie der Last noch etwas hinzufügt, und was Sie sich wünschten, ist, daß sie Ihnen zur Hand geht und die Last leichter macht. Ist das richtig?
Ron:	Ja, das trifft es so etwa.
Ther:	Nun warten Sie einen Moment, Ron, während ich mit Sue Ann spreche. Sue Ann, bestimmt wollen Sie auf das, was Ron gerade sagte, antworten, aber zunächst möchte ich, daß Sie mir sagen, was Sie anders haben wollen.
Sue Ann:	(Augen oben links) Es ist egal.
Ther:	Was ist egal?
Sue Ann:	Was ich will, das ist egal. Nie wird sich was ändern. Es hat sich nie geändert und wird sich nie ändern.
Ther:	Ihnen gefällt nicht, was Sie jetzt sehen, richtig? (Augen führen Sue Ann's Augen nach oben links)
Sue Ann:	Richtig.
Ther:	Nun, wenn Sie Ihr Bild davon, was zwischen Ihnen und Ron abläuft, nehmen und es verändern... Was würden Sie in dem Bild ändern, damit es besser für Sie aussieht?
Sue Ann:	Nun, ich würde gerne sehen, daß er mich schätzt. Oh, Scheiße. Sehen Sie ihn an. Was soll's. Jedesmal wenn ich denke: „Oh, vielleicht wird alles besser", kommt eine Desillusionierung nach der anderen. Sobald ich meine, daß sich das Ganze aufhellt, dann — „klick" gehen die Lichter aus, und ich sage Ihnen, dann ist es zappenduster.
Ther:	Ich will mal sehen, ob ich Sie verstehe. Das Bild, das ich habe, sieht so aus: Sobald Sie Hoffnungen sammeln, sobald Sie sich vorstellen, wie gut es sein könnte, und — „klick" — dann passiert etwas, das diese Hoffnungen zum Verschwinden bringt. Stimmt's?
Sue Ann:	Ja.
Ther:	Sue Ann, ich möchte, daß Sie genau aufpassen und sehen, ob ich Ron dazu bringen kann, ein wenig von Ihrer Sichtweise zu sehen, okay?
Sue Ann:	Okay.
Ther:	Ron, Sue Ann möchte gerne, daß Sie ein Gefühl dafür haben, wie enttäuscht sie manchmal wird. Haben Sie je eine Sandburg am Strand gebaut, als die Flut hereinkam; und obwohl Sie hart daran gearbeitet haben, daß die Burg stehenbleibt, kam die Flut und warf sie um? Bis Sie es schließlich aufgegeben haben, die Burg immer wieder aufzubauen? Es scheint zuviel zu sein, als daß Sie es alleine schaffen könnten. Das — so empfindet es Sue Ann — passiert mit ihren Hoffnungen. Sie werden aufgebaut, um dann nur wieder umgeworfen zu werden. Deswegen macht sie sich nicht mehr allzu viele Hoffnungen.
Ron:	Ich wollte nie ihre Hoffnungen umwerfen.

Ther: Ich glaube Ihnen. Während Sie ein bißchen darüber nachdenken, werde ich mit Sue Ann darüber sprechen, was Sie wollen. — Sue Ann, lassen Sie mich sehen, ob ich Ihnen ein Bild von Rons Wunsch geben kann. Sind Sie je von zu Hause weg gewesen, heimgekommen und haben ein unordentliches Haus vorgefunden? Als sie umherschauten und alles sahen, was getan werden mußte, erschien es Ihnen wie eine nicht zu bewältigende und sehr düstere Aufgabe, und am schlimmsten war, es war keine Hilfe in Sicht. Nun, ich glaube, so sieht es manchmal für Ron aus.

Sie sind also beide hier, damit ich Ihnen helfe, besser miteinander auszukommen. Und diese Hilfe, so meine ich, brauchen Sie auch. Aber was keinem von Ihnen bewußt war, ist, wie sehr der eine den anderen braucht. Wie sehr Sue Ann Ihre Hilfe braucht, um Hoffnungen und Träume aufzubauen, die Wirklichkeit werden, und wie sehr Ron Ihre Hilfe braucht, um den Weg freizuräumen, damit er sehen kann, was es gibt, worauf er hoffen und wovon er träumen kann. Jeder von Ihnen hat vielleicht gedacht, wenn der eine gewinnen würde, würde der andere verlieren. Aber so ist es nicht. Wenn jeder von Ihnen gewinnt, gewinnen Sie beide, aber wenn jeder von Ihnen verliert, verlieren Sie beide.

Bei diesen beiden Beispielen stimmte ich Prädikate und Zugangshinweise aufeinander ab, um Vertrauen und einen Rapport aufzubauen, übersetzte den Standpunkt jedes Klienten in die Begriffe des Erlebens des anderen, und benutzte unspezifizierte Prädikate, um mit beiden auf einmal zu sprechen. Diese Methoden des Sprachgebrauchs sind zwar einfach, aber sehr nützlich.

Wie man einen dysfunktionalen Kontext identifiziert

Bislang habe ich Ihnen Informationen darüber gegeben, wie man die Repräsentationssysteme und die Zugangshinweise des Klienten aufdecken und sie zur Herstellung des Rapports einsetzen kann. Nun hätte ich gerne, daß Sie Ihr Geschick und Ihre Fertigkeiten darauf konzentrieren, etwas über den systemischen Aspekt der sexuellen Störung des Klienten zu erfahren. Obgleich die Identifizierung des typischsten Repräsentationssystems und des Leitsystems und die Herstellung des Rapports dem Therapeuten eine Fülle entscheidender Informationen verschafft, sind diese für erfolgreiche Therapie doch noch nicht wirklich ausreichend.

Wie bereits gesagt, setzt sich das Erleben eines Menschen aus Interaktionen zwischen Außenreizen und inneren Prozessen zusammen. Damit man die Störung, an der eine Einzelperson oder ein Paar leidet, verstehen kann, ist es notwendig, die verschiedenen Elemente des Erlebens, die den dysfunktionalen Kontext bilden, zu identifizieren. Genau aus dieser Notwendigkeit heraus ist die Familientherapie entstanden. Psychotherapeuten bemerkten, daß Schizophrene, die geheilt worden waren, oft ihr symptomatisches Verhalten erneut zeigten, als sie wieder in ihre Familie kamen. Weitere Nachforschungen ergaben, daß bestimmte Verhaltensweisen auf seiten von Familienmitgliedern dazu führten, daß das als Patient deklarierte Mitglied wieder in die Schizophrenie zurückfiel. Selbst bei weniger schwer gestörten Fällen hat man fast immer festgestellt, daß jedes symptomatische Verhalten einen Sinn ergibt, wenn man es innerhalb des Familienkontextes betrachtet.

Wenn Sie mit davongelaufenen Teenagern gearbeitet haben, bestätigt Ihre Erfahrung bestimmt dieses Konzept. Nur allzu oft finden die Eltern das Verhalten ihrer Teenager unverständlich, während dem Therapeuten, der die Familie aus einer anderen Perspektive sieht, die Motivationen für rebellisches Verhalten sehr oft offenkundig sind.

Ich erinnere mich an einen Fall, mit dem ich vor Jahren zu tun hatte und bei dem sich dieses Phänomen fand. Ein fünfzehnjähriges Mädchen war schon seit zwei Wochen von ihrer Highschool abwesend. Sie besuchte damals eine spezielle alternative Highschool für Jugendliche, die in ihrer früheren Highschool Schwierigkeiten hatten oder mit dem Gesetz in Konflikt geraten waren. Es war eine sehr progressive Schule, die nur insgesamt vierzig Schüler aufnahm. Der Lehrkörper bestand aus lediglich drei Mitgliedern. Dieses Mädchen hatte diese Schule immer geliebt und lebte damals an der besten verfügbare Pflegestelle; daher war ihr Verhalten nur allzu sonderbar. Ich hatte Klienten, die diese Schule besuchten, und das Lehrpersonal bat mich, mir die Situation genauer anzusehen. Und diese war ernst, denn wenn das Lehrerkollegium über das Schulschwänzen des Mädchens Bericht erstattet hätte, wäre sie wieder der Jugendbehörde von Kalifornien unterstellt worden. Ich fand das Mädchen schließlich bei einer Freundin. Sie war zuerst vollkommen still und beantwortete meine Fragen mit Achselzucken. Mit Hilfe ihrer Freundin konnte ich langsam die benötigten Antworten aus ihr herausziehen. Es stellte sich heraus, daß ihr Verhalten nicht von einer Rebellion, sondern vielmehr von ihrer Schüchternheit herrührte. Jeden Morgen und jeden Nachmittag fand ein Gruppentreffen von Schülern und Lehrern in der Schule statt, das den Zweck hatte, Mißstände an die Öffentlichkeit zu bringen, Lob auszusprechen und ganz allgemein positives soziales Verhalten zu verstärken. Dieses eine Mädchen aber sprach bei diesen Treffen kaum oder gar nicht. Deswegen hatte ein Mitglied des Lehrkörpers sie beiseite genommen und ihr gesagt, sie könne nicht in der Schule bleiben, wenn sie nicht zur Gruppe beitrüge, indem sie von sich selbst spräche und sich einbringe. Dies geschah in der besten Absicht, doch der Schuß ging vollständig nach hinten los. Statt ihre Schüchternheit zu überwinden (welche sie oft mit mürrischem Achselzucken überdeckte), ging sie überhaupt nicht mehr in die Schule. Sie hatte sich überlegt, daß man sie ohnehin bald von der Schule weisen würde.

Dieses Beispiel zeigt, wie das Verhalten des Mädchens einen Sinn ergibt, wenn man den größeren sozialen Kontext versteht. Meistens sind die Verhaltensweisen, die bei einem Paar oder einer Familie ungewollte Erlebnisse auslösen, weitaus subtiler. Vielleicht haben Sie schon einmal die Erfahrung gemacht, daß Sie mit einem Paar arbeiteten und die beiden plötzlich tief in einen Streit verstrickt waren, bei dem Ihnen unverständlich war, worüber er ging und wie er anfing. Vielleicht lernten Sie erst nach einer sorgfältigen Analyse ihrer jeweiligen Verhaltensweisen, daß die Frau jedesmal, wenn der Mann in einer bestimmten Weise seufzte, schrecklich wütend wurde.

Ich erinnere mich an ein Paar, dessen Probleme genau von einem solchen subtilen, aber beständigen Merkmal am Verhalten des Mannes herrührte. Zwischen den Partnern gab es sehr wenig erfolgreiche Kommunikation, und sie hatten seit sieben Jahren keine sexuellen Beziehungen mehr. Als ich mit dem Paar arbeitete, trat zu Tage, daß sie stark visuell war und er vorwiegend kinästhetisch. Obwohl dies einige ihrer Kommunikationsprobleme produzierte, lief das Entscheidende an ihren Schwierigkeiten auf einer subtileren Ebene des Verhaltens ab. Jedesmal wenn sie ihren Kopf und ihre Augen nach oben und nach links wandte, um sich Informationen visuell zugänglich zu machen, schaute er nach unten rechts, um sich Informationen kinästhetisch zugänglich zu machen. Und er hatte die Angewohnheit, dabei immer an seiner Lippe zu saugen. Er produzierte dadurch ein klickendes Geräusch, ähnlich dem Geräusch, das ein Diaprojektor produziert, wenn er die Dias wechselt. Interessanterweise wechselt gerade ein solches Geräusch stets die innerlich erzeugten Bilder einer Person. Wenn man sich ein Bild macht und dann mit der Zunge gegen den Zahnrücken ein klickendes Geräusch produziert, verschwindet das Bild bezeichnenderweise. Bestimmt passierte seiner Frau genau dies, als sie sich visuell Informationen zugänglich machte und ihr Mann an der Lippe lutschte. Jedesmal, wenn dies ablief, wurde sie verständlicherweise frustriert und wütend. Für sie war es nicht einmal mehr möglich, in seiner Gegenwart zu denken. Es ist wichtig zu beachten, daß keiner von beiden verstand, was für eine Rolle das klickende Geräusch bei diesem Prozeß spielte. Jedesmal nämlich, wen er „klickte", wurde ihr Denkvorgang unterbrochen, worauf sie dann mit Wut reagierte. Dann geriet er in Verwirrung und fühlte sich durch ihr Verhalten richtiggehend mißhandelt. Dieses Beispiel zeigt, wie ein äußerer Reiz (sein Klicken) eine Interaktion auslöst, die repräsentativ für das dysfunktionale System dieser Leute war. Diese besondere Sequenz äußerer und innerer Prozesse lief jedesmal ab, wenn sie sich länger als ein oder zwei Sekunden visuell Informationen zugänglich machte, und da sie ein stark visueller Mensch war, geschah dies bei ihr sehr häufig. Zusammengelieben waren die beiden — so erfuhr ich — nur dank einer Kommunikation, die über Briefe oder Telefonate ablief; und das ergab einen Sinn, da beide Kommunikationsmedien es unmöglich machten, das problematische Verhalten auszulösen.

In diesem Fall erwies sich mein Wissen über Zugangshinweise und innere Prozesse als unschätzbar, als es galt, zu bestimmen, was das problematische Verhalten des Paares auslöste. Man kann sich einen solchen Auslöser als den Reiz oder die Ursache und die daraus resultierenden Verhaltensweisen als die Reaktion oder die Wirkung vorstellen. Daher möchte ich gerne diskutieren, welchen Beitrag Konzepte wie Reiz-Reaktion bzw. Ursache-Wirkung zum Verständnis der sexuellen Störungen von Klienten leisten.

Reiz-Reaktion (Stimulus-Response)

Phobien sind recht deutliche Beispiele dafür, wie irgendein äußerer Reiz innere Prozesse auslösen kann, die zu einem unerwünschten Erlebnis führen. So sieht zum Beispiel eine Person von einer Höhe hinunter und fühlt sich so, als fiele sie hinunter, und wird von Angst überwältigt. Nicht nur das Hinunterschauen ängstigt sie, sondern auch das Gefühl des Fallens, welches durch das Hinunterschauen ausgelöst wird. Eine Frau kam zu mir, weil sie auf den Geschlechtsverkehr in der klassischen Missionarsstellung (welche zufällig die von ihrem Mann bevorzugte Position war) phobisch reagierte. Immer, wenn er auf ihr lag, geriet sie in einen panikartigen Zustand und schrie und schlug um sich. Kein noch so großes bewußtes sexuelles Verlangen ihrerseits konnte verhindern, daß die Ereignsse in dieser Reihenfolge abliefen. Die möglichen Ursachen dieser Reaktion lagen außerhalb ihres bewußten Erlebens — wie sämtliche inneren Prozesse, die im Zusammenhang mit diesem Phänomen abliefen. Sie spürte nur das Gewicht auf ihrer Brust und ihrem Bauch, und als nächstes war ihr nur bewußt, daß sie ihren Mann abgeworfen hatte und vor Angst und Anstrengung keuchte und schwitzte. Indem wir sie zeitlich zurückversetzten, erfuhren wir, daß ihre älteren Geschwister sie einmal zu Boden gerungen, auf ihr gesessen und ihr ein Kopfkissen aufs Gesicht gedrückt hatten, um ihre Schreie zu ersticken. Für sie wurde dies zu einem Kampf um Leben und Tod. Dieses Erlebnis hatte sie schon vergessen, und nur in der Sexualität erlebte sie ein ähnlich schweres Gewicht auf ihrem Körper. Verspürte sie ein solches Gewicht, so löste das unbewußte Prozesse aus,

die das Gewicht mit dem früheren Kampf um Leben und Tod assoziierten.
Phobien können ebenso durch innerlich erzeugte Bilder, Klänge oder Gefühle ausgelöst werden wie durch in der Außenwelt erlebte Vorgänge. Bei einem Schlangenphobiker zum Beispiel produziert schon allein der Gedanke, eine Schlange zu berühren, fast die gleiche Reaktion wie die Konfrontation mit einer wirklichen Schlange. Man kann sich, mit nur ganz geringer Bestätigung durch sein äußeres Erleben, emotionale Zustände herbeiführen, die man will oder auch nicht. Wichtig zu wissen ist, *wie* man solch eine Reaktion in sich auslöst. Ebenso wichtig zu wissen ist, wie das Verhalten eines Ehepartners bestimmte Reaktionen bei dem anderen auslöst, um zu verstehen, wie beide als Paar sich gegenseitig erleben.

Das Meta-Modell (Anhang I) enthält eine linguistische Methode zur Gewinnung von Information über die *verbal* ausgedrückten Reiz-Reaktion- bzw. Ursache-Wirkung-Verhaltensweisen. Um aus *„Metasprache und Psychotherapie. Die Struktur der Magie I"* zu zitieren:

Ursache und Wirkung

„Diese Klasse semantisch fehlgeformter Oberflächenstrukturen umfaßt seitens des Sprechers die Annahme, daß eine Person (oder eine Reihe von Umständen) eine Handlung ausüben kann, die zwangsläufig bewirkt, daß irgendeine andere Person ein Gefühl oder einen inneren Zustand erlebt. Gewöhnlich wird die Person, die dieses Gefühl oder diesen Zustand erfährt, so dargestellt, als habe sie keine Wahl, als in der beschriebenen Weise zu reagieren. Der Klient sagt z. B.: ...Meine Frau macht mich wütend.

Beachten Sie, daß diese Oberflächenstruktur ein verschwommenes Bild darstellt, in dem ein Mensch (als *Meine Frau* beschrieben) irgendeine Handlung vollzieht (nicht näher spezifiziert), die zwangsläufig bewirkt, daß irgendeine andere Person (als *mich* beschrieben) ein Gefühl (*Wut*) erlebt. Fehlgeformte Oberflächenstrukturen, die Glieder dieser Klasse sind, können an zwei allgemeinen Formen erkannt werden:

(A)   X   Verb   Y   Adjektiv
      (Verursachung)   (eine Emotion oder
                                      ein innerer Zustand)
                                 (*Bandler, Grinder* 1981, S. 121).

Bandler und *Grinder* halten es also für sinnvoll, solche Ursache-Wirkung-Beziehungen zu hinterfragen. Man sollte allerdings beachten, daß von dieser linguistischen Kritik nicht abgestritten wird, daß solche Ursache-Wirkung-/Reiz-Reaktion-Phänomene tatsächlich existieren. Fehlgeformtheit bedeutet vielmehr, daß eine Person die Angelegenheit so erlebt, als gebe es nur eine mögliche Reaktion oder Wirkung auf einen Stimulus. Hier ereignet sich die Verzerrung (*distortion*). (Nicht daß das Verhalten der Frau keine Wirkung auf ihren Mann hätte, sondern daß er mit Wut auf ihr Verhalten reagieren *muß*). Daß *Bandler* und *Grinder* diese Unterscheidung treffen und sogar die Prozesse einsetzen, um das eigene Erleben und das anderer zu beeinflussen, tritt sowohl in ihrem eigenen Verhalten wie auch in ihren folgenden Publikationen, besonders „Patterns II" und „Neurolingustic Programming I", zu Tage.

Obwohl Klienten vielerlei unterschiedliche Probleme, Ängste, Kümmernisse, Hoffnungen und Träume einbringen, verändert der effiziente Therapeut bei jedem den gleichen Aspekt. Das heißt, der Therapeut verändert nicht so sehr den Reiz, den die Welt dem Klienten liefert, sondern er verändert vielmehr, wie der Klient auf diesen Reiz reagiert. Selbst wenn der Therapeut dem Klienten dabei hilft, den Arbeitsplatz, den Wohnort, den Partner, die Schule usw. zu wechseln, so werden sich doch, wenn der Klient auf seine neue Umgebung nicht in nützlicherer Art und Weise reagiert, die Verhaltensmuster, die ihn in die Therapie brachten, wiederholen. Auf dem Gebiet der sexuellen Störungen ist das ganz besonders offensichtlich, denn hier verändert ein Wechsel des Sexualpartners nur allzu oft nicht das dysfunktionale Sexualverhalten.

Die Probleme, welche die Klienten vorbringen, sind Beispiele dafür, wie sie auf die Reize um sie herum reagieren. Daß sie in Therapie kommen, ist allein schon eine Aussage, daß sie gerne anders reagieren oder erleben würden, jedenfalls im Hinblick auf einige Aspekte jener Reize. Oft kann eine neue Reaktion auf einen alten Reiz solch weitgreifende Veränderungen bewirken, daß die ganze Art und Weise, wie ein Mensch sein Leben erlebt, verbessert wird.

Nun könnte es für manche Leute so aussehen, als würde man die Willensfreiheit des Menschen bereits negieren, wenn man Konzepte wie Ursache-Wirkung und Reiz-Reaktion akzeptiert. Natürlich *müssen* wir auf den Reiz reagieren, und meistens läuft diese Reaktion auf der Ebene des Unbewußten ab. Auch wird diese Reaktion oft durch Lernerfahrungen vorherbestimmt, die in unserer frühen Entwicklung stattgefunden haben, als wir noch nicht die Fähigkeit besaßen, sie zu hinterfragen. Oberflächlich betrachtet, scheint uns dies ratlos zu lassen. Gewiß, wegen genau dieser Gedanken liegen die Anhänger der humanistischen Psychologie seit Jahren mit den Behavioristen in Streit. Diese Konzeption läßt uns wie Ratten in einem Labyrinth erscheinen.

Allerdings benutze ich zwei entscheidende Unterschiede: nämlich (1), daß wir verändern können, wie wir auf die meisten Stimuli reagieren, und (2) der wohl wichtigste Unterschied darin besteht, daß wir mehrere Wahlmöglichkeiten für unser Reagieren erwerben und dann die geeignetste wählen können, um in einer bestimmten Situation die gewünschten Ergebnisse zu erzielen.

Das meiste menschliche Verhalten, mit dem man es in der Therapie zu tun hat, ist gelernt. Die geradlinige Stimulus-Response-Theorie begründet sich vorwiegend anhand von Reaktionen, die in uns als menschliche Art „verdrahtet" sind. Beispiele hierfür sind: lautes Geräusch — Schreckreflex; Darbietung von Nahrung nach Enthaltsamkeit — Speichelabsonderung; schnelle Bewegungen vor unseren Augen — Zwinkerreflex. Wichtiger für unsere Zwecke hier sind aber jene *gelernten* Reaktionen, die dann auf der unbewußten Ebene als Reaktion auf bestimmte Reize erzeugt werden.

In unserer Kultur ist das Händeschütteln ein Beispiel für eine gelernte Reaktion, die dann auf der unbewußten Ebene abläuft. Wenn die Sequenz der Verhaltensweisen, die zur Vollendung des Händedrucks führt, unterbrochen wird, so kann die betreffende Person sogar in einen ganz veränderten Bewußtseinszustand eintreten (vgl. *Bandler, Grindler, DeLozier,* „Patterns II"). Versuchen Sie es selbst: Versuchen Sie das nächste Mal, wenn Ihnen jemand die Hand zum traditionellen Händedruck hinstreckt, nicht zu reagieren. Zweifellos wird es Ihnen recht schwerfallen. Den Hörer eines klingelnden Telefons abzunehmen, ist eine weitere gelernte Reaktion, über die man sich nur schwer hinwegsetzen kann. Achten Sie darauf, wie Ihr Bewußtsein eine Unterscheidung trifft zu der Frage, ob das Telefon Ihnen gehört oder nicht. Gehört es nicht Ihnen, so wird dadurch oft das Reiz-Reaktions-Muster unterbrochen.

Der Prozeß des Verstehens einer Sprache ist ebenfalls ein Phänomen gelernter Reiz-Reaktions-Abläufe. Worte haben an sich und aus sich heraus nicht mehr Bedeutung, als eine vollkommen unbekannte Sprache für uns trägt. Sprache setzt sich aus bestimmten Lauten zusammen, die in Form von Sequenzen mit einem bestimmten Intonationsmuster organisiert sind. Diese Sequenzen von Lauten und Intonationsmustern erhalten eine Bedeutung, wenn sie mit einer bestimmten sensorischen Erfahrung assoziiert werden. Das kleine Kind wird mit dem Phänomen eines Hundes konfrontiert, und indem es ihn sieht, hört, berührt und riecht, wird es gleichzeitig auch mit den Lauten, die das Wort „Hund" bilden, konfrontiert. Dieser Vorgang findet weiterhin statt, und die beiden assoziierten Aspekte geraten in so enge Verknüpfung, daß es fast unmöglich wird, das Wort „Hund" zu sagen und nicht gleichzeitig an einen Hund zu denken. Daher können wir getrost sagen: „Ich gebe dir einen Topf voll Gold am Ende des Regenbogens, wenn du nicht an eine große weiße Ente denkst".

Ebenso lernt das Kind, bestimmte Sequenzen von Lauten mit dem Fehlen gewisser sensorischer Erfahrungen zu assoziieren — z. B. „still". Wörter wie „Behaglichkeit", „Neugier", „Interesse", „glücklich" und

„traurig" wurden mit bestimmten inneren Zuständen assoziiert. Dies läuft weitgehend nach demselben Schema ab, nach dem Nahrung für die Hunde *Pawlows* mit dem Ton einer Glocke assoziiert wurde. Die Glocke repräsentierte allmählich den Reiz der Nahrung so effektiv, daß sie die zuvor nur mit der Darbietung von Nahrung assoziierte Speichelreaktion auslöste. Da Sprache nur durch ihre Assoziation mit der sinnlichen Erfahrung bedeutungsvoll ist, findet der Prozeß des Sprachverstehens statt, wenn die Laute eine innere Reaktion auslösen und diese wiederum einen Aspekt oder einige Aspekte der assoziierten sinnlichen Erfahrung auslöst.

Ebenso haben Sie als Kind gelernt, bestimmte Aspekte des Verhaltens Ihrer Familie mit Bedeutungen zu assoziieren und demgemäß zu reagieren. Der Tonfall in der Stimme Ihrer Mutter, der Ausdruck im Gesicht Ihres Vaters, die Art und Weise, wie eine Tür geschlossen wurde — das alles beeinflußte allmählich Ihr späteres Verhalten. Können Sie sich daran erinnern, wie Ihre Mutter aussah und sich anhörte, wenn sie wütend war? Wenn sie sich fürchtete? Wenn sie stolz war? Haben Sie, als Sie sich jetzt daran erinnerten, bemerkt, wie sich Ihr eigenes Erleben veränderte?

Es ist möglich zu lernen, wie man *nicht* auf unsere Umweltreize reagiert. Wir bezeichnen ein solches Verhalten als pathologisch und nennen es Katatonie oder Autismus, und natürlich ist es ungewöhnlich, keinerlei äußere Anzeichen dafür zu geben, daß man auf die Welt reagiert. Selbst bei den schwersten Fällen von Katatonie und Autismus konnte gezeigt werden, daß man dieses Krankheitsbild verändern kann, wenn erst einmal der geeignete Reiz gefunden ist. Das heißt also, es gibt einen Reiz, ein Verhalten auf seiten des Personals oder des Therapeuten, das Reaktionen auslösen kann, obwohl es oft die Kreativität und das moralische Empfinden des Therapeuten strapazieren kann, diesen Reiz zu finden (vgl. *Farelley*, Provocative Therapy).

Ich bin davon überzeugt, daß die von einem Individuum gewählte Reaktion auf einen bestimmten Reiz die beste ist, die ihm zur Verfügung steht, zumindest bei ihrem ersten Auftreten. *Richard Bandler* und *John Grinder* führen diese Ansicht in „Struktur der Magie I" (S. 34 f) aus:

Wenn Menschen zu uns in die Therapie kommen, machen wir gewöhnlich die Erfahrung, daß sie mit Schmerzen kommen, daß sie sich gelähmt fühlen und daß sie keine Alternativen und Handlungsfreiheit in ihrem Leben erfahren. Wir haben herausgefunden, daß nicht die Welt zu eingeschränkt wäre oder daß es keine Alternativen gäbe, sondern daß diese Menschen sich dagegen sperren, jene Alternativen und Möglichkeiten, die ihnen offenstehen, wahrzunehmen, da sie in ihren Modellen der Welt nicht vorhanden sind.

Fast jeder Mensch unserer Kultur macht in seinem Lebenszyklus mehrere Zeiten der Veränderung und des Übergangs durch, die er bewältigen muß. Verschiedene Formen der Psychotherapie haben Kategorien für diese Übergangskrisenpunkte entwickelt. Erstaunlicherweise sind einige Menschen fähig, diese Perioden der Veränderung mit geringen Schwierigkeiten durchzustehen, indem sie diese Perioden als Zeiten intensiver Energie und Kreativität erleben. Andere, die mit derselben Herausforderung konfrontiert werden, erleben diese Perioden als Zeiten des Schreckens und des Schmerzes — Perioden, die ertragen werden müssen, während es im Wesentlichen nur um's Überleben geht. Der Unterschied zwischen diesen beiden Gruppen scheint uns vor allem darin zu liegen, daß die Menschen, die kreativ reagieren und effektiv mit diesem Streß umgehen, über ein vielseitiges Repräsentationssystem bzw. Modell ihrer Situation verfügen, in dem sie eine große Bandbreite von Wahlmöglichkeiten für ihre Handlungsweisen sehen. Die anderen erleben sich im Besitz weniger Möglichkeiten, von denen sie keine anzieht — das „Ewige Verlierer"-Spiel. So stellt sich uns die Frage: Wie ist es möglich, daß verschiedene Menschen, die derselben Welt gegenüberstehen, so unterschiedliche Erfahrungen machen? Nach unserem Verständnis beruht dieser Unterschied hauptsächlich auf einer unterschiedlichen Vielseitigkeit ihrer Modelle. Somit lautet die Frage jetzt: Wie ist es möglich, daß Menschen ein eingeschränktes Modell aufrechterhalten, das ihnen angesichts einer mehrwertigen, vielseitigen und komplexen Welt Schmerz bereitet?

Um zu einem Verständnis zu gelangen, wieso manche Menschen sich weiterhin Schmerz und Angst zufügen, hat es sich als wichtig erwiesen zu erkennen, daß sie nicht schlecht, verrückt oder krank sind. Tatsächlich treffen sie die jeweils beste Wahl aus den Möglichkeiten, die ihnen bewußt sind, das heißt, die beste Wahl, die in ihrem spezifischen Modell möglich ist. Mit anderen Worten, menschliches Verhalten, egal wie bizarr es auch zuerst erscheinen mag, ergibt einen Sinn, wenn es im Kontext der in ihrem Modell möglichen Wahlen gesehen wird. Die Schwierigkeit besteht nicht darin, daß sie die falsche Wahl treffen, sondern, daß ihnen nicht genügend Wahlmöglichkeiten zur Verfügung stehen ...

Der Mensch kann sich neue und bessere Möglichkeiten für seine Reaktion auf fast jeden beliebigen Reiz erschließen. Ja, er kann Reaktionen auf einen bestimmten Reiz in beliebiger Anzahl erlernen und kann so die jeweils geeignetste auswählen. Genau das passiert nämlich, wenn Menschen sich entwickeln und emotional verändern und ihr zwischenmenschliches Leben bereichern.

Sehr oft sind rigide Reaktionsmuster die Folge früherer Lernerfahrungen. Bestimmte Reize versetzen uns zurück in einen Kindheitszustand, in dem uns die Handlungsalternativen und Ressourcen eines Erwachsenen nicht zur Verfügung stehen. Das folgende Beispiel dient in Ausbildungs-Workshops oft der Demonstration dieses Phänomens. Als Kinder lernten die meisten von uns, mit mehr oder minder großer Furcht auf rauhe, laute Stimmen, finstere Gesichter und erhobene Finger zu reagieren. Die meisten von uns lernten, daß solche Zeichen drohende körperliche Züchtigung bedeuteten und zumindest eine lebhafte Zurschaustellung des Zorns waren. Für das Kind war das psychische und physische Wohlbefinden gefährdet, oder zumindest glaubte es dieses gefährdet. Selbst mancher noch so lebenstüchtige Erwachsene reagiert auf eine solche Zurschaustellung noch immer mit Furcht. Und selbst, wenn er weiß, daß eine solche Zurschaustellung nur Demonstrationszwecken dient, tritt die Reaktion immer noch auf, und sie wird auf der Ebene des Unbewußten erzeugt.

Also löst Reiz X Reaktion Y aus.

Und jedesmal, wenn X auftritt, löst es Y aus.

Graphisch dargestellt:

$$X \longrightarrow Y$$

Dieses verbreitete Verhaltensmuster zeigt, wie ein bestimmter Reiz einen Zustand herbeiführen kann, in dem die Wahlmöglichkeiten als sehr begrenzt erlebt werden. Nur selten ist ein lauter verbaler Erguß dazu angetan, bei einem Erwachsenen Furcht auszulösen. Vielmehr wäre jede andere Reaktion eher angemessen: dem Gesagten zuhören, ruhig bleiben, zurückschreien, pfeifen usw. Hier werden nun eine Reihe von Methoden dargestellt, die einen Prozeß des Umlernens einleiten sollen, und zwar soll dieser Prozeß dazu dienen, daß keine automatische Reaktion mehr, sondern ein Entscheidungspunkt ausgelöst wird.

Stimulus X erzeugt die Reaktionsmöglichkeiten A, C, M, N, Y, Z, wenn

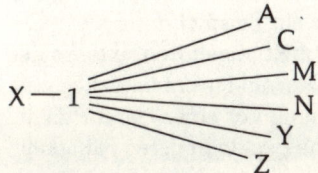

1 ein Entscheidungspunkt ist.

Ein Beispiel aus dem Bereich der sexuellen Störungen mag dieses Konzept veranschaulichen. Mary war zweiundzwanzig Jahre alt und kam in die Therapie, weil sie — obwohl sie den Wunsch danach verspürte — zu keiner sexuellen Beziehung zu ihrem Verlobten imstande war. Die Ursache ihrer Störung ließ sich auf einen Vorfall zurückführen, der sich im frühen Teenager-Alter ereignet hatte. Ihr Onkel hatte sie sexuell mißbraucht. Diese Tatsache an sich reichte nicht aus, eine sexuelle Störung zu produzieren, aber der ganze Schrecken und Schmerz, all die Schuld, die Mary in dieser früheren Episode verspürte, wurden mit dem Bild oder dem Anblick eines erigierten Penis assoziiert. Wenn Mary also einen erigierten Penis sah, reagierte sie mit Gefühlen des Schreckens und der Abscheu. Sie und ihr Verlobter hatten versucht, die Reaktion zu überwinden, indem sie in völliger Dunkelheit sexuellen Kontakt aufnahmen. Sobald Mary jedoch einen erigierten Penis spürte, erzeugte sie ein internales Bild davon, und dadurch wurde bei ihr die ungewollte Reaktion ausgelöst.

Wenn also X der Reiz ist: das visuelle Bild eines erigierten Penis (entweder interal oder external erzeugt), so ist
Y die Reaktion des Schreckens, die eine Folge des früheren Erlebnisses ist.

Jedesmal wenn X auftritt, folgt Y.

$$X \longrightarrow Y$$

Das ist ein keineswegs ungewöhnliches Phänomen. Bei den meisten von uns lösen gegenwärtige Reize Erinnerungen an die Vergangenheit aus. Der Geruch des Parfums unserer ersten Freundin oder der Klang einer in der Vergangenheit angehörten Langspielplatte kann uns mit Erinnerungen und zu diesen Erinnerungen kongruenten Gefühlen überfluten.

Wie so viele unserer menschlichen Prozesse kann dieser zuweilen unser Erleben intensivieren, doch er kann es auch andere Male stark beeinträchtigen.

Bei Mary waren die Gefühle, die durch das visuelle Bild eines erigierten Penis ausgelöst wurden, natürlich dem Erlebnis angemessen, das stattgefunden hatte, als sie dreizehn war; der sexuellen Beziehung zu ihrem Freund waren sie jedoch nicht angemessen; doch sie konnte diese Gefühle nicht bewußt kontrollieren. Ebenso ist die Reaktion auf eine laute Stimme und einen erhobenen Finger ein Beispiel dafür, wie Gefühle ausgelöst werden, die der Vergangenheit angehören und die der Gegenwart nicht mehr angemessen sind. Obwohl Furcht natürlich eine nützliche Reaktion ist, wenn sie der Warnung vor einer Gefahr dient, so kann sie auch eine Reaktion sein, die eine Person in deren Fähigkeit, in der Welt zu handeln und zu leben, einschränkt, wenn sie unnötigerweise oder zu unpassenden Zeiten ausgelöst wird. Erlebnisse, die wohl zu Recht ein Kind in Schrecken versetzen können, brauchen einen Erwachsenen nicht zu kümmern, der hoffentlich Handlungsalternativen erworben hat, um in der Welt zu bestehen, von denen das Kind jedoch noch nichts weiß.

Will man in diesen Fällen erfolgreich intervenieren, so muß man das Muster, bei dem X zwangsläufig Y auslöst, unterbrechen, und die Reaktion auf einen Entscheidungspunkt umleiten, wo der Klient eine befriedigendere Reaktion (auf der Ebene des Unbewußten) wählen kann. Somit löste in der Vergangenheit

$$X \longrightarrow Y$$

aus.

Der Therapeut interveniert, um einen Entscheidungspunkt für den Klienten zu schaffen:

$$X \longrightarrow E$$

löst Entscheidungspunkt E aus.

E wiederum kann vielerlei Reaktionen auslösen:

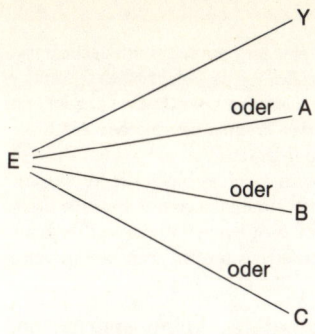

Neue Reaktionsmöglichkeiten, unter denen der Klient wählen kann, werden entwickelt. Diese neuen Reaktionen müssen natürlich ebenso automatisch wie die Reaktion Y aktiviert werden können. Die alte Reaktion wird als *Wahlmöglichkeit* beibehalten. Da sie auf einschneidenden früheren Lernerfahrungen beruht, ist es möglich, daß diese Reaktion auch zu einem späteren Zeitpunkt brauchbar ist. Ich glaube, daß alle Reaktionen zu einem bestimmten Zeitpunkt, in einem bestimmten Zusammenhang nützlich sind. Ist einmal das neu Erlernte in das Verhalten des Klienten integriert, so braucht er keine Therapie mehr.

Im Fall von Mary arbeitete ich mit einer als „visuell-kinästhetische Disassoziation" bezeichneten Meta-Technik (diese Technik wird in einem späteren Abschnitt dieses Buches ausführlich dargestellt). Sie führte dazu, daß Mary imstande war, Gefühle aufrechtzuerhalten, die zu ihrem gegenwärtigen Erleben kongruent waren (in diesem Fall ruhig und behaglich), während sie sich lebhaft die Erinnerung an die Vergangenheit vergegenwärtigte. *Gefühle,* die spezifisch für das erinnerte Erlebnis sind, werden disassoziiert, während die betreffende Person sich die Erinnerung immer noch *visuell vergegenwärtigt.* Somit wurden für Mary der Schrecken und die Abwehr zum Teil des Bildes, und sie konnte andere, dem momentanen Erleben eher angemessene Gefühle erleben. Dadurch erschlossen sich für Mary neue Möglichkeiten der Reaktion auf den Anblick eines erigierten Penis. An diesem Punkt erhielt auch Marys Verlobter — ein sehr zärtlicher, liebevoller junger Mann — Anweisungen, mit welchen beide darauf hingeführt werden sollten, bei Mary positive Assoziationen mit den naturgemäß auftretenden sexuellen Stimuli herzustellen. Und es gelang ihnen hervorragend.

Auch *Masters* und *Johnson* sind natürlich mit dem Phänomen, daß ein intensives Erlebnis alle darauffolgenden ähnlichen Erlebnisse beeinflußt, vertraut:

„Häufig beeinflußt schon ein bestimmter Vorfall, eine bestimmte traumatische Episode bei einem Mann die Fähigkeit, intravaginal zu ejakulieren. Gelegentlich kommt es vor, daß ein Mann infolge einer körperlich traumatisierenden Episode die Fähigkeit zur Ejakulation verliert, doch in den meisten Fällen ist das Trauma psychischer Art. Zwar gibt es offenbar Fälle, bei denen die primäre Impotenz von prägenden Umwelteinflüssen nahezu unausweichlich vorherbestimmt wird, doch es bleibt die interessante Beobachtung bestehen, daß häufig eine psychosexuell traumatisierende Episode direkt mit dem ersten Koitusversuch assoziiert ist, wodurch sich beim traumatisierten Mann ein Muster negativer psychosozialer Beeinflussungen oder gar ein Leben mit sexuellen Störungen einstellt". (*Masters, Johnson* 1970, S. 142, 256 f)

(*Masters* und *Johnson* beschreiben allerdings keine spezifischen Techniken für die Arbeit mit diesen Fällen.)

Wenn also ein bestimmter Reiz eine unerwünschte Reaktion auslöst, besteht die Aufgabe des Therapeuten darin, diesen Vorgang erst zu identifizieren und ihn dann zu unterbrechen, damit eine neue, nützlichere Reaktion oder ein neues, nützlicheres Repertoire an Reaktionen ausgebildet wird. Die Meta-Techniken der Veränderung sind bei diesem Prozeß ganz besonders wirkungsvoll. Zur weiteren Erläuterung dieses wichtigen Aspekts von Reiz-Reaktions-Sequenzen werden nun die folgenden von *Masters* und *Johnson* aufgezeichneten Fallgeschichten von Klienten, die dieses Muster aufweisen, in dieses Kapitel eingefügt:

In vier Fällen (von den 32 primär impotenten Männern), in denen stabile familiäre, religiöse und persönliche Verhältnisse bestanden, stand die sexuelle Unfähigkeit im Zusammenhang mit einem traumatischen Erlebnis mit einer Prostituierten, die hier die erste sexuelle Partnerin darstellte. Drei dieser unerfahrenen jungen Männer (zwei waren noch nicht zwanzig, der dritte zweiundzwanzig Jahre alt) suchten die Prostituierte in dem verkommensten Viertel ihres Wohnortes auf. Der ungewohnte Anblick der Verwahrlosung, in der die Prostituierte lebte, die entwürdigende Art ihrer Annäherung und der Umstand, daß es sich um eine physisch unappetitliche, ja widerwärtige Frau handelte, stieß die Männer derartig ab, daß sie keine oder nur eine sehr kurzfristige Erektion hatten. Es kam ihnen nie der Gedanke, daß sie sich durch ihr unüberlegtes Verhalten einem sozialen Umgebung ausgesetzt hatten, die sie nicht gewohnt und auf die sie in keiner Weise vorbereitet waren. In zwei dieser Fälle hatte sich die Prostituierte über die verzweifelten Versuche, doch noch eine Erektion zu erzielen, offen amüsiert und die offensichtliche Leistungsangst der Männer verlacht. Dem dritten jungen Mann wurde versichert, er würde „die Geschichte bei keiner Frau hinkriegen, wenn er's hier bei einer vom Fach" nicht schaffe. (*Masters/Johnson*, dt. 1973, S. 128)

***

Im folgenden Fall stellen wir die Entwicklung eines Vaginismus infolge psychosexuell traumatisierender Erlebnisse dar; wir haben drei Frauen behandelt, die durch sexuelle Attacken physisch und psychisch derartig traumatisiert worden waren, daß sich die besagten Symptome entwickelten.

Mr. und Mrs. C. waren seit 18 Monaten verheiratet, als sie bei uns vorsprachen und mitteilten, daß es ihnen noch nicht möglich gewesen sei, einen Koitus durchzuführen. Mr. C., er war 31 Jahre alt, erklärte, er habe vor der Ehe mit verschiedenen Frauen befriedigenden Geschlechtsverkehr ausführen können; Mrs. C., 28 Jahre alt, hatte ihren Angaben zufolge in einem Zeitraum von fünf Jahren vor einem spezifischen, sexuell traumatisierenden Erlebnis positive Koituserfahrung mit vier Männern gewonnen. In einer dieser Beziehungen hatte sie zehn Monate hindurch ein- bis zweimal pro Woche sexuellen Verkehr gehabt und dabei Orgasmen erlebt.

Das traumatische Erlebnis für Mrs. C. war eine Gruppenvergewaltigung (der Vorfall war öffentlich bekannt geworden), wodurch sie einen derartigen Schock erlitt, daß ein zweiwöchiger Krankenhausaufenthalt notwendig war. Es bedurfte weitgehender chirurgischer Eingriffe, um die verletzte Vagina wiederherzustellen. Es wurde der jungen Frau aber nicht empfohlen und sie kam auch nicht von allein auf den Gedanken, sich anschließend einer psychotherapeutischen Behandlung zu unterziehen.

Mr. und Mrs. C. lernten sich ein Jahr nach diesen Ereignissen kennen, und ein Jahr später heirateten sie; der Mann war über die Vergewaltigung und deren Folgen vollständig informiert. Am Ende der Verlobungszeit unternahmen sie einige Koitusversuche, die aber insofern erfolglos blieben, als trotz einer vollentwickelten Erektion der Penis nicht eingeführt werden konnte. Die Partner waren übereinstimmend der Ansicht, daß sich die vermeintlichen „hysterischen" Symptome von selbst legen würden, wenn die Frau in ihrer Partnerschaft sicherer geworden sei. Aber nichts dergleichen geschah. Nach der Hochzeit wurde wiederum ein Koitus versucht, aber obgleich der Mann sich seiner Partnerin gegenüber außergewöhnlich besonnen, zartfühlend und rücksichtsvoll verhielt, blieben alle Versuche erfolglos. Wir untersuchten die Frau und stellten einen schweren Vaginismus fest. (*Masters/Johnson*, dt. 1973, S.239)

***

Die beiden anderen Vergewaltigungserlebnisse spielten sich innerhalb der Familie ab und verliefen annähernd identisch. In beiden Fällen wurden die jungen Mädchen von männlichen Mitgliedern ihrer engeren Familie bei verschiedenen Gelegenheiten gezwungen, sich Männern zur Verfügung zu stellen, die sie nicht kannten. In einem Fall war es der Vater und in einem anderen ein älterer Bruder, der den Teenager (die Mädchen waren 15 bzw. 17 Jahre alt) zwang, mit einem anderen Mann sexuell zu verkehren, und wiederholt den Geschlechtsverkehr beobachtete, um sich der physischen Kooperation des Mädchens zu vergewissern. Sexuell ausgebeutet, emotional traumatisiert und gelegentlich auch physisch gezüchtigt, verfestigte sich in diesen Mädchen die Vorstellung: „alle Männer sind so". Nachdem die Mädchen der sexuellen Sklaverei innerhalb ihrer Familie entronnen waren, gingen sie bis zum Ende ihrer Teenagerzeit und noch Jahre darüber hinaus jedem sexuellem Kontakt aus dem Wege, bis sie mit 25 bzw. 29 Jahren heirateten. Aber auch dann waren sie physisch nicht imstande, sexuell zu verkehren, obgleich sie ernsthaft sexuelle Kooperation leisten wollten. In beiden Fällen wurde ein schwerer Vaginismus diagnostiziert. (*Masters/Johnson*, dt. 1973, S. 240)

Gegenwärtiger und erwünschter Zustand

Sexualität begreife ich als Abfolge naturgemäß auftretender und wechselseitig verknüpfter Reiz-Reaktions-Muster. *Masters* und *Johnson* beschrieben ausführlich und präzise, wie — klinisch gesehen — die physiologischen Reaktionen bei Mann und Frau aufeinanderfolgen und in welchem Wechselspiel diese stehen. Sexuelle Störungen treten

dann auf, wenn ein normaler Reiz bei einem Partner eine Reaktion auslöst, die der natürlichen Sequenz zuwiderläuft oder zudem inkongruent ist. Oft braucht sich der Therapeut nicht allzu sehr darum zu
bemühen, Informationen über den erwünschten Zustand zu sammeln,
da im Falle sexueller Störungen ohnehin auf der Hand liegt, wie sich
dieser gestalten soll. Der gegenwärtige Zustand ist es vielmehr, der irgendwie verhindert, daß die sexuellen Reize und Reaktionen in ihrer
natürlichen Abfolge auftreten. Für den Therapeuten besteht die Aufgabe darin, die Blockierung im gegenwärtigen Zustand zu beseitigen, damit der erwünschte Zustand eintreten kann.

Nicht nur der gegenwärtige Zustand stellt ein Problem dar, sondern
auch die Art und Weise, wie die internalen und die externalen Verhaltensweisen zusammenwirken. Diese Interaktionen erzeugen das, was
als Problem erlebt wird. Will man diesen Zusammenhängen auf den
Grund gehen, so darf man sich nicht nur mit der Frage begnügen:
„Was stimmt denn nicht?" oder „Wie soll es denn sein?" Will man erfahren, wie sich die internalen und die externalen Verhaltensweisen des
Klienten gestalten und wie sie zueinander in Beziehung stehen, so muß
man über die Fähigkeit verfügen, feine Unterscheidungen im Bereich
menschlichen Verhaltens zu treffen. Diese Unterscheidungen können
Sie treffen, wenn Sie Ihre Augen und Ohren weiter schulen, um bestimmte bedeutungsvolle Verhaltensweisen zu identifizieren. Da der
Therapeut nur in seinem Therapiezimmer arbeitet, hat er nicht die
Möglichkeit, den Klienten direkt in der Umgebung zu beobachten, in
der die sexuelle Störung auftritt. Somit muß sich der Therapeut mit
den Informationen begnügen, die aus der Beschreibung des
„Problems" durch den Klienten und aus den beobachtbaren Verhaltensweisen und Sprachstrukturen des Klienten während der Sitzung zu
entnehmen sind.

Was die systematische Analyse des Problems betrifft, so versucht
der Therapeut zu erkennen, wie gewisse externale Reize mit internalen
Prozessen so interagieren, daß dadurch das unerwünschte Erlebnis entsteht, ob nun bei einer Einzelperson oder einem Paar. Der Therapeut
deckt also nicht nur das Leit- und Repräsentationssystem auf und läßt
das Problem ausführlich mit Worten beschreiben, er reimt sich auch
zusammen, wie die am gegenwärtigen Zustand beteiligten Verhaltensweisen aufeinanderfolgen. Indem der Therapeut seine Ohren, Augen
und manchmal auch seinen Tastsinn gebraucht, erfährt er, welche
„Ausdrücke" (expressions) des Klienten mit den Ereignissen verknüpft
sind, aus denen sich der gegenwärtige Zustand zusammensetzt. Zu diesen Ausdrücken gehören der Tonfall, die Körperhaltung, Zugangshinweise, muskuläre Muster und besonders die beschreibenden Worte.

Damit Sie bei Ihrem Klienten nicht Gedankenlesen betreiben, ist es wichtig, diese „Ausdrücke" nicht zu interpretieren, sondern sie als sinnliche Erfahrung zu beschreiben. Beschreibt man einen „Ausdruck" mit den Worten: „Seine Hände umklammerten die Arme des Sessels, die Fingerknöchel weiß, die Gesichtsmuskeln angespannt, er hörte auf zu atmen, die Pupillen waren erweitert", so beschreibt man sinnliche Erfahrung; sagt man „er fürchtete sich", so stellt dies eine Interpretation dar; man stellt Vermutungen an, was diese Aspekte des Verhaltens für jemand anderen bedeuten. Obwohl diese Unterscheidung ermüdend erscheinen mag, ist sie doch dafür entscheidend, daß man imstande ist, Feinheiten im Verhalten aufzudecken, die uns nicht zugänglich sind, wenn wir einfach den Kategorien des Verhaltens Etiketten beigeben. Sagt man beispielsweise, ihre Stimme klinge „enthusiastisch", so stellt dies keine Beschreibung sinnlicher Erfahrung dar. Man müßte sagen: „Ihre Stimme wurde höher im Tonfall, schneller im Tempo, wies mehr Differenzierung in den Intonationsmustern auf". Dies sind Merkmale, die unseren Sinnen zugänglich sind. Dann etikettieren wir sie mit einem Wort wie „Enthusiasmus".

Natürlich möchte ich Ihnen nicht anheimstellen, ausschließlich in solchen Begriffen zu sprechen, aber ich meine, daß Sie sich alle Ihnen verfügbaren sinnlichen Erfahrungen zunutze machen können, vor allem in der Therapie. Oft kann eine Veränderung im Tonfall oder ein schaukelnder linker Fuß eine sehr bedeutsame Mitteilung sein.

Indem der Therapeut auf die vom Klienten kommende nonverbale und verbale Kommunikation achtet, erfährt er etwas darüber, wie die äußeren Verhaltensweisen und inneren Prozesse aufeinanderfolgen. Diese Sequenz bildet den gegenwärtigen Zustand des Klienten. Der Therapeut erfährt also, welche Sequenz innerlich und äußerlich erzeugter Erlebnisse das Problem produziert.

Hat der Therapeut einmal Informationen gesammelt und weiß, wie sich der gegenwärtige Zustand gestaltet, so ist es nützlich, diesen zu induzieren, damit man verifizieren kann, ob er tatsächlich in der angenommenen Form vorliegt.

Wenn wir mit dem bereits geschilderten Beispiel von Mary fortfahren, so sehen wir, daß ein äußerer Stimulus (externaler Stimulus = ES) vorhanden ist (der Anblick oder das Spüren eines erigierten Penis), der internale Prozesse (IP) (die bildliche Vorstellung vom Onkel) auslöst, die bewußt als Gefühl des Schreckens repräsentiert wird (BR). Dieses Gefühl löst bei ihr das äußere (externale) Verhalten (EV) aus: Sie verspannt sich. Graphisch läßt sich diese Sequenz wie folgt beschreiben:

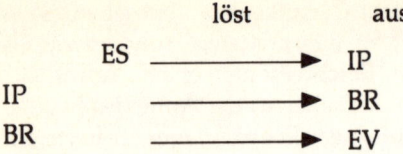

	löst	aus
ES	⟶	IP
IP	⟶	BR
BR	⟶	EV

Externaler Stimulus   = Sehen oder Spüren des erigierten Penis
Internaler Prozeß   = bildliche Vorstellung vom Onkel
Bewußt repräsentiert = Schrecken
Externales Verhalten = Verspannung

Da es praktisch nicht möglich war, die Klientin mit einem erigierten Penis zu konfrontieren, induzierte ich diese Sequenz, indem ich die Klientin veranlaßte, sich bildlich das letzte Mal, als sie einen erigierten Penis sah, zu vergegenwärtigen. Als sie diese Vergegenwärtigung vollzog, zeigte sie die gleichen Ausdrücke, die zuvor schon ausgelöst worden waren, als sie eine sexuelle Annäherung durch einen Mann beschrieb.

Sie durchlief die gleiche Abfolge von Zugangshinweisen, Veränderungen im Tonfall und Tempo, Veränderungen in der Atmung, und Verschiebungen in der Farbe und Muskelstruktur von Gesicht und Körper (angespannte, zusammengepreßte Oberschenkel, eng an den Körper gepreßte Arme). Diese Veränderungen in den „Ausdrücken" wären wohl für den ungeschulten Beobachter kaum bemerkbar gewesen, und sie liefen außerhalb des bewußten Erlebens der Klientin ab.

Die beobachtete Abfolge von Reizen und Raktionen verrät mir, ob ich den gegenwärtigen Zustand der Klientin richtig verstehe. Man sollte nicht vergessen, daß Worte genauso wie Erinnerungen mit Erlebnissen verknüpft sind und daß Menschen viel von dem, über was sie reden, auch tatsächlich erleben.

Mary erlebte bis zu einem gewissen Grad immer ihre früheren sexuellen Erfahrungen wieder, als sie diese verbal beschrieb. Dies trat deutlich durch die Veränderungen beim Atmen, bei der Gesichtsfarbe, bei der Muskelanspannung, den Veränderungen im Tonfall usw. hervor. Denken Sie doch an das letzte Mal, als Sie jemandem ein Erlebnis, bei dem Sie fürchterlich wütend waren, schilderten. Oder besser noch, denken Sie jetzt an ein solches Mal. Manche der Gefühle kehren wieder, während Sie dies machen, und der präzise Beobachter ist imstande, die Veränderung in der Atmung, der Lippengröße, Gesichtsfarbe und -anspannung, die durch solche Gefühle hervorgerufen werden, festzustellen.

Der geschulte Beobachter kann sensorische Unterscheidungen treffen, durch die subtile nonverbale Verhaltensweisen zu äußerst nützlichen Mitteilungen (Kommunikationen) werden. Allerdings lassen sich diese nicht dadurch, daß man sie etikettiert, treffen, sondern man muß darauf achten, wie sie sich auf den gesamten Vorgang beziehen. Etwa: Wann treten sie auf? Was passiert kurz bevor die Unterlippe bebt, und was passiert kurz danach? Welchen Sinn ergibt dieses nonverbale Verhalten, wenn man es in Beziehung zum Problem setzt?

Der Therapeut gewinnt also Informationen über den gegenwärtigen Zustand, indem er die sinnliche Erfahrung und das Meta-Modell einsetzt, um Antworten auf die folgenden Fragen zu erhalten:

1. Welcher externale Reiz löst das unerwünschte Erlebnis aus?
2. Welchen internalen Prozeß löst dieser externale Reiz aus?
3. Was wird im Bewußtsein des Klienten/der Klientin repräsentiert?
4. Wie beinflussen sich diese drei Kategorien wechselseitig, und in welcher Abfolge?
5. Läuft jedesmal, wenn der externale Reiz in irgendeiner Weise vom Therapeuten ausgelöst wird, die ganze Sequenz wieder ab?

Wenn der Therapeut die Antworten auf diese Fragen kennt und Nummer fünf mit „ja" beantworten kann, hat er, was er braucht, um darüber entscheiden zu können, in welche Richtung die Veränderung gehen soll.

Oft sind die Abfolge dieser Kategorien und ihr Wechselspiel recht eingefahren und rigide bei den betreffenden Leuten. Das bedeutet: Sie hören etwas (externaler Stimulus), was ein Bild (internaler Prozeß) auslöst, das ein mit dem Bild übereinstimmendes Gefühl (welches bewußt repräsentiert ist) auslöst, und das äußere (externale) Verhalten stimmt mit der bewußten Repräsentation überein. Diese Leute hören beispielsweise eine laute, harte Stimme, haben eine bildliche Vorstellung davon, wie sie der Vater anschreit, fühlen sich geschreckt, handeln und verhalten sich erschreckt. Oder sie hören die Beschreibung einer friedlichen Szene, fühlen sich friedlich und heiter und werden äußerlich ruhig und entspannt. Solche Sequenzen gibt es in vielfältigen Abwandlungen.

Manchmal rufen solche Phänomene angenehme und befriedigende Erlebnisse bei der Person hervor, andere Male jedoch bewirken sie vielleicht das Gegenteil. Daher hat der Therapeut die Wahlmöglichkeit, das Erleben des Klienten zu steigern, indem er ihm zu erfolgreicheren Reaktionsweisen verhilft. Die Veränderung der Sequenz verwandelt naturgemäß auch das gesamte System. Ein beschränkteres Ziel wäre, dieselbe Sequenz beizubehalten, während man die Art der Reaktion verändert. Zwar verhilft die ebengenannte Möglichkeit dem Klienten auch zum erwünschten Zustand, aber durch die erste Möglichkeit beschreitet er den Weg, eine produktive, „generative"[3] Persönlichkeit zu entwickeln, indem ihm mehr als eine Strategie zur Erzeugung von Erlebnissen und Erfahrungen an die Hand gegeben wird.

Wenn Sie die hier vorgeführten Unterscheidungen treffen, werden Sie fast immer mehr über das beim Klienten ablaufende Erleben wissen, als der Klient selbst bewußt weiß. Tatsächlich erlebe ich in der alltäglichen Kommunikation die Sprache, die Zugangshinweise und andere nonverbale Verhaltensweisen meiner Mitmenschen so bewußt, wie diese meine Haarfarbe bewußt registrieren. Diese zusätzliche Information hilft mir sehr dabei, mit jedem, der mir begegnet, wirkungsvoll zu kommunizieren, ob es sich nun um den Fleischer, den Versicherungsvertreter oder den Nachbarn handelt. Teilte ich diesen Leuten mit, was ich höre und sehe und wessen sie sich nicht bewußt sind, so würde das unsere Kommunikation behindern. Ebensowenig ist es notwendig, daß der Klient sich derselben Aspekte des Verhaltens bewußt ist, deren sich der Therapeut bewußt sein muß. Das Bewußtmachen von Verhaltensweisen, die dem Betreffenden vorher nicht bewußt waren, heißt (in Therapeutenkreisen) Metakommentierung. Auf diese Möglichkeit kann der Therapeut zwar zurückgreifen, doch sie ist nicht immer die beste und kann eine Abwehrreaktion auslösen. Sehr oft kommt es vor, daß sich der Klient der Aspekte seines gegenwärtigen Verhaltens nicht bewußt ist und sich trotzdem in der gewünschten Weise verändert. Diese Veränderung einzuleiten — darin besteht die Aufgabe des Therapeuten.

---

[3] Das Adjektiv „generativ" wird in diesem Buch analog zur Bildung „Generative Grammatik" (*Chomsky*) verwendet; vgl. dazu *Bandler/Grinder*, Metasprache und Psychotherapie. Die Struktur der Magie I (1981) (Anm. d. Übers.)

3 Techniken für die Überführung vom gegenwärtigen Zustand in den erwünschten Zustand

Sobald der Therapeut den gegenwärtigen Zustand versteht und weiß, welcher Art die Erlebnisse in dem erwünschten Zustand sein würden, so kann er sich der Aufgabe widmen, den Klienten vom gegenwärtigen Zustand in den erwünschten Zustand zu entwickeln. Wichtig ist, daß der Therapeut über ein Repertoire an verschiedenen Methoden verfügt, mit denen sich diese Aufgabe erfüllen läßt. Dann kann er darunter eine Methode auswählen, und zwar nach dem Kriterium, ob sie sich für den Klienten wie auch für den spezifischen Problembereich eignet.

Überlappen (Overlapping)

Eine fundamentale Methode, den Klienten weiterzuentwickeln, besteht darin, ihm zu helfen, reichhaltige und lebhafte internale Erlebnisse hervorzubringen, an denen alle Sinnesmodalitäten beteiligt sind. Man produziert damit nicht nur ein völlig verändertes Erleben des momentanen Zustandes, sondern entwickelt auch die Fähigkeiten des Klienten, seine eigenen internalen Prozesse als Ressourcen zu nutzen, um die gewünschten Ergebnisse herbeizuführen. Überlappen (*Overlapping*) ist eine Technik, mit der man dieses Ziel erreichen kann. Überlappen bedient sich zunächst einer zum primären Repräsentationssystem des Klienten kongruenten Verbalisierung, dann werden nach und nach die anderen Sinnesmodalitäten einbezogen, indem man nämlich die von der Natur vorgegebenen Schnittpunkte, die zwischen den Sinnen existieren, nutzt.

Sollten Sie ein stark visueller Mensch sein, so beginnt dieser Prozeß, indem Sie sich ein Bild z. B. von einem Baum oder einer Baumgruppe machen. Sobald Sie die Bäume klar vor sich sehen können, sobald Sie die Farb- und Formabstufungen der Blätter und Zweige sehen, dann — und erst dann — sind Sie imstande, allmählich der Bewegungen, des sanften Raschelns und Wiegens der Blätter und Zweige inne zu werden. Während Sie beobachten, wie sich Zweige und Blätter wiegen, können Sie allmählich das Geräusch der sanften Brise hören, die leicht durch die Bäume streicht und die Blätter rascheln läßt. Und während Sie darauf lauschen, wie die Brise vorbeiflüstert, können Sie allmählich ihre Kühle, wie sie an Ihrem Gesicht vorbeistreicht, spüren. Sie empfinden diese Kühle auf Ihrem Gesicht und können dann die Frische der Brise riechen, wie sie den Duft der Bäume zu Ihnen hinüberweht.

Bei diesem Beispiel also, das mit einem visuellen Erlebnis — dem Bild eines Baumes — beginnt und dann andere sensorische Erlebnisse an den natürlichen Schnittpunkten einfügt, ist die Person imstande, die ursprünglichen Repräsentationen auf alle Sinnesmodalitäten (die bei einem lebhaften, internal generierten Erlebnis ja alle beteiligt sind) auszudehnen. Wenn Sie sehen können, wie der Wind die Blätter und Zweige bewegt, so ist es nur ein kleiner Schritt zum Hören des Windgeräusches. Hören Sie den Wind, so ist es auch möglich, daß Sie spüren, wie er Ihnen über das Gesicht bläst. Und wenn Sie die Brise spüren können, so können Sie mit einem weiteren Schritt die Frische der Brise und den Duft der Bäume riechen, die Sie so klar sehen können.

So arbeiten unsere Sinne zusammen, um ganzheitliche Erlebnisse zu schaffen. Man kann von einer beliebigen Sinnesmodalität ausgehen und durch die natürlichen Schnittpunkte fortschreiten, und damit läßt sich ein umfassendes, reiches Erlebnis gestalten. Unsere Sinne funktionieren von Natur aus so. Wie seltsam wäre es, wenn wir einen Tropfen Wasser auf dem Arm sähen und nicht gleichzeitig auch die Nässe spürten, das Rauschen des Regens hörten und die Feuchtigkeit in der Luft röchen. Bei diesem Prozeß sind beschwörende Worte nützlich, die sich für die beschriebene Sinnesmodalität eignen. Nachstehend finden Sie jene Worte, die im vorangegangenen Beispiel verwendet wurden:

Visuell	Auditiv	Kinästhetisch	Olfaktorisch
sehen	hören	spüren	riechen
klar	Geräusch	Kühle	Frische
Bild	rascheln	streichen	Duft
Farb- und	lauschen		
Formabstufungen	flüstert		
beobachten			

Zwar ist das Überlappen von Repräsentationssystemen schon für sich alleinstehend eine effektive Technik, doch wird es auch oft angewandt als integrierter Aspekt von Kommunikationsmustern, die das Erleben einer Person bereichern sollen. Nützlich ist diese Technik vor allem bei Klienten, die außerstande sind, bei sexuellen Erlebnissen ihr Bewußtsein auf den kinästhetischen Anteil des Erlebens zu konzentrieren. Indem man mit einem beliebigen Erlebnis, das sie gerade im Bewußtsein haben, anfängt und die anderen Modalitäten einbezieht, treten die körperlichen Gefühle in das bewußte Erleben ein und können dann hervorgehoben werden.

Damit die natürliche Abfolge internaler und externaler Prozesse stattfinden kann, die ein gelungenes sexuelles Erlebnis ausmachen, muß sich der kinästhetische Anteil des Erlebens — d. h. die körperlichen Gefühle — im Bewußtsein befinden. Die meisten Leute werden ungeachtet ihres bevorzugten Repräsentationssystems während ihres sexuellen Erlebens stark kinästhetisch.

Überlappen kann auch ein wertvoller Weg sein, jenen Leuten zu helfen, deren internale Prozesse ihre Fähigkeit, die intensive Lust des sexuellen Erlebnisses zu spüren, störend beeinflussen. Überlappen rückt Anteile des Erlebens, die außerhalb des bewußten Erlebens lagen, ins Bewußtsein und dient auch dazu, die internalen und externalen Prozesse zu parallelisieren, damit das Erleben kongruent wird.

Wenn ich einem stark visuellen Menschen beibringe, zu nutzen, was er sieht, um zu seinen Gefühlen zu gelangen, gebrauche ich Überlappen in folgender Weise:

„Sehen Sie ihn an. Sehen Sie ihn klar? Gut, während er sich näher zu Ihnen beugt und Sie diesen gewissen Blick in seinen Augen sehen, können Sie anfangen, sich zu wundern, sich wirklich zu wundern. Und während er noch näher kommt, bis Sie seine Schulter sehen, wenn sein Gesicht das Ihre berührt, hören Sie sein Flüstern. Während er flüstert, können Sie seinen Atem spüren, der über Ihr Ohr streicht, und Sie verspüren vielleicht ein sanftes Kitzeln. Seine Worte und seine Nähe verändern den Rhythmus und das Tempo Ihres Atmens".

„Während Sie spüren, wie die Hand Ihrer Partnerin zu Ihnen hinübergreift und Sie dann leicht berührt, können Sie die Wärme ihrer Haut neben sich spüren".

„Während Sie dem Ton Ihrer eigenen Stimme lauschen, werden Sie der Gefühle dahinter gewahr".

„Während Sie sehen, wie Ihr Partner Sie mit diesem gewissen Blick ansieht, können Sie sich selbst sagen, wie sehr er Sie begehrt, und dann fühlen, wie gut man sich fühlt, wenn man begehrt wird".

„Während Sie den sich wandelnden Rhythmus Ihres Atems hören, wächst Ihre Erregung".

„Während Sie sich dabei beobachten, wie Sie Ihre Partnerin berühren und liebkosen, merken Sie, wie Ihre Haut die Haut der Partnerin berührt, und Sie werden sich der Zartheit ihrer Haut bewußt, und Sie verlagern Ihre Hand, Sie spüren die Veränderung von einer Stelle zur anderen und können den Ausdruck in ihrem Gesicht beobachten".

Diese Beispiele zeigen, wie man dem Klienten Instruktionen geben kann, die sich des Überlappungs-Prinzips bedienen. Bei Klienten, die noch nie ein erfolgreiches sexuelles Erlebnis hatten oder die fürchterlich schüchtern oder gehemmt sind, empfand ich es als nützlich, sie durch gelenkte Phantasien von sexuellen Erlebnissen zu führen; ich bediente mich des Überlappens und blieb so vage wie möglich, damit sie frei waren, innerlich ein für sie sehr befriedigendes Erlebnis hervorzubringen. Die Kunst, vage und doch spezifisch genug zu bleiben, um eine reiche gelenkte Phantasie hervorzurufen, lernt man über sprachliche Strukturen, besonders jene, die *Bandler* und *Grinder* (in: „Patterns of the Hypnotic Techniques of Milton H. Erickson, M. D.", Volume 1) herausgearbeitet haben. Indem der Therapeut vage bleibt, während er seine Verbalisierungen auf positives Erleben richtet, kann er dem Klienten dabei helfen, die Phantasie aus seinen eigenen inneren Ressourcen zu beziehen und nicht aus den inneren Erlebnissen des Therapeuten. So könnte ich vielleicht sagen: „Wenn man weiß, was Sie wissen, so kann darin ein gewisses Gefühl der Befriedigung liegen". Nun spezifiziert „gewisses Gefühl der Befriedigung" nicht, was für eine Art von Erlebnis damit vielleicht gemeint sein könnte, und „Wenn man weiß, was Sie wissen" spezifiziert nicht die Erfahrung des Wissens; auch hier ist unbekannt, „was" der Betreffende weiß.

Diese Methode ist besonders wirkungsvoll bei Klienten, die charakteristischerweise sagen: „Ich kann mir einfach nicht vorstellen, wie ich das tue", wenn man sie fragt, was sie daran hindert, die von ihnen gewünschten sexuellen Erlebnisse zu haben. Eine solche Aussage verrät dem Therapeuten, daß sich das Verhalten der Betreffenden wahrscheinlich verändern würde, wenn sie „sich vorstellen" *könnten*, wie sie das tun. Da die Vorstellung, wie man etwas tut, natürlich ein internal erzeugtes Erlebnis ist, erscheint es hier sehr angebracht, mit einer gelenkten Phantasie zu arbeiten. Durch den Einsatz von Überlappen stellt man sicher, daß der Klient durch ein reiches und umfassendes Erlebnis geht.

Man kann einem Klienten beibringen, die eigenen internalen Prozesse einzusetzen, um das sexuelle Erleben zu steigern. Sobald der Therapeut erfährt, wie der Klient körperliche Gefühle generiert (d. h. ob er sie direkt oder über Worte, Bilder oder Töne erzeugt), kann er diese Information nutzen. So habe ich an früherer Stelle das Beispiel der Sexualtherapeutin erwähnt, die darüber klagte, nur mit Hilfe eines Vibrators Orgasmen erleben zu können. Als ich näher nachforschte, erfuhr ich, daß ihr jedesmal beim Geschlechtsverkehr ihre inneren Stimmen das Erlebnis vergällten, indem sie zu ihr sagten: „Er wird allmählich müde, du schaffst es nie", und Ähnliches suggerierten. Sobald das passierte, wurde sie ängstlich und angespannt, was ihr Bewußtsein vom momentan ablaufenden sexuellen Erlebnis wegführte. Bildlich dargestellt, sieht ihr Erleben folgendermaßen aus:

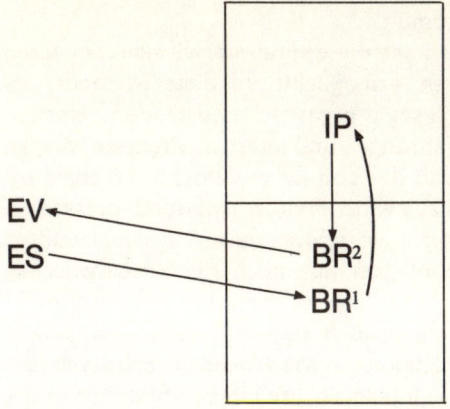

Externale Stimuli — Liebesakt — ES
Bewußt repräsentiert — Erregung — BR[1]
Angst — BR[2]
Internales Leitsystem — Stimmen — IP
Externales Verhalten — Hinweis auf Verlust an sexueller Erregung — EV

Für ihren Sexualpartner war es wichtig, daß sie bei ihm einen Orgasmus hatte, und auch sie wünschte sich diesen sehnlichst. Aber infolge der von den Stimmen produzierten Angst fingen die beiden während des Liebesaktes immer wieder mit der Erregungsphase an, bis sich die Stimmen — daß er müde oder gar gelangweilt sei — letztendlich bewahrheiteten.

Wenngleich für dieses Problem vielerlei Möglichkeiten der Intervention zur Wahl standen, entschied ich mich dafür, ihr beizubringen, ihre inneren Stimmen für die Beschreibung ihres momentanen äußeren (externalen) Erlebens einzusetzen: Sie sollten beschreiben, wo er sie berührte, die Wärme seiner Hände, die Zärtlichkeit oder die Kraft seiner Berührung, den Klang und den Rhythmus seines und ihres Atmens, das Schlagen ihres Herzens. Während sie dies lernte, brachte ich ihr auch bei, sich durch diese inneren Beschreibungen näher an das von ihr herbeigesehnte Erlebnis heranführen zu lassen. Die bereits vorhandenen Verbalisierungen sollten also das vorhandene Erleben in das gewünschte umwandeln: „Während ich fühle, wie er sich mit mir bewegt, kann ich fühlen, wie ich noch erregter werde; wie ich immer schneller atme und immer näher an den Orgasmus herankomme". (Diese Verbalisierungen implizieren, daß sie, „weil" sie fühlt, wie er sich mit ihr bewegt, erregter wird, und „weil" sie schneller atmet, näher an den Orgasmus herankommt.)

Da die meisten inneren Zustände dieser Frau vorwiegend aus ihren inneren Dialogen hervorgingen, ermöglichte ihr diese Methode, sexuelles Verlangen, Erregung, ja sogar orgastische Zustände zu empfinden. Externale sensorische Erfahrungen und internale Prozesse wurden so aufeinander abgestimmt, daß das von ihr erwünschte Ergebnis zustande kam. Später erfuhr ich zu meiner Freude, daß durch die weitere Anwendung dieses Prozesses die inneren Stimmen aus ihrem bewußten Erleben herausfielen; zurück blieben nur noch die kinästhetischen Freuden in ihrer ganzen Fülle, und diese nahmen ihre volle Aufmerksamkeit in Anspruch. Sie berichtete auch, daß sie imstande sei, andere erwünschte Erlebnisse herbeizuführen — wie Wachheit, Selbstvertrauen und ein Gefühl der Ruhe —, indem sie ihre inneren Stimmen in der gleichen Weise einsetzte.

Ich habe festgestellt, daß das Überlappen auch dann gute Dienste leistet, wenn man dem Klienten helfen will, sich mit dem Erleben des Partners zu identifizieren. Männer wie Frauen haben mich oft gefragt, was ich denn meinte, daß ihre Partner sexuell von ihnen wollten. Immer wieder hat sich herausgestellt, daß sie geeignete und kreative Verhaltensweisen entfalteten, nachdem sie erst einmal die internal generierte Erfahrung, „der Partner zu sein" und sich vorzustellen, was sie gerne selbst von sich erfahren würden, gemacht hatten.

Wenn sich Klienten des Überlappens bedienen, um sich dieses Erlebnis zu verschaffen, stellen sie sich vor, wie sie in den Körper ihres Sexualpartners treten und dann, zunächst mit dem charakteristischsten Repräsentationssystem, das Überlappungs-Prinzip anwenden, um das umfassende Erlebnis zu entwickeln. Sie sehen sich also aus der Perspektive des Partners, wie dieser sich annähert, die Hand zur Berührung ausstreckt; sie hören den Klang der eigenen Worte, den Tonfall der Stimme, spüren die Berührung der eigenen Hände oder des eigenen Körpers. Ein derartiges Erlebnis verschafft den Klienten eine Quelle für wertvolles Feedback, während sie sich vollständig aus der Perspektive des Partners vorstellen. Im Verlauf dieses Erlebnisses verändern die Klienten zumeist ihr eigenes (vorgestelltes) Verhalten und gestalten es — aus dieser neuen Perspektive — reizvoller. Natürlich müssen die Klienten das vom Partner beim realen Sexualkontakt dargebotene Feedback nutzen, damit sie wissen, ob ihr Verhalten tatsächlich die erwünschte Reaktion hervorruft. Follow-up-Berichten von Klienten zufolge sind die jeweiligen Partner zumeist von den neuen Verhaltensweisen entzückt.

Diese Technik erwies sich bei einer Klientin, die speziell um eine Sexualberatung nachsuchte, als besonders wirksam. Sie klagte, sie müsse immer die sexuelle Initiative bei ihrem Mann ergreifen, während er passiv bleibe. Außerdem weigere er sich, mit ihr zusammen an der Sexualberatung teilzunehmen, und scheine mit dem jetzigen Stand der Dinge zufrieden zu sein. Während der ersten Sitzung mit dieser Frau wandte ich das Überlappen an, um bei ihr das Erlebnis zu induzieren, ihr Ehemann zu sein. Als ihr Mann genoß sie sehr das Gefühl, so begehrt zu werden, und sie schwelgte in ihren eigenen Annäherungsversuchen. Die Woche darauf sagte sie telefonisch ihren Termin bei mir ab. Nach dem Grund befragt, erwiderte sie, alles sei „in Butter". Weiter führte sie aus, sie habe es so genossen, sich mit ihrem Mann zu identifizieren, daß sie tatsächlich das Erlebnis mit ihm geteilt hätte. Sie hatte ihn dann gebeten, sich vorzustellen, er sei sie (diesen Wunsch erfüllte er ihr), und dann auch in seinem *Verhalten* so zu tun, als sei er sie. Zuerst kam es ihnen dumm und komisch vor, daß er sich so wie sie verhielt, aber sie reagierte so gut, daß er ein paar Tage später wieder das gleiche „Spiel" mit ihr trieb. Sie wechselten sich nun darin ab, der jeweils andere zu sein. Diese Frau überstieg meine kühnsten Erwartungen, was das Ergebnis betraf, indem sie kreativ die Therapieerfahrung nutzte, um bei ihrem Mann die von ihr erwünschte Reaktion hervorzurufen. Von da an unterrichtete ich Klienten, die ohne ihren Partner kamen, in dieser und in ähnlichen Methoden, eigenständig erwünschte Verhaltensweisen auszulösen. Dabei arbeite ich mit dem Überlappen, um den Klienten zunächst in einen Zustand der Partner-Identifikation zu versetzen, und lasse dann dieses Erlebnis zum Fundament für die eigenen späteren Handlungen der Klienten werden.

Ebenso ist es für manche Leute stark stimulierend, ihre Sexualpartner zu berühren und sich gleichzeitig vorzustellen, wie sich diese Berührung auf der Haut der Partner anfühlt. Diese Technik ist vor allem bei Paaren geeignet, bei denen ein Partner eine Aversion gegen orale Techniken hat. Indem diese Leute sich vorstellen, welches Gefühl ihnen die orale Manipulation der Genitalien des Partners gibt, kann diese plötzlich sehr erregend für sie werden. Bei der Befragung von Klienten, die es sehr genossen, Cunnilingus und Fellatio zu praktizieren, stellte ich fest, daß dies tatsächlich die von ihnen zumeist gebrauchte Strategie war. Zusammenfassend gesagt, diese Techniken — Überlappen und die Verlagerung des Beziehungsindex —, können sehr wirkungsvoll eingesetzt werden, entweder einzeln oder in Kombination, und sie bilden einen erheblichen Anteil an der Fähigkeit des Therapeuten, das Klientensystem zu entwickeln, damit der erwünschte Zustand erreicht wird.

Ankern (Anchoring)

Eine Grundprämisse, von der ich in meiner Arbeit ausgehe, besteht darin, daß Menschen alle Ressourcen in sich tragen, die sie brauchen, um die Veränderungen zu vollziehen, die sie durchmachen wollen und müssen. Meine Aufgabe ist, ihnen dabei zu helfen, diese Ressourcen zu erschließen und richtig zu nutzen, damit diese erwünschten Veränderungen auch tatsächlich und nachhaltig eintreten. Es sei nun dahingestellt, ob diese Grundprämisse tatsächlich wahr ist; wenn ich jedenfalls in der Therapie so vorgehe, als sei sie wahr, bieten die Ergebnisse ein reiches Zeugnis für ihre Gültigkeit.

Die Ressourcen, von denen ich hier spreche, liegen in der persönlichen Geschichte eines jeden von uns. Jede einzelne Erfahrung, die wir jemals machten, vermag potentiell als Aktivposten zu dienen. Jeder hat wohl schon einmal erlebt, daß er selbstbewußt, wagemutig, selbstsicher oder entspannt war. Jede dieser Erfahrungen ist eine potentielle Ressource. Die Aufgabe des Therapeuten ist es, diese Ressourcen in den Situationen und Kontexten zu aktivieren, in denen sie gebraucht werden. *Bandler, Grinder, DeLozier* und ich haben eine Methode entwickelt — *Ankern (Anchoring)* genannt —, die genau dieser Aufgabe Rechnung trägt.

So wie bestimmte Außenreize mit vergangenen Erlebnissen assoziiert sind und diese wachrufen können, so können wir auch absichtlich einen Reiz mit einem bestimmten Erlebnis assoziieren. Ist diese Assoziation einmal hergestellt, können wir das Erlebnis willentlich und nach Belieben auslösen. Es funktioniert genauso wie die Sprache.

Fordere ich Sie auf, sich an eine Situation zu erinnern, in der Sie sich sehr selbstbewußt fühlten und in der Sie sehr zufrieden mit sich selbst waren, so schicken Sie meine Worte auf die Suche durch ihre früheren Erlebnisse. Wenn Sie sich Zugang zu verschiedenen Erinnerungen, die kongruent zum Zustand des Selbstbewußtseins und der Selbstzufriedenheit sind, verschaffen, dann dringen verschiedene Aspekte jener Erlebnisse in Ihr momentanes Erleben ein. Sie wissen ja auch, wie Sie wieder wütend werden können, wenn Sie sich an einen vergangenen Streit erinnern, oder wie Sie wieder Angst bekommen, wenn Sie sich an einen furchterregenden Film oder Vorfall erinnern. Indem wir also eine Erinnerung hervorholen (ein internal generiertes Erlebnis), erleben wir erneut viele der Gefühle, die sich beim Zustandekommen der Erinnerung einstellten.

Ankern nutzt diesen Prozeß, indem es eine absichtliche Assoziation zwischen einem Reiz und einem bestimmten Erlebnis herstellt. Beispiele hierfür, mit denen wir bereits vertraut sind, sind unsere Reaktionen auf das Hören der Nationalhymne oder den Anblick der Nationalflagge und darauf, wenn einem der Vogel gezeigt wird. Die Russen haben dieses Prinzip wohl verstanden, als sie nach der Revolution alle Melodien ihrer Nationallieder beibehielten und lediglich die Texte veränderten. D. h., die Melodien waren bereits mit patriotischen Reaktionen assoziiert, so daß durch die bloße Veränderung der Texte die neuen Assoziationen sich nahezu automatisch herausbildeten. Haben Sie schon einmal als Erwachsener ein Gymnasium besichtigt und wurden Sie von Erinnerungen und Gefühlen überschwemmt, die ihrer Kindheit angehörten? Können Sie sich an das erste Mal erinnern, als Sie leidenschaftlich geküßt wurden, erinnern Sie sich wirklich an das Erlebnis in seiner Gesamtheit und alle Gefühle, die mit diesem Kuß verbunden waren?

All das sind Beispiele dafür, wie ein bestimmter Aspekt Ihres momentanen Erlebens Erinnerungen an ein früheres Erlebnis wachruft oder Sie in dieses versetzt, so daß Ihre Gefühle kongruent zu jenem früheren Erlebnis werden. Wir haben die Erfahrung gemacht, daß durch absichtliches Einschieben eines diskreten Reizes wie etwa eines Geräusches, einer Berührung, eines bestimmten visuellen Reizes oder sogar eines Geruches oder Geschmackes, während die Person vollständig in Verbindung mit einem Erlebnis steht, der Reiz mit dem erinnerten Erlebnis fest assoziiert wird. Wenn das Timing gut ist, bringt die neue Induzierung des gleichen Reizes die Gefühle des erinnerten Erlebnisses zurück. Dieses Verfahren heißt Ankern. Der jeweils eingeschobene Reiz wird als „Anker" (anchor) bezeichnet. Den Anker kann man dann einsetzen, um immer wieder das assoziierte Erlebnis wachzurufen. Wenn etwa Sie und Ihr Partner in besonders romantischen Gefühlen schwelgten, als eine bestimmte Musik spielte, überkamen Sie sicher, als Sie das nächste Mal dieselbe Musik hörten, wieder diese romantischen Gefühle und Gedanken. „Your song would be playing". Das Konzept des Ankerns besteht darin, daß Sie solche Gefühle in jeder beliebigen Weise verankern und immer dann präsent haben könnten, wenn sie erwünscht sind oder benötigt werden.

Entscheidend für die Fähigkeit, einen bestimmten Reiz zum passenden Zeitpunkt einzuschieben (Ankern), ist die Fähigkeit festzustellen, wann eine Person sich ein wichtiges Erlebnis zugänglich macht. In einem früheren Abschnitt wurde diskutiert, wie man bestimmte relevante Erlebnisse aufdeckt, die sich an externalen Reizen festmachen. Bei dieser Diskussion lag der Akzent auf dem Erkennen bestimmter Ausdrücke. Da Sie zunächst nicht wissen können, welchen inneren Zustand ein Klient gerade erlebt, müssen Sie Ihre Augen und Ohren darauf abrichten, die jeweiligen äußeren Ausdrücke (*expressions*) eines inneren Erlebnisses zu ermitteln und voneinander abzugrenzen. Bestimmte Merkmale, auf die man sich beim Ankern konzentrieren sollte (weil sie sich so schnell verändern, daß sie feststellbar sind), sind der Tonfall, die Hautfarbe, die Lippengröße, der Tonus der Gesichtsmuskeln, die Atmungsrate und das Atmen im oberen oder unteren Teil der Brust. Es kommt auch noch zu anderen Veränderungen, etwa in der Hauttemperatur, aber es genügt, die bereits erwähnten zu registrieren. Indem Sie verschiedene intensive Reaktionen auslösen, die unterschiedlichen inneren Zuständen entsprechen, können Sie die verschiedenen Ausdrücke einer Person erkennen und differenzieren.

Sie können verschiedene intensive Reaktionen auslösen, indem Sie die Klienten einfach auffordern, sich einige verschiedene vergangene Emotionen zugänglich zu machen, und dann auf Veränderungen in den oben erwähnten Bereichen achten oder hören; so werden Sie imstande sein, die wichtigen Unterschiede festzustellen. Die Lippen eines Menschen werden dünner, die Gesichtsfarbe wird blasser, die Atmung flacher, wenn er sich an ein erschreckendes Erlebnis erinnert; dagegen sind die Lippen typischerweise voller, das Gesicht leicht gerötet und das Atmen tiefer, der Muskeltonus des Gesichts gibt nach, wenn der Betreffende sich die Gefühle von leidenschaftlichen Erinnerungen zugänglich macht. Je mehr Sie auf solche Veränderungen achten, desto mehr werden sich Ihre Augen und Ohren an das Registrieren solcher minimaler Veränderungen gewöhnen.

Sollten Sie keine oder nur sehr geringfügige Veränderungen bei den Reaktionen Ihres Klienten feststellen, so prüfen Sie zweierlei nach. Das eine: Ist Ihr eigener Tonfall, Gesichtsausdruck, sind Ihre Worte zu der Reaktion, die Sie auslösen wollen, kongruent? Je ausdrucksvoller Sie sind, desto mehr Ausdrucksfülle werden Sie auslösen können, und Ihr eigenes Verhalten muß zu dem Verhalten, das Sie hervorrufen wollen, kongruent sein. Wenn Sie eine leidenschaftliche Erinnerung hervorrufen wollen, so tun Sie das bitte mit dem passenden Tonfall und Gesichtsausdruck. Vielleicht eine kehligere, tiefere, schwülere Stimme und ein Augenzwinkern. Wie erfolgreich Sie beim Ankern sind, hängt stark davon ab, wie flexibel Sie in Ihrem eigenen Verhalten sind — insofern, als Sie oft Ihre eigene Ausdrucksstärke nutzen, um erwünschte Reaktionen auszulösen.

Das zweite, was Sie nachprüfen sollten, ist, ob Ihr Klient die jeweiligen vergangenen Erlebnisse erinnert, indem er sich selbst im Bild befindet oder sich selbst im Bild sieht. Wie Sie bereits wissen, handelt es sich um ein konstruiertes Bild, wenn man sich selbst im Bild sieht, und dies kann man oft feststellen, indem man auf die Zugangshinweise des Klienten achtet. Wenn Sie auch anhand der Zugangshinweise nicht sicher sein können, ob der Klient sich im Bild sieht oder nicht, so fragen Sie ihn direkt. Dies ist entscheidend, denn wenn er sich selbst im Bild sieht, erlebt er die früheren Gefühle nicht wieder. Stattdessen wird er Gefühle *zu* dem vergangenen Erlebnis empfinden. Um dieses Phänomen zu erläutern, möchte ich, daß Sie sich vorstellen, wie Sie sich in einer Achterbahn befinden. Sie sehen sich, wie Sie auf dem vordersten Platz sitzen und den ersten Berg hinauffahren, so daß Sie sich also beobachten, wie Sie in der Achterbahn fahren. Treten Sie dann in Ihren Körper im Bild ein, damit Sie fühlen, wie Sie auf dem Vordersitz sitzen und hochschauen, damit Sie spüren, wie die Achterbahn Sie immer höher zieht, bis zur Spitze des Berges. Bis an die Spitze, wo Sie die ganze Talstrecke sehen können, und spüren können, wie Ihr Magen sich hebt, während Ihr Körper nach unten geht, und Sie Ihren eigenen Schrei hören, während Sie hinunterrasen. — Offenbar gibt es einen großen Unterschied zwischen den beiden Bildern. Der Unterschied ist entscheidend. Wenn Ihr Klient sich selbst in einem früheren Erlebnis beobachtet, verankern Sie nicht die starken Gefühle, die auftreten würden, wenn Ihr Klient sich im Bild drinnen befände. Wenn Sie entdecken, daß Ihr Klient sich tatsächlich selbst beobachtet, so bitten Sie ihn bloß, in das Bild zu treten und zu empfinden, was er damals empfand, die Geräusche zu hören, die er damals hörte, und genau das zu sehen, was er in diesem früheren Erlebnis sah.

Erst wenn Sie imstande sind, verschiedene Ausdrücke zu identifizieren, ist es Ihnen möglich, sie zu verankern. Wenn Sie also einen vollen Ausdruck beobachten (eine externale Repräsentation eines internalen Erlebnisses, zu dem Sie, da dies therapeutisch wertvoll wäre, Zugang haben sollten), können Sie einen Reiz liefern, mit dem der Ausdruck assoziiert wird. (Das könnte vielleicht eine Berührung des Handrückens oder ein Fingerschnipsen sein.) Bei richtigem Timing bringt das Abfeuern dieses Reizes denselben Ausdruck zurück, und das heißt, damit auch den assoziierten inneren Zustand.

Viele Therapeuten bedienen sich bereits dieses Prozesses, indem sie einen bestimmten Tonfall oder ein bestimmtes Sprechtempo einsetzen, während sie mit gelenkten Phantasien oder Hypnose arbeiten. Dieser Tonfall wird zu einem Anker für die veränderten Zustände, die erlebt werden, wenn er eingesetzt wird. Bei der Arbeit mit dem „leeren Stuhl" in der Gestalttherapie wird auch jeder der beiden Stühle zum

Anker für verschiedene emotionale Zustände, und der Klient verändert sich radikal, wenn er von einem Stuhl zum anderen wechselt. Um eine Reaktion erfolgreich zu verankern, sollten Sie die folgenden Regeln befolgen: (1) Veranlassen Sie, daß der Klient sich das erwünschte Erlebnis zugänglich macht, oder leiten Sie es so nachdrücklich wie möglich ein. (2) Schieben Sie Ihren Reiz im Augenblick des vollsten Ausdrucks bzw. der intensivsten Reaktion ein. Das Timing ist entscheidend. Vergewissern Sie sich, daß Ihr Reiz exakt wiedergegeben werden kann. Die erneute Anwendung des Reizes wird nur dann den erwünschten Zustand voll zurückbringen, wenn der Reiz wirklich exakt wiederholt wird. Obwohl es hier vielleicht so aussehen mag, als ginge es beim Ankern lediglich darum, das Knie, die Schulter oder den Handrücken des Klienten zu berühren, möchte ich doch betonen, daß es hier um ganz spezifische Berührungen geht. Ich wiederhole diese Berührungen ganz exakt, auch wenn es mir manchmal schwerfällt. Sie können und sollten diese Regeln an Ihrer eigenen Erfahrung überprüfen, sowohl um sie zu bestätigen und zu entdecken, was für ein Spielraum besteht (wenn überhaupt einer da ist).

Die Anwendung von Ankern — so wie hier beschrieben — verschafft dem Theapeuten Zugang zu den verschiedenen Zuständen im Erleben des Klienten. Eine weitverbreitete Klage, die man von Leuten hört, die mit Geistesgestörten arbeiten, besteht darin, daß diese mit atemberaubender Geschwindigkeit verändern, wer, was oder wie sie sind. Sobald ein Therapeut bei einem solchen Klienten in eine geeignete Richtung vorgestoßen ist, macht er die Erfahrung, daß der Klient woanders hingeht. Ankern kann dazu dienen, den emotionalen Zustand des Klienten zu stabilisieren, was dem Therapeuten die Chance gibt, an ein erwünschtes Ziel zu gelangen.

Natürlich können auch wünschenswerte sexuelle Erfahrungen verankert werden. Oft verfügen Paare bereits über nützliche Anker. Ich kannte einen Mann, der wußte, daß er einen phantastischen Abend erleben würde, wenn seine Frau ein bestimmtes Nachtgewand anzog. Sobald er sie in dem Nachtgewand sah, war er sofort erregt. Das Nachtgewand diente also als Anker, der einen Erregungszustand bei ihm auslöste. Ein weiteres Paar hatte Hinweisreize füreinander festgelegt: sexuelles Verlangen wurde durch die Seite des Bettes, auf die sich der Partner legte, signalisiert. Ich habe festgestellt, daß Frauen häufig ein bestimmtes nonverbales Verhalten einsetzen — etwa eine zielgerichtete Berührung —, die dem Partner signalisiert, daß sie für die Penetration bereit sind.

Auch bei sexuellen Störungen hat man es mit Ankern zu tun: Sie lösen das unerwünschte Erlebnis aus. Oft liegt der Anker außerhalb des bewußten Erlebens der Betroffenen; bewußt sind sie sich nur des daraus resultierenden unerwünschten Erlebnisses.

Eine junge Frau, Melissa, kam wegen einer sexuellen Störung in die Therapie. Sie erstarrte zur Salzsäule, wenn Männer sich ihr sexuell näherten. Schon allein die Aufforderung, zu beschreiben, was sie während der Annäherung eines Mannes erlebte, versetzte sie in Furcht und Schrecken. Also verankerte ich dieses Erlebnis. Ich wandte diesen Anker an, um bei ihr dieselben Gefühle auszulösen, und forderte sie auf, in ihre Vergangenheit zu gehen und andere Male zu schildern, als sie die gleichen Gefühle erlebte. Diese Technik des Ankerns gestattete mir, sie durch ihre persönliche Geschichte zurückzuleiten zu einem längst vergessenen Kindheitserlebnis: Ihre Mutter hatte offenbar einen Freund der Familie veranlaßt, gegenüber Melissa zu demonstrieren, wie sich ein Mann verhält, der eine Frau verführen will. Als er das machte, hatte ihre Mutter ihr die Warnung eingetrichtert, ein Mann, der sich so verhalte, wolle sie sehr verletzen, dieses Verhalten bedeute, daß der Mann gefährlich sei, und sie (Melissa) solle, so schnell sie könne, das Weite suchen. Nachdem erst einmal diese Zusammenhänge dem bewußten Erleben von Melissa zugänglich waren, fiel es ihr ganz leicht, die in bester Absicht übermittelte Botschaft der Mutter hinter sich zu lassen. Melissa glaubte von da an, daß sie den Schutz, den ihr eine solche Botschaft bieten sollte, nicht mehr brauchte und daß es andere Möglichkeiten für sie gab, sich vor gefährlichen Männern zu schützen. Wir arbeiteten mit Ankern und machten dann Erlebnisse aus Melissas Vergangenheit zugänglich, die ihr geeignetere Ressourcen an die Hand gaben, um ihre gegenwärtigen Wünsche zu erkennen.

Ankern bei Paaren

Durch Ankern kann man auch erreichen, daß den Mitgliedern von Paaren die erwünschten Reaktionen besser zugänglich werden. Wenn ein Paar zur Therapie kommt, steht seine gesamte Geschichte von miteinander geteilten Erlebnissen zur Verfügung. Allein die Tatsache, daß diese Leute ein Paar sind, verweist darauf, daß sie einander in der Vergangenheit einmal wollten, daß sie sich vielleicht liebten, daß sie von einer schönen Zukunft träumten. Zumindest aber haben sie zusammen manche sehr schweren Zeiten durchgemacht.

Ankern ermöglicht mir, diese vergangenen Erlebnisse zugänglich zu machen und einzusetzen, um jetzt eine bessere Partner-Beziehung für beide aufzubauen. Und in der Therapie findet das Jetzt genau dann statt, wenn sie die Gefühle wiedererleben, durch die sie zusammenkamen — und das kann therapeutisch sehr nützlich sein.

Wenn er etwa jedesmal, wenn sie ihm den sexuell anregendsten „Komm-doch"-Blick zuwirft, meint, sie sehe komisch, ja lächerlich aus, so löst ihr „Komm-doch"-Blick nicht die Reaktion aus, die sie sich von ihm wünscht. Genau das war der Fall bei einem Paar, das sich von mir beraten ließ. Die Frau reagierte auf dieses Dilemma, indem sie sich Männer suchte, die auf ihren „Komm-doch"-Blick so reagierten, wie sie es sich wünschte. Doch sie liebte ihren Mann und äußerte, sie wäre zufrieden, wenn er nur in einer Weise reagieren würde, durch die sie sich in ihrer Sexualität bestätigt fühle. Man hätte bei diesem Problem den Weg einschlagen können, ihr beizubringen, ihm diesen „Komm-doch"-Blick nicht mehr zuzuwerfen und irgendein neues Verhalten zu finden, mit dem sie besser an ihr Ziel gelangen würde. Aber die Veränderung äußeren Verhaltens ist oft ein eher langfristiges Ziel, ein Ziel, das Zeit und eine starke Motivation auf seiten des Betroffenen erfordert.

Eine weitere, leichter zu bewerkstelligende Alternative war, ihn einfach aufzufordern, sich an eine Situation zu erinnern, in der er sie als sehr sexy empfand. Vielleicht während der Zeit des Werbens um den anderen, ich weiß es nicht, aber bestimmt gab es eine Zeit, als er ihrer Anziehungskraft nicht widerstehen konnte. Ich wählte diese Methode und arbeitete mit Analogverhalten (Tonfall, Körperhaltung usw.), um ihm zu helfen, sich an ein Mal, als er sie wirklich begehrte, zu erinnern. Als ich bei ihm Veränderungen in der Atmung, Hautfarbe und Lippengröße beobachtete und Veränderungen im Tonfall oder Tempo seiner Stimme heraushörte (was mir bedeutete, daß er sich tatsächlich eine solche Situation vergegenwärtigte), und als ich mir sicher war, daß er diese Begebenheit gut genug erinnerte, um wirklich jene Gefühle des sexuellen Verlangens wiederzuerleben — *in diesem Augenblick* schob ich einen diskreten und verdeckten Hinweisreiz (Anker) in das Erlebnis ein. Da mein Timing richtig für die erinnerten Gefühle war, hatte er jedesmal, wenn ich diesen Hinweisreiz einsetzte, wieder dasselbe Erlebnis. In diesem Fall war der Anker eine Berührung an der Schulter, und da ich meine Klienten häufig berühre, während ich mit ihnen spreche, konnte ich diese Berührung diskret wiederholen, ohne den Klienten von seinem momentan ablaufenden Erleben abzulenken.

Nachdem ich überprüft hatte, daß der Anker auch seine Wirkung tat, setzte ich jedesmal, wenn sie ihm den „Komm-doch"-Blick zuwarf (ich ließ sie diesen einige Male wiederholen), den Anker ein. So arbeitete ich darauf hin, sein Erlebnis des sexuellen Verlangens nach ihr (das ich durch die Berührung seiner Schulter zurückholen konnte) mit ihrem „Komm-doch"-Blick zu assoziieren (Reiz-Reiz-Reaktion). Auf diese Weise erhielt ich die Reaktion, die sie von ihm wollte, und assoziierte sie mit *ihrem* Verhalten. Eine andere Möglichkeit wäre natürlich gewesen, daß sie bloß seine Schulter berührt hätte, wenn sie ihm vermitteln wollte, wie sehr sie ihn begehrte, und sie hätte ihm so die Gelegenheit zu reagieren gegeben. Ich zog es jedoch vor, das erwünschte Erleben in ihm als Reaktion auf ihr natürlich auftretendes Verhalten zugänglich zu machen.

Ankern erwies sich auch bei der Arbeit mit einer Frau als wirksam, die an einem Workshop in Tuscon teilnahm. Ihr Problem war, daß sie sich zu ihrem Mann, obwohl sie ihn innig liebte, nicht sexuell hingezogen fühlte. Viel älter als sie, paßte er nicht in das „Adonis"-Bild, welches sie stimulierend fand. Dieses Problem verursachte schon seit geraumer Zeit Schwierigkeiten in ihrer ansonsten sehr glücklichen Beziehung.

Da diese Frau ihre Körpergefühle vorwiegend aus inneren Bildern heraus produzierte (d. h., sie ließ sich visuell zu einer kinästhetischen Repräsentation leiten), forderte ich sie lediglich auf, sich das Bild des vollkommenen Mannes vorzustellen und dann durch Nicken zu signalisieren, wenn sie es vor sich habe. Während sie sich visuell verschiedene Männerkörper vorstellte, rötete sich ihre Haut, ihre Lippen schwollen an, ihr Atmen wurde tiefer. Als sie dann zum Nicken ansetzte, berührte ich sie leicht an der rechten Schulter und sagte: „Ausgezeichnet. Bestimmt ist er sehr schön". So hatte ich also diese ganz spezifische Berührung an ihrer rechten Schulter mit dem Erlebnis assoziiert, das sie hatte, während sie sich den „vollkommenen männlichen Körper" vorstellte. Diese Assoziation war ihrem bewußten Erleben nicht zugänglich. Kurz danach, als wir uns weiter unterhielten, wiederholte ich noch einmal die Berührung an der rechten Schulter, um festzustellen, ob das Ankern erfolgreich verlaufen war. Es war erfolgreich: der gleiche „Ausdruck", der aufgetreten war, kam wieder.

Dann forderte ich sie auf, sich vorzustellen, daß ihr Mann nackt vor ihr stünde, und zu nicken, sobald sie ihn klar sehen könne. Als sie dieses Mal zu nicken begann, sagte ich: „Gut, sehen Sie ihn weiter an und beobachten Sie, wie Ihre Gefühle sich verändern, während Sie ihn auf eine neue Weise sehen". Während ich diese Worte sagte, wiederholte ich noch einmal diese Berührung an der Schulter und löste die Reaktion aus, die sie bei ihrem Mann zu haben wünschte. Ihr Atmen wurde tiefer, sie errötete leicht, und die Lippen schwollen an, alles so wie zuvor. Während unseres Zusammenseins wiederholte ich diesen Prozeß noch zwei weitere Male.

Als ihr Mann am Ende des Tages kam, um sie abzuholen, nutzte ich seine Gegenwart, indem ich ihm unter vier Augen beibrachte, wie er sie an der Schulter berühren sollte, wenn er sie wissen lassen wollte, daß er sie begehre. Als er sie berührte, paßte ich genau auf, um mich zu vergewissern, ob der Anker sich auch auf seine Berührung und auf das nackte Bild von ihm übertragen hatte. Bald würde die Berührung an der Schulter nicht mehr notwendig sein, weil sich das Erlebnis, visuell von ihrem Mann erregt zu werden, generalisiert haben würde. Bis dahin aber waren seine Berührungen weiter bedeutsam. Auf diese Weise nutzte ich den Prozeß des Ankerns, um zum erwünschten Erlebnis vorzudringen (zum Erlebnis, erregt zu sein), und assoziierte es dann mit dem Kontext, in dem die Frau es erleben wollte.

Veränderung der persönlichen Geschichte durch Ankern

Chuck, ein weiterer Klient, glaubte, er sei, was Frauen betreffe, ein vollkommener Versager. Nach seinem Verhalten zu urteilen, war es nicht schwer, dieser Ansicht beizupflichten. Er war schon seit zwei Jahren in Therapie und war von seinem Therapeuten an mich überwiesen worden, einem Psychologen, der meinte, ich könne Chuck bei diesem Problembereich besonders wirkungsvoll helfen.

Chuck war sich absolut sicher, daß er bei Frauen in fast jeder Situation versagen würde, aber ganz besonders sicher war er sich seines Versagens, was sexuelle Kontakte betraf. Diese Sicherheit, so der Klient, beruhe auf früheren Erfahrungen, und er könne sich nicht vorstellen, daß die Sache in Zukunft jemals anders oder besser sein würde. Während wir uns unterhielten, wurde mir klar, daß sich Chucks Verhalten meistens auf vergangene Ereignisse gründete. Er benutzte eidetische (d. h. der Vergangenheit angehörige) Bilder, um sich in seinem gegenwärtigen Verhalten leiten zu lassen. Was er in seinem Leben gut machte, machte er sehr gut — immer wieder und immer wieder. Er benützte diese eidetischen Bilder als Leitsystem und repräsentierte sie dann kinästhetisch als Gefühle, die dann bestimmten, wie er sich verhielt. Jedesmal also, wenn er in Kontakt mit einer Frau kam, machte er sich visuelle Bilder zu früheren erfolglosen Erfahrungen mit Frauen zugänglich und war sich sicher, daß er wieder alles „verpatzen" würde. Natürlich bewahrheiteten sich seine Vorhersagen. Um also sein momentanes Verhalten gegenüber Frauen so schnell wie möglich ändern zu können, mußte ich diese eidetischen Bilder aus der Vergangenheit ändern. Dazu arbeite ich mit einer Methode, die Ankern beinhaltet und die wir als „Veränderung der persönlichen Geschichte" (*change history*) bezeichnen. Der folgende Ausschnitt aus einem Transkript veranschaulicht, wie diese sehr wichtige Technik eingesetzt wird:

Therapeutin: Chuck, können Sie mir nochmal erzählen, wie Sie sich fühlen, wenn Sie sich einer Frau nähern?

Chuck: (Während er antwortete, paßte ich genau auf, um zu sehen, ob der gleiche Ausdruck, den er zuvor beim Sprechen über Frauen hatte, wieder auftreten würde. Zu diesem Ausdruck gehörte auch ein Zugangshinweis, bei dem sich die Augen nach oben links wandten.) Na klar. Wenn ich's doch nur vergessen könnte. Ich fühl' mich nämlich echt beschissen.

Th: (Als der Ausdruck vollständig da war, berührte ich ihn am rechten Knie und sagte...) Gut, es ist wichtig, daß Sie das Gefühl, das Sie jetzt gerade haben, im Gedächtnis behalten.

Ch: Ja, gut. Warum?

Th: Das wird Ihnen sehr bald klar sein. Nehmen Sie also dieses Gefühl (ich berührte ihn wieder am rechten Knie und hielt meine Hand solange dort, bis der Ausdruck zurückkam), dieses „echt beschissene" Gefühl, und erzählen Sie mir, welche Szene aus der Vergangenheit Ihnen in den Sinn kommt.

Ch: Da ist ein Mal von vor zwei Jahren, als ich mit dieser Frau ausgegangen bin. Ich, ähm, habe einen Annäherungsversuch gemacht. Peng! Das war 'ne echte Katastrophe.

Th: Ich glaube Ihnen. Was ich nun gerne von Ihnen möchte, ist, daß Sie das gleiche Gefühl nehmen und in der Zeit zurückgehen. Zurück durch Ihre Vergangenheit: Finden Sie andere Szenen, wo Sie dieses Gefühl hatten.

Ch: (Schließt die Augen) Okay.

Th: So ist es gut. Gehen Sie nur immer weiter zurück, ich werde Sie ab und zu stoppen.

Während Chuck auf dem von diesem ganz bestimmten Gefühl vorgezeichneten Pfad in seiner Vergangenheit fahndet, erinnert er sich an andere Erlebnisse, bei denen dieses Gefühl im Spiel war. Während sich also andere Anteile des Erlebnisses ändern (etwa, wer da war, wie alt er war, wer was sagte usw.), bleibt der gefühlsmäßige Anteil des Erlebnisses konstant. Während er dies machte, achtete ich auf subtile Verstärkungen des Ausdrucks; intensivere Hautfarbe, Vertiefung der Falten an der Stirn und um den Mund, Zusammenpressen der Lippen und Veränderungen in der Atmung. Diese Verstärkungen zeigten an, daß er sich besonders intensive Erlebnisse vergegenwärtigte, in denen dieses unschöne Gefühl wieder aufgetreten war.

Hält man den Anker konstant, so hält man damit das Gefühl konstant und stellt sicher, daß die Fahndung durch die Zeit auf dem Pfad eines bestimmten Gefühls verläuft. Als ich eine solche Verstärkung des Ausdrucks bemerkte, sagte ich zu Chuck:

Th: Da! Halten Sie da an. Sehen Sie sich die Szene gut an. Werden Sie, was Ihre Gefühle anbelangt, klug daraus? (Mit der anderen Hand markiere ich dieses eine Erlebnis mit einer Berührung an seinem anderen Knie, damit ich später darauf zurückgreifen kann.)

Ch: Ja, ich werde klug daraus.

Th: Und wie alt sind Sie da?

Ch: Ach, sechzehn war ich damals.

Th: Gut, gut. Gehen Sie jetzt von dort, wo Sie waren, weiter zurück.

Ch: Okay.

Wieder warte ich auf die Ausdrucksverstärkungen. Es verstreichen einige Augenblicke, bis eine sehr intensive Verstärkung seines Ausdrucks zu sehen ist:

Th: Halten Sie da an. Sehen Sie sich die Szene wirklich gut an. Sagen Sie mir, wie alt sie sind?

Ch: Ich bin so etwa sechs (die Stimme ist höher, kindlicher als vorher).

Th: Und was geschieht da mit Ihnen, Chuck?

Ch: Ich bin in der Pfarrschule. Gott, ich habe die Schule gehaßt, und ich habe Ärger mit den Nonnen. Ich weiß nicht weswegen, aber ich erinnere mich echt, daß dieses Mal das erste Mal war, wo mir klar wurde, daß Nonnen Frauen sind. Ich weiß nicht, wofür ich sie davor gehalten hatte, aber das ist das erste Mal, wo mir bewußt war, daß sie Frauen sind.

Th: (Wieder markierte ich dies mit einer andersgearteten Berührung am Knie, um sein Zurückgehen zu diesem Erlebnis zu erleichtern; dann nahm ich meine Hände von seinen Knien weg.) Nun, Chuck, möchte ich, daß Sie hierher zurückkommen. Öffnen Sie die Augen und sehen Sie mich an. Hallo. Das war eine ganz schön lange Reise, die Sie da unternommen haben. Sind Sie wieder ganz zurück? Können Sie die Stuhllehne spüren?

Ch: Ja, klar, ich bin hier.

Th: Gut. Was ich jetzt von Ihnen möchte, ist, daß Sie sich überlegen, welche Ressource Sie bei diesen Erlebnissen gebraucht hätten, damit sie gute Erlebnisse gewesen wären, damit es Erlebnisse gewesen wären, mit denen Sie sich zufrieden gefühlt hätten.

Ch: Was meinen Sie mit ‚Ressourcen‘?

Th: Zuversichtlich zu sein etwa, selbstsicher oder entspannt. Wenn Sie beispielsweise imstande gewesen wären, selbstsicher zu sein, dann hätten Sie sich anders verhalten, und diese Erlebnisse wären anders verlaufen, so, daß sie befriedigend für Sie verlaufen wären, statt Ihnen ein beschissenes Gefühl zu vermitteln.

Ch: Nun, was ich von den Frauen in diesen Erlebnissen gebraucht hätte, war, daß sie mich mögen.

Th: Stimmt; aber was hätten Sie tun können, um diese Frauen dazu zu bringen, Sie zu mögen?

Ch: Ich weiß nicht.

Th: Kommen Sie mit Männern gut zurecht?

Ch: Ja, recht gut.

Th: Welche Ressource haben Sie beim Umgang mit Männern, die die Angelegenheit so anders macht?

Ch: Ich weiß nicht. Ich glaube, ich bin einfach entspannt. Ja, einfach echt entspannt. Ich mache mir keine Sorgen darum, was passieren wird. Ich spüre einfach, daß es nichts ausmacht.

Th: Gut, gut. Dahinter bin ich her. Chuck, erinnern Sie sich jetzt an eine Situation, in der Sie wirklich entspannt waren, so entspannt, wie Sie es gerade beschrieben haben, eine Situation, in der jemand anders vielleicht nervös werden würde, aber in der Sie richtig ruhig und entspannt waren (als ich das sagte, lehnte ich mich ruhig nach vorne, so daß ich seinen Arm erreichen konnte, um dieses Erlebnis zu verankern).

Ch: Sicher, es ist da.

Th: Gut (berühre den Unterarm). Erzählen Sie mir davon.

Ch: Ich habe meinen Boss um eine Gehaltserhöhung gebeten, und ich war so ruhig, wie man nur sein konnte. Es war ganz egal, was er sagen würde; ich hatte nichts zu verlieren, deshalb habe ich mich wirklich entspannt gefühlt.

Th: Großartig (nehme Hand vom Arm weg). Viele Leute hätten das nicht geschafft. Sie kennen also diese Gefühle, wirklich entspannt zu sein (berühre wieder den Arm und kann sehen, wie der „entspannte Ausdruck" zurückkommt).

Ch: Ja?

Th: Ich möchte jetzt, daß Sie diese Gefühle der Entspannung mit diesen anderen Erlebnissen zusammenbringen. Wir fangen also mit dem jüngsten Erlebnis an, das Sie sich genau angesehen hatten, und ich möchte, daß Sie *diese* Gefühle mitnehmen und beobachten, wie anders alles ist. (Die Gefühle bleiben dadurch präsent, daß ich meine Hand am Unterarm halte. Ich benütze den Anker, um Gefühle der Entspannung hervorzurufen.) Achten Sie darauf, wie Sie sich mit *diesen Gefühlen* verhalten und wie anders die betreffenden Frauen reagieren.

Ch: Okay.

Th: Gut. Wenn Sie durch das erste Erlebnis gegangen sind und vollkommen zufrieden damit sind, erst dann, wenn Sie vollkommen zufrieden damit sind, möchte ich, daß Sie mit dem Kopf nicken. Also, los.

Ch: (Zeit vergeht, und Chuck nickt.)

Th: Ausgezeichnet. Und jetzt möchte ich, daß Sie zu der Situation zurückgehen, als Sie sechzehn waren (ich setze den Anker am Knie ein, und zwar mit meiner anderen Hand, was dieses Erlebnis markiert), und machen Sie's immer wieder, so, wie Sie's beim letzten Erlebnis gemacht haben. Und wieder, wenn Sie vollständig da durchgegangen sind und vollkommen zufrieden damit sind, so nicken Sie einfach.

Ch: (Wieder vergeht Zeit, und Chuck nickt.)

Th: Ausgezeichnet. Nun möchte ich, daß Sie das gleiche mit dem letzten Erlebnis machen (ich benutze den passenden Anker), bei dem Sie sechs waren und mit den Nonnen zu tun hatten. Machen Sie einfach das gleiche, was Sie vorhin gemacht haben.

Ch: (Zeit vergeht, und Chuck beginnt leicht die Stirn zu runzeln.)

Th: Oh, oh. Was passiert gerade?

Ch: Ich weiß nicht so recht, aber bei diesem schaffe ich es nicht so richtig. Es ist besser, als es war, aber ich fühle mich immer noch ein bißchen beschissen.

Th: Das ist okay. Das bedeutet nur, daß Sie noch eine andere Ressource brauchen. (Ich löse die Anker, indem ich meine Hände wegnehme.) Manchmal braucht ein sechsjähriger Junge alle erdenkliche Hilfe, wenn es soweit kommt, daß er Ärger mit den Nonnen kriegt. Kommen Sie zurück, überlegen wir, was Sie sonst noch brauchen, um die Ressource dahin zu befördern. (Chuck öffnet die Augen und kehrt ins Hier und Jetzt zurück.) Was, meinen Sie, hätten Sie als Sechsjähriger gebraucht?

Ch: Nun, Sie haben mir das Gefühl gegeben, ich sei richtig schlecht, richtig schlecht und schmutzig.

Th: Aber jetzt wissen Sie's besser, oder?

Ch: Nach zwei Jahren Therapie möchte ich das wohl hoffen.

Th: Gut. Erzählen Sie mir nun von einer Gelegenheit, daß Sie etwas getan haben, vielleicht etwas Nettes für jemand anderen, das Ihnen das Gefühl gegeben hat, ein *wirklich guter* Mensch zu sein.

Ch: Mhmm, sehen wir mal (Augen nach oben links). Nun, ich, äh, habe meinem Nachbarn geholfen, sein Auto zu reparieren. Ich kenne ihn nicht mal näher, aber er hatte haufenweise Schwierigkeiten, und ich konnte ihn vom Fenster aus sehen, da bin ich einfach rausgegangen und bin ihm zur Hand gegangen. Der ganze Nachmittag ist dabei draufgegangen, aber ich spüre, daß das wirklich sehr nett von mir war. (Während er diese Begebenheit schildert, verankere ich ihn wieder mit meiner anderen Hand am Unterarm.)

Th: Ich wünschte, Sie wären mein Nachbar. Gut, Sie kennen also diese Gefühle, sich wirklich als guter Mensch zu fühlen, wirklich zu wissen, daß Sie ein guter Mensch sind (setze Anker ein)?

Ch: Ja.

Th: Und diese Gefühle, wirklich entspannt zu sein? (Ich setze den „Entspannungs"-Anker ein, ich habe also jetzt beide Hände an seinem Unterarm und setze gleichzeitig beide Ressourcen-Anker ein.)

Ch: Ja.

Th: Nehmen Sie *alle diese* Gefühle mit und besuchen Sie noch einmal die Nonnen, und nicken Sie, wenn das Erlebnis in einer Weise stattgefunden hat, die Sie wirklich befriedigt.

Ch: (Chuck schließt die Augen. Ein paar Augenblicke verstreichen, und er grinst breit und nickt mit dem Kopf.)

Th: (Ich lasse seinen Arm los) Großartig. Das macht einen ganz schönen Unterschied aus, wenn Sie Ihre Ressourcen dahin mitnehmen, wo Sie sie brauchen, nicht wahr?

Ch: Ganz sicher. Diese Erlebnisse erscheinen mir jetzt nur irgendwie komisch.

Th: Ja? Gut. Dann gehen Sie nochmal zurück und erinnern Sie sich wieder daran, um sich zu vergewissern.

Ch: Okay (schließt Augen, sitzt ein paar Augenblicke ruhig da; lächelt dann). Ja, das war wirklich keine große Geschichte.

Th: Großartig. Also, wann ist das nächste Mal, wo Sie Kontakt zu einer Frau aufnehmen, zu einer anderen als mir natürlich.

Ch: (Lacht). Oh, Sie zählen nicht. Sie sind Therapeutin.

Th: Vielen Dank, aber wann werden Sie Kontakt mit einer Frau aufnehmen, einen irgendwie bedeutsamen Kontakt?

Ch: Nun, keinen, wenn ich nicht einen von mir aus zustandebringe.

Th: Wann ist Ihre erste Gelegenheit, genau das zu tun?

Ch: Nun, ich könnte mich Sally nähern. Das ist ein Mädchen bei meiner Arbeitsstelle; sie ist ledig und attraktiv.

Th: Großartig. Nun möchte ich, daß Sie sich vorstellen, wie Sie sich ihr annähern, aber nehmen Sie ganz sicher dieses Gefühl der Entspannung und diese guten Gefühle für ihre eigene Person mit, okay? (ich verwende nun keine Anker, und zwar um zu erfahren, ob die Veränderungen, die in der Wahrnehmung der früheren Ereignisse stattgefunden haben, sich auch auf Vorstellungen von zukünftigen Ereignissen generalisieren.)

Ch: Okay (schließt die Augen, sitzt ruhig da, lächelt leicht und gluckst).

Th: Wie ging es denn mit Sally?

Ch: Ziemlich gut. An Paul Newman oder so bin ich natürlich nicht herangekommen, aber ich habe mich nicht davor gefürchtet, mit ihr zu sprechen.

Th: Phantastisch. Das verdient einen Händedruck. Sie haben sich also wirklich wohl dabei gefühlt, mit ihr zu sprechen. Das ist echt toll. (Wir schütteln uns ritualistisch die Hände. Händeschütteln kann also auch ein Anker für dieses internal generierte Erlebnis sein, und es kann in Zukunft durch Händeschütteln ausgelöst werden.)

Von da an war es leicht, Chuck dabei zu helfen, sich in die Zukunft zu versetzen und Rollenspiele durchzuführen, in denen er im Umgang mit Frauen ruhig und entspannt war. Indem man Ressourcen heranzieht und sie wo nötig in einen neuen Kontext integriert, ist es möglich, die Lebensgeschichte eines Menschen zu verändern. In gewissem Sinne hatte Chucks Geschichte ihn daran gehindert, neue Verhaltensweisen zu äußern. Bevor sich seine Geschichte nicht subjektiv änderte, konnte er, was Frauen betraf, nur eine vorherbestimmte Gegenwart und Zukunft ausleben. Unsere Lebensgeschichten sind Summen von Wahrnehmungen zu vergangenen Ereignissen und können als solche verändert werden. Chuck verwendete seine Erinnerungen an die Vergangenheit, um die Zukunft vorwegzunehmen, ja sogar, um sich für die Zukunft zu programmieren. In großem Umfang trifft das auf uns alle zu. Als bei Chuck erst einmal die Vergangenhiet in bezug auf Frauen so verändert war, daß sich bei ihm gute Gefühle und eine gewisse Befriedigung einstellten, so erlaubte ihm das, auch sein gegenwärtiges und zukünftiges Verhalten zu ändern. Ebenso wie ein einziges Trauma auf viele damit verbundene Situationen generalisiert, müssen nur einige wenige wichtige Ereignisse — so habe ich festgestellt — verändert werden, damit auch Generalisierungen auf andere assoziierte vergangene Ereignisse eintreten. Die Veränderung der persönlichen Geschichte produzierte bei Chuck ein alternatives Repertoire an eidetischen Bildern, an die er sich erinnern kann, wenn er an die Kontaktaufnahme mit Frauen denkt. Meistens bedarf es nur einer beigefügten Ressource, um die Lebensgeschichte zu verändern, aber in Chucks Fall hatten sich die Nonnen so eingeprägt, daß eine zweite Ressource benötigt wurde.

Die ungeheure Wirksamkeit einer Veränderung der Lebensgeschichte entdeckten wir, als wir darauf achteten, wie Menschen ihr innerlich generiertes Erleben verzerren können und dann nach der Verzerrung handeln und dabei vergessen, daß eigentlich sie das Erlebnis produziert hatten. Ein Beispiel für diesen Vorgang ist das Gefühl der Eifersucht, das sich immer dann einstellt, wenn sich jemand ein konstruiertes Bild davon macht, wie ein geliebter Mensch mit jemand anderem zusammen ist, und sich dann als Reaktion auf das Bild, das er selbst geschaffen hat, schlecht fühlt. Dieses Bild und Gefühl prägen dann die Handlungsweise des Betreffenden, so, als hätte das Erlebnis in dieser Form tatsächlich stattgefunden. Ja, es ist manchmal unmöglich, einen Eifersüchtigen davon zu überzeugen, daß seine Vorstellungen in Wirklichkeit gar nicht stattgefunden haben. Sobald ein konstruiertes Bild fabriziert ist, kann es als eidetisches Bild gespeichert und erinnert werden. Deswegen nämlich muß eine Person auf irgendein anderes System neben dem visuellen zurückgreifen, um sich daran zu erinnern, daß sie das Bild eigentlich selbst produziert hat.

Bei der Veränderung der persönlichen Geschichte haben wir es mit der Nutzanwendung des gleichen Prozesses zu tun. Je reicher an Einzelheiten die internal vorgenommene Veränderung der Lebensgeschichte ist, desto größer ist die Möglichkeit, daß der veränderten persönlichen Geschichte die gleiche Gültigkeit zukommt wie der „realen" Geschichte. Aufgrund unserer Fähigkeit, Erlebnisse zu speichern und auf sie zurückzugreifen, wird die veränderte Geschichte zu einem vollständig ausgeführten Erlebnis und kann daher als Fundament für die Zukunft dienen. Die Schritte für diesen Prozeß sind die folgenden:

1. Verankern Sie das unerwünschte oder unangenehme Gefühl.

2. Benützen Sie diesen Anker, um dem Klienten zu helfen, in der Zeit zurückzugehen und andere Situationen zu finden, in denen er sich „so" fühlte.

3. Wenn Verstärkungen des Ausdrucks zu beobachten sind, unterbrechen Sie den Klienten und fordern Sie ihn auf, das gesamte Erlebnis an sich vorbeiziehen zu lassen. Verzeichnen Sie dabei das Alter, in dem das Erlebnis stattfand. Legen Sie bei jeden von Ausdrucksverstärkungen begleiteten Erlebnis einen Anker fest, damit Sie, wenn nötig, auf das jeweilige Erlebnis zurückgreifen können (diese Anker können auditiv oder kinästhetisch sein).

4. Sobald der Klient drei oder vier solche Erlebnisse identifiziert hat, lösen Sie diesen Anker und bringen ihn zurück in die Gegenwart.

5. Fragen Sie den Klienten, welche Ressource er in diesen früheren Situationen gebraucht hätte, damit diese befriedigend für ihn ausgefallen wären. Vergewissern Sie sich, ob es die Ressource ist, die das Verhalten des Klienten und sein subjektives Erleben beeinflußt. Viele Leute, wie Chuck, glauben, alles wäre schön, wenn nur die anderen Leute irgendwie anders wären. Stattdessen geht es aber darum, daß der Klient anders gewesen wäre und neue Lernerfahrungen gemacht hätte, indem er andere Reaktionen bei den an diesen früheren Erlebnissen beteiligten Personen hervorgerufen hätte. Sobald die benötigte Ressource ermittelt ist, helfen Sie ihm dabei, sich ein Erlebnis zugänglich zu machen, bei dem er diese Ressource voll ausgespielt hat. Verankern Sie es.

6. Arbeiten Sie mit dem Ressourcen-Anker und lassen Sie den Klienten durch die bereits identifizierten früheren Erlebnisse gehen, und ver-

ändern Sie die persönliche Geschichte durch den Einsatz der beigefügten Ressource. Sie können die Anker, die jedes der drei oder vier Erlebnisse kennzeichnen, verwenden, um dem Klienten dabei zu helfen, direkt zu diesen Erlebnissen zu gehen. Wenn der Klient mit dem veränderten Erlebnis zufrieden ist, soll er nicken und zu dem nächsten übergehen. Wenn er nicht mit dem im alten Erlebnis produzierten neuen Ergebnis zufrieden ist, gehen Sie zurück zu Schritt 5. Holen Sie eine andere Ressource heraus, die sich besser für das jeweilige frühere Erlebnis eignet, und fahren Sie wieder mit Schritt 6 fort.

7. Lassen Sie ihn die früheren Erlebnisse ohne Anker erinnern, um festzustellen, ob diese Erinnerungen sich auch tatsächlich subjektiv verändert haben.

8. Wenn die früheren Erlebnisse sich geändert haben, lassen Sie ihn einen Schritt in die Zukunft machen. D. h., er soll sich das nächste Mal vorstellen, wo eine den früheren Situationen ähnliche Situation wahrscheinlich eintritt. Legen Sie ihm dabei nahe, die benötigte Ressource mitzunehmen. Verwenden Sie keine Anker. Das ist eine Möglichkeit zu überprüfen, ob die Veränderungen sich generalisiert haben.

Dieser Prozeß vermittelt dem Therapeuten eine Möglichkeit zu wissen, welches Ergebnis er anstrebt, eine Möglichkeit, zu diesem Ergebnis zu gelangen und eine Möglichkeit zu überprüfen, ob das Ergebnis auch tatsächlich erreicht wurde. Für diese Technik sind kinästhetische Anker am besten, weil sie konstant gehalten werden können, während auditive Anker nur schwer aufrechterhalten werden können und visuelle Anker unwirksam sind, wenn die Augen des Klienten geschlossen sind. Sollten Sie mit einem Klienten arbeiten, der seine Bilder nicht „sehen" kann, so wenden Sie den Prozeß des Überlappens an, um die visuellen Vorstellungen ins Bewußtsein zu bringen, bevor Sie zur Veränderung der persönlichen Geschichte übergehen.

Visuell-kinästhetische Disassoziation

Es gibt Fälle, bei denen die eben geschilderten Anker-Techniken nicht ausreichen. Manchmal leiden nämlich Klienten, die Therapie brauchen, an den Folgen eines *schwer* traumatisierenden Erlebnisses aus der Vergangenheit. Sie werden davon so sehr beeinträchtigt, daß sie bei allen Vorkommnissen, die irgendwie mit dem Trauma zu tun haben, von Gefühlen überwältigt werden, die denen der traumatischen Episode gleichkommen. Kurz, sie zeigen eine phobische Reaktion.

Dies war etwa bei der an früherer Stelle erwähnten Frau der Fall, die phobisch auf den Anblick eines erigierten Penis reagierte. *Masters* und

109

Johnson bringen die Fallgeschichte eines Mannes, der gerade ins Schlafzimmer trat, als seine Frau Geschlechtsverkehr mit ihrem Liebhaber hatte, und der von da an impotent bei ihr war. Jedesmal, wenn er anfing, sich mit ihr zu lieben, überfielen ihn die Bilder des damaligen unglückseligen Ereignisses, und er fühlte sich so wie damals.

Alle phobischen Reaktionen haben diese gleiche Form: ein äußerer (externaler) Reiz löst Gefühle aus, die mit einem früheren oder manchmal mit einem zukünftigen traumatischen Erlebnis zusammenhängen. Das ist nicht nur bei auf phobischen Reaktionen beruhenden sexuellen Störungen der Fall, sondern trifft auch auf Höhen-, Dunkelheits-, Klaustrophobien usw. zu. Oft ist der frühere Vorfall dem bewußten Erleben des Klienten nicht zugänglich. In solchen Fällen kann Ankern (das Zurückgehen in der Zeit wie bei der Veränderung der persönlichen Geschichte) und dann das Überlappen (das Einfließenlassen von Gefühlen in visuelle oder auditive Modalitäten) die früheren Erlebnisse ins Bewußtsein bringen.

Manchmal ist es schwierig, ein subjektiv positives Erlebnis zu finden, das nachhaltig genug wäre, um dem für phobische Reaktionen typischen überwältigenden Schrecken oder Schmerz entgegenzuwirken. In diesem Fall reichen einfache Anker-Techniken nicht aus. Dann wird es notwendig, einen Weg zu finden, dem Trauma soviel wie möglich von seiner Intensität zu nehmen.

Ein erfolgreicher Weg, den man hier beschreiten kann, besteht darin, daß man dem Klienten zu einer Loslösung („Disassoziation")[1] von den mit dem Trauma verbundenem *Gefühlen* verhilft. Genauer ausgedrückt, die dreifache visuell-kinästhetische Disassoziation ist in solchen Fällen anwendbar. Hierbei werden völlig einzigartige Aspekte einer internalen Visualisierung genutzt. Wenn man sieht, wie man durch ein Erlebnis geht, hat man Gefühle *zu* dem, was man sieht. Wenn man das Erlebnis visualisiert, als befände man sich darin, empfindet *man* die im Erlebnis selbst enthaltenen Gefühle.

Als meine Kollegen und ich die Relevanz von Zugangshinweisen für das menschliche Verhalten untersuchten, entdeckten wir, daß manche Leute sich auf diese unterschiedlichen Weise an ihre früheren schönen und unschönen Erlebnisse erinnerten. Unschöne frühere Erlebnisse wurden in konstruierten Bildern erinnert (d. h., sie sahen sich selbst im Bild und hatten daher Gefühle *zu* den früheren Erlebnissen), wohingegen schöne frühere Erlebnisse als eidetische Bilder erinnert wurden (sie

---

[1]) Die Autorin verwendet im amerikanischen Original offenbar bewußt den Begriff „disassociation" anstelle von „dissociation"; deshalb hier die analoge Übersetzung „Disassoziation" (Anm. d. Übers.).

waren im Bild und erlebten die Gefühle aus der Vergangenheit direkt wieder). Dieser natürliche, unbewußte Prozeß des Aussortierens erlaubt dem Individuum den Luxus, frühere heitere Begebenheiten wiederzuerleben und sich von früheren unangenehmen Gefühlen zu lösen, dabei aber diese Erlebnisse dem bewußten Erleben zugänglich zu erhalten. Auf diese Weise kann das Bewußtsein aus früheren Traumen lernen, ohne sie wiederzuerleben. Solche Leute, deren unbewußten Prozesse die eben genannten Unterscheidungen treffen, erholen sich recht leicht von unglückseligen oder unangenehmen Erlebnissen. Weil sie daran aus einer losgelösten (*disassociated*) Perspektive zurückdenken können, verringert sich der Schmerz, und die Perspektive ist klarer.

Bei phobischen Reaktionen erleben die Betreffenden tatsächlich die Gefühle wieder, die während des Traumas vorhanden waren. Die Technik der dreifachen visuell-kinästhetischen Disassoziation nutzt den oben beschriebenen Prozeß und verstärkt ihn mit zusätzlicher Disassoziation und Ankern. Hierbei läßt man eine Person sich selbst aus einer dritten Position beobachten; das ermöglicht ihr, sich selbst dabei zu beobachten, wie sie sich selbst dabei beobachtet, wie sie durch das traumatische Erlebnis geht. Auf diese Weise kann sich die Person wohl fühlen, während sie sich dennoch an das Erlebnis erinnert, weil nämlich der kinästhetische (gefühlsmäßige) Anteil vom visuellen Gedächtnis disassoziiert ist. Da man festgestellt hatte, daß die bei manchen Leuten vorgefundene, von selbst ablaufende doppelte Disassoziation nicht ausreichte, um den phobischen Klienten davon abzuhalten, in die Realität des Traumas zurückzufallen, wird außerdem eine dritte Phase eingesetzt, um dieser unerwünschten Möglichkeit vorzubeugen.

Ich habe diese Technik unzählige Male und für ebensoviele verschiedene Arten von Traumen eingesetzt. Daß es sich hierbei um eine äußerst effektive therapeutische Technik handelt, wird durch die folgenden Beispiele bestätigt: Eine Frau, die Zeuge des Todes ihrer kleinen Tochter wurde und noch zwei Jahre danach vom Kummer gelähmt war, war imstande, das Erlebnis hinter sich zu lassen und ihr Leben fortzuführen. Ein Mann, dessen erstes sexuelles Erlebnis schmerzhaft traumatisch war, empfand es als etwas, worüber er lächeln konnte, statt es als ständiges Hemmnis zu empfinden. Ich arbeitete mit dieser Technik bei beiden Teilen eines Paares, das nach einem Erlebnis, welches für beide traumatisch gewesen war, um Beratung nachsuchte. Der Frau waren beide Brüste amputiert worden, und als sie sich das erste Mal wieder nackt vor ihm zeigte, konnte er seinen Schock nicht vor ihr verbergen. Daß sie durch diesen Prozeß geleitet wurden, half beiden sehr, die zärtliche Sexualität wiederherzustellen, die vor der Operation

111

da war. Im folgenden wird nun kurz geschildert, wie diese Technik bei einem besonders schwierigen und dramatischen Fall eingesetzt wurde. Ich wurde von der Polizei herangezogen, um mit einer Frau zu arbeiten, die einer besonders brutalen Vergewaltigung zum Opfer gefallen war. Sie war außerstande, den Behörden irgendwelche Informationen über ihren Angreifer zu geben, da jedweder Verweis auf den Vorfall bei ihr eine solch psychotische Episode auslösten, daß ihr Sedativa gegeben werden mußten. Sie reagierte auch sehr heftig auf Berührungen durch das männliche Krankenhauspersonal, was es für das Personal schwierig machte, für ihre körperlichen Bedürfnisse zu sorgen. Sie verweigerte ihrem Freund die Erlaubnis, sie zu besuchen, und reagierte extrem verstört, als er trotzdem kam.

Jessica war etwas mehr als drei Tage in der Klinik, als ich mit ihr zu arbeiten begann. Während unserer ersten beiden Sitzungen (morgens und abends) konzentrierte ich mich darauf, Vertrauen und einen Rapport bei ihr herzustellen, und begann sofort damit, bei ihr wirkungsvolle Anker für Sicherheit und Wohlbefinden zu organisieren. Mit Hilfe von hypnotischen Techniken war ich imstande, ihr dabei zu helfen, sich Zeiten der Sicherheit und Geborgenheit aus ihrer Kindheit ins Gedächtnis zu rufen, und ich verankerte diese Erlebnisse. Manchmal sagte sie, sie wisse nicht, ob sie es aushalten könne; deswegen legte ich ihr Festhalten an meinem Arm als Anker für das Gefühl der Sicherheit und für das Verbleiben im gegenwärtigen Erleben fest.

Da ich schon wußte, daß ich bei ihr mit der dreifachen visuell-kinästhetischen Disassoziation arbeiten wollte, mußte ich selbst mit meiner Person einen wirksamen Anker darstellen und außerdem Zugang zu ihren starken Gefühlen des Wohlbefindens und der Sicherheit haben. Nur mit diesen Hilfsmitteln würde ich imstande sein, sie davon abzuhalten, sich die mit dem Vergewaltigungserlebnis verbundenen Gefühle zugänglich zu machen, die ja der Vergangenheit und nicht ihrem gegenwärtigen Erleben angehörten. Nach unserer dritten Sitzung glaubte ich, daß das notwendige Vertrauen und die richtigen Anker hergestellt waren. In Anbetracht der Umstände kamen wir sehr gut voran.

Die vierte Sitzung verlief wie folgt:

Th: Jessica, Sie vertrauen mir doch, oder?

J: Ja, ja, ich vertraue Ihnen.

Th: Gut, denn ich werde jetzt mit Ihnen sprechen, und da Sie mir vertrauen, werden Sie sicher verstehen, was ich sage. Jessica, Sie sind hier mit mir in diesem Raum. Und nur Sie und ich sind hier. Sie sitzen sicher in Ihrem Bett, und ich befinde mich neben Ihnen. Können Sie meinen Arm spüren? (Jessica greift nach meinem Unterarm). Tut gut, sich bei jemandem festzuhalten, nicht wahr?

J: Ja.

Th: Sie erinnern sich, wie sicher Sie sich fühlen können, solange Sie sich an meinem Arm festhalten. (Jessica nickt bejahend.) Jessica, einem *Teil* von Ihnen ist vor ein paar Tagen etwas zugestoßen. (In diesem Fall redete ich von einem „Teil", um Jessica weiter von dem Vorfall zu disassoziieren.)

J: (Jessica beginnt sich zu verspannen und eine Angstreaktion zu zeigen.)

Th: Halten Sie sich nur fest, Jessica. Sie sind jetzt hier. Hier bei mir, sehr sicher. Holen Sie Luft und sehen Sie mich an. (Sie folgt meiner Anweisung und entspannt sich sichtlich.) Was passiert ist, ist nur mit einem Teil von Ihnen passiert, nicht mit Ihrer ganzen Person. Verstehen Sie? Nur mit einem Teil von Ihnen. Und Sie sind jetzt hier. (Jessica nickt und hält sich weiter an meinem Arm fest.)

Jener Teil von Ihnen braucht Ihre Hilfe, Jessica. Er braucht Sie, um etwas zu lernen, damit er wieder in Ordnung kommt. Sie sind jetzt hier und sicher bei mir aufgehoben, und Sie können sehr stark, ja sogar sehr stabil sein. Aber im Moment ist dieser Teil von Ihnen es ganz und gar nicht, und der braucht Sie. Für Ihre gesamte Person wird es schwer sein, sich so gut zu fühlen, wie man sich nur fühlen kann, bevor nicht dieser Teil von Ihnen die Hilfe bekommt, die er braucht. Sie wissen, daß ich hier bin, Jessica, oder? Wollen Sie mit mir zusammen anfangen, diesem Teil von Ihnen zu helfen?

J: (Jessica nickt bejahend mit dem Kopf.)

Th: Ausgezeichnet. Nun, Jessica, diesem Teil von Ihnen ging es ganz gut, *bevor* ihm etwas Schlimmes zustieß. Jetzt möchte ich Sie bitten, daß Sie diesen Teil von Ihnen (sie) vor sich hinstellen und sich ansehen. Aber sehen Sie sie so, wie sie war, *bevor* ihr etwas Schlimmes zugestoßen war. Nicken Sie kurz, wenn Sie sie vor sich sehen können.

J: (Jessicas Pupillen erweitern sich, der Tonus der Gesichtsmuskeln lockert sich. Sie hält sich noch bei mir fest. Sie nickt.) Okay, ich kann sie sehen.

Th: Das ist sehr gut, Jessica. Wie sieht sie aus? Sieht sie okay für Sie aus dort? (ich verweise mit meiner Geste darauf, wo sich die Visualisierung befindet.) Können Sie sehen, wie sie gekleidet ist?

J: Ja. Sie trägt Jeans und ein blaues T-Shirt.

Th: Gut. Nun behalten Sie sie dort und fühlen Sie, wie sie meinen Arm halten.

J: Ja.

Th: Nun, Jessica, möchte ich, daß Sie außerhalb Ihres Körpers schweben; treten Sie hinter sich. So daß Sie sich selbst sehen können, wie Sie hier neben mir sitzen. Sehen Sie sich selbst, wie Sie meinen Arm halten und den Teil von Jessica vor sich sehen, der Hilfe braucht. Sie schweben außerhalb, bis Sie die Jessica neben mir sehen können, die wiederum die jüngere Jessica vor sich beobachtet. Sie beobachten sich dabei, wie Sie sich selbst beobachten. Wenn Sie sich selbst hier bei mir sehen können, nicken Sie mit dem Kopf.

J: (Jessica wird vollkommen still, ihr Atmen ist flacher, und ihre Hand ruht leicht auf meinem Arm. Sie nickt.)

Th: (Ich greife mit meiner anderen Hand hinüber und lege sie auf ihre Hand obenauf, um diese dreifache Disassoziation zu verankern.) Das ist sehr gut. Nun können Sie anfangen, *dem* Teil von Ihnen zu helfen, der sich *dort* vor Ihnen befindet. Die etwas *jüngere* Jessica *da drüben*. Beobachten Sie langsam, wie sich die Szene abzuspielen beginnt. *Jener* Teil von Ihnen soll *Ihnen* zeigen, was passiert ist, damit Sie wisen, wie Sie *ihr* helfen können. Stellen Sie sicher, daß *Sie ruhig bleiben*, wenn Sie die *heutige Jessica* dabei beobachten, wie sie die *jüngere* Jessica dabei beobachtet, wie sie durch *jenes* Erlebnis geht, das damals stattfand.

Während Jessica weiter sich selbst in dem vergangenen Erlebnis aus der dritten Position vorstellte, achtete ich genau auf jedes Anzeichen dafür, daß sie vielleicht in Verbindung mit dem Erlebnis geriet; d. h. daß Sie das Gefühl hatte, vergewaltigt zu werden, anstelle des Gefühls, sicher und beruhigt bei mir in der Gegenwart zu sein. Während der nächsten fünf Minuten wiederholte ich mehrmals die Anweisungen:

Th: Sie, Jessica, fühlen sich wohl *hier und jetzt*, während Sie sich selbst dabei beobachten, wie Sie die *jüngere* Jessica *da drüben* beobachten, die gerade durch dieses Erlebnis geht. Und *Sie* erfahren dabei etwas. Sie erfahren, was die *jüngere* Jessica von *Ihnen* braucht.

Wann immer ich Veränderungen in der Atmung oder in Muskelspannungen beobachtete (die darauf hinwiesen, daß sie in die Realität der Vergewaltigungsszene zurückfiel), arbeitete ich mit dem Anker an ihrem Arm, um ihr zu helfen, in der dreifachen Disassoziation zu bleiben, und wiederholte die Anweisungen; dabei betonte ich diejenigen Worte, die den disassoziativen Prozeß verstärkten: *sie, da drüben, die jüngere Jessica* (alles vor der Gegenwart Liegende ist jünger, selbst wenn man sich auf vier Tage vorher bezieht); *Sie, hier und jetzt, heutige Jessica, sicher* usw.

Als Jessica weitermachte, füllten sich ihre Augen mit Tränen, die bald über ihr Gesicht hinabströmten.

Th: So ist es schön, Jessica. Beobachten Sie sich, wie Sie hier bei mir sind und um *sie* weinen. Sie verdient Ihre Tränen. Wenn *jenes* Erlebnis vorüber ist und die *jüngere* Jessica von *damals* still ist, nicken Sie mit dem Kopf.

Jessicas Tränen waren weniger ein Wiedererleben des Angriffs, sondern vielmehr eine Reaktion auf das, was geschehen war. Jessica weinte weiter still vor sich hin, mit offenen Augen und erweiterten Pupillen, sie starrte geradewegs auf die Szene, die vor ihr ablief. Dann schließlich nickte sie.

Th: Sehr gut, Jessica. Und ich weiß, daß Sie viel gesehen haben, und ich weiß, daß Sie viel gelernt haben. Nun möchte ich, daß Sie zurück in Ihren Körper gleiten — hier, neben mir — und Ihre Hand auf meinem Arm spüren, was Sie an die Gefühle der Sicherheit im Hier und Jetzt erinnert. Nicken Sie einfach wieder, wenn Sie wieder zurück in Ihrem Körper sind.

J: (Jessica nickt.)

Th: Sehr gut, Jessica. Sie haben gerade Ihr jüngeres Selbst dabei beobachtet, wie es durch ein fürchterliches Erlebnis ging. Sie braucht viel von Ihnen. Bald werden Sie zu ihr gehen, sie in die Arme nehmen, sie halten und ihr versichern, daß Sie aus der Zukunft kommen und das alles in Ordnung kommen wird. Es gibt noch andere Leute, die helfen werden, und Sie können ihr versichern, daß Sie sich wieder sicher fühlen wird. Jessica, sie muß wissen, daß Sie sie lieben und sich um sie kümmern; daß es ihr gut gehen wird. Und ganz besonders, daß Sie sie schätzen. Sie ist durch ein ganz schreckliches Erlebnis gegangen, und sie verdient Ihre Wertschätzung dafür, daß sie das beste tat, was sie konnte. Sind Sie bereit dafür, das zu tun, Jessica?

J: (Sie nickt und beginnt nun zu schluchzen. Sie greift mit ausgestreckten Armen vor
      sich hin und bringt beide Jessicas zurück in sich selbst, sich wiegend und schluch-
      zend, sich wiegend und schluchzend.)

Nun sitze ich einfach ruhig neben Jessica, meine Hand liegt auf ihrem Rücken; und ich entdecke, daß auch mir die Tränen über das Gesicht strömen. Ich spüre, daß dies ein sehr wichtiges Erlebnis für Jessica
war und daß es einen großen Schritt auf ihre volle emotionale Wieder-
herstellung bedeutet. Schließlich verklingt ihr Schluchzen, sie legt ihre
Arme um mich, und ich halte sie eine Weile.

Während der folgenden Sitzungen mit Jessica arbeitete ich mit derselben dreifachen visuell-kinästhetischen Disassoziation, um wichtige
Informationen über den Täter für die Polizei herauszubekommen. Sie
erholte sich sehr schnell, und ihr Freund erwies sich durchwegs als große Hilfe und Unterstützung. Unsere letzten Sitzungen dienten als vor-
eheliche Beratung für die beiden.

Die Schritte für die Arbeit mit der visuell-kinästhetischen Disassoziation sind die folgenden:

1. Legen Sie einen wirksamen Anker für ein starkes Wohlbefinden fest.
2. Halten Sie den Anker und lassen Sie den Klienten sich selbst visuali-
   sieren. Der Klient hat sich selbst in der ersten Szene des traumatischen Ereignisses vor sich, er sieht sozusagen ein Photo vor sich. Er
   sitzt also neben Ihnen und sieht sein jüngeres Selbst vor sich.
3. Wenn er sich selbst klar sehen kann, lassen Sie ihn aus seinem Körper herausgleiten, so daß er sich sehen kann, wie er neben Ihnen
   sitzt und sein jüngeres Selbst beobachtet. Es gibt also jetzt sozusagen
   drei Versionen von ihm: Der Klient nimmt aus der dritten Position
   die visuelle Perspektive ein. Der eigentliche Körper befindet sich in
   der zweiten Position, und das jüngere Selbst geht in der ersten Position durch das Trauma. Wenn diese dreifache Disassoziation erreicht ist, verankern Sie sie.
4. Nun soll die Person das Erlebnis vor sich ablaufen lassen; stellen Sie
   sicher, daß sie dabei kinästhetisch vom traumatischen Erlebnis losgelöst bleibt, indem Sie mit Ankern arbeiten und mit verbalen Mustern, welche die drei Positionen voneinander abgrenzen (*ihn, dort,
   Ihr jüngeres Selbst, jenes Erlebnis, was damals passierte*), um das
   jüngere traumatisierte Selbst abzutrennen von: *Sie, hier, jetzt, heute, Sie beobachten sich selbst* usw.
5. Nachdem der Klient das Erlebnis vollständig gesehen hat, lassen Sie
   die dritte Position in die zweite Position zurückgleiten (damit die visuelle Perspektive mit der eigentlichen Körperposition des Klienten
   integriert wird).

6. Lassen Sie die heutige Person zur jüngeren Person gehen (zu der Person, die durch das traumatische Erlebnis ging) und ihr versichern, daß sie aus der Zukunft kommt und dem jüngeren Selbst die nötige Tröstung und Wertschätzung erweist.

7. Wenn die heutige Person sehen kann, daß das visuell vorgestellte jüngere Selbst versteht, sollen sich beide Personen wieder zusammenfügen, d. h., die heutige Person bringt ihren jüngeren Teil wieder zurück in den eigenen Körper.

Das folgende Diagramm soll die Schritte erläutern.

Sie verankern beim Klienten ②, das Gefühl, sich im Hier und Jetzt sicher zu fühlen. Dann stellt sich der Klient sein jüngeres Selbst ① bildlich vor, gleitet dann aus seinem Körper heraus zur visuellen Perspektive von ③. Verankern Sie diesen disassoziativen Zustand. Aus Position ③ läßt der Klient die traumatische Episode vor sich ablaufen. Danach fügt sich ③ wieder mit ② zusammen. Dann wird ① von ② getröstet und beruhigt, und ② bringt schließlich ① zurück in ②, so daß nur noch Sie und Ihr Klient da sind.

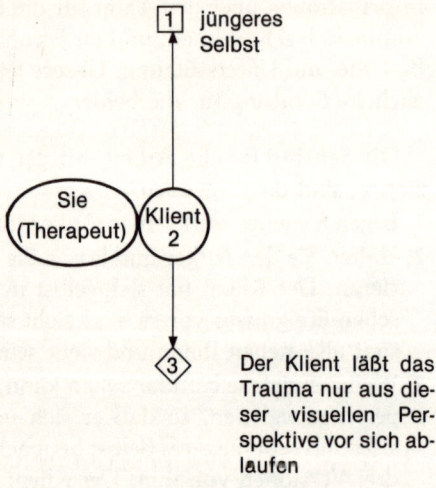

① jüngeres Selbst

Der Klient läßt das Trauma nur aus dieser visuellen Perspektive vor sich ablaufen

Falls Ihr Klient irgendwann in die Realität zurückfallen und die im vergangenen Trauma enthaltenen Gefühle wiedererleben sollte, unterbrechen Sie ihn. Bringen Sie ihn gänzlich in das Hier und Jetzt zurück, stellen Sie wieder den ersten wirksamen positiven Anker her und fangen Sie noch einmal an. In einigen Fällen mußte ich diesen Prozeß zwei- oder dreimal unterbrechen und wieder anfangen, bevor der Betreffende imstande war, richtig disassoziiert zu bleiben. Erst dann konnte der ganze Prozeß zu Ende geführt werden.

Dieser Prozeß dient dazu, Teile der Person zu disassoziieren, wenn dies angebracht erscheint, und dann die disassoziierten Teile vollständig zu integrieren. Dies ist eine sehr effektive Methode für den Umgang mit Fällen, bei denen ein sehr starkes früheres Erlebnis im Spiel ist, das das momentane Erleben des Klienten negativ beeinflußt. Klienten beschreiben diesen Prozeß so: „Die Dinge ins rechte Licht rücken", „Ich kann mich daran erinnern, werde aber nicht mehr davon überwältigt", „Ich meinte, ich wollte einfach vergessen, daß diese fürchterliche Sache überhaupt je passiert ist, aber jetzt halte ich sie für gut; ich habe viel daraus gelernt".

Assoziation

Die Umkehrung des eben geschilderten Prozesses ist bei Klienten nützlich, die an einem Verlust von Körperempfindungen leiden; wie etwa bei einer Frau, die in ihrer gesamten Beckenregion nichts mehr spürt, oder bei einem Mann, dessen Impotenz davon herrührt, daß er nur Taubheit in seinem Penis spürt. Bei solchen Fällen habe ich die folgende Methode angewandt, die sich als sehr wirksam erwiesen hat: Die Klienten machen sich eine visuelle Vorstellung davon, wie sie ganz eindeutig ein sexuelles Erlebnis sehr genießen. Sobald sie sich dabei sehen können, wie sie mit voller sexueller Empfindung reagieren (im Fall des Mannes, sich mit einer vollentwickelten Erektion sehen), lasse ich die Person empfinden, wie sie in ihr eigenes vorgestelltes Bild hineingleitet. Die Klienten assoziieren also den kinästhetischen Anteil des erwünschten visuellen Erlebnisses, indem sie „in das Bild treten".

Der Assoziationsprozeß ist somit also die Umkehrung des Prozesses der visuell-kinästhetischen Disassoziation. Der Klient visualisiert sich selbst in einer Szene und modifiziert das Bild, bis es richtig für ihn ist. Dann tritt er in die eigene Person in dem Bild ein, um die Gefühle zu empfinden, die zum projizierten Erlebnis kongruent sind.

Diese Technik ist auch hervorragend geeignet, Veränderungen im Selbstbild zu erreichen und den Klienten darauf vorzubereiten, neue Verhaltensweisen zu äußern. Sie dient auch als Werkzeug für Unterrichtszwecke. Wenn ich Seminare leite, fordere ich die Teilnehmer oft auf, sich auszumalen, wie sie in einer nach ihren Vorstellungen „perfekten" Beziehung interagieren. Sobald sie ein derartiges Bild haben, sollen sie in sich selbst eintreten und beobachten, wie sie sich dabei fühlen. Empfinden sie es wirklich als „perfekte" Beziehung, oder sollten sie nicht lieber ihr Bild davon ändern, wie eine solche Beziehung auszusehen hat? Wenn sie es tatsächlich als die „perfekte" Beziehung empfinden, sollen sie sich diese Gefühle so einprägen, daß ihr Verhalten sie zur Verwirklichung einer solchen Phantasie hinführt.

Welche Möglichkeiten gibt es außer Berührungen?

Bislang habe ich in meiner Darstellung von Ankern vorwiegend die Arbeit mit kinästhetischen Ankern geschildert. Weil Berührungen ein natürlicher Teil meines eigenen Kommunikationsmusters sind, fällt mir diese Form des Ankerns leicht. Weitere Vorteile von Berührungsankern sind, daß sie konstant gehalten werden können und damit der Effekt leichter aufrechterhalten werden kann als bei visuellen oder auditiven Ankern. Was die Vermittlung dieses Prozesses in Seminaren betrifft, so können meine Berührungen dem Publikum demonstriert werden, was die Schulung erleichtert. Auch wenn es darum geht, einem anderen Klienten die Aufgabe zu übertragen, den Anker einzusetzen, kann die Berührung von dem Betreffenden exakter wiedergegeben werden als ein bestimmter Ton in der Stimme oder ein Gesichtsausdruck. Dadurch ist er eher imstande, den Anker adäquat einzusetzen.

Allerdings haben visuelle und auditive Anker spezielle Eigenschaften, aufgrund derer ihnen von manchen Leuten und in manchen Zusammenhängen der Vorzug gegeben wird. *Richard Bandler* verwendet fast ausschließlich Veränderungen im Tonfall oder Tempo seiner Stimme als auditive Anker. Weil solche feinen Veränderungen nur für ein sehr geschultes Ohr hörbar sind, bleiben diese Anker weit außerhalb des bewußten Erlebens. Richard fällt es leicht, die Qualität seiner Stimme zu verändern, ich dagegen habe lange Zeit gebraucht, um solche subtilen Aspekte meines Verhaltens unter die Kontrolle meines Bewußtseins zu bringen. Von der Nützlichkeit einer solchen Fähigkeit bekam ich vor Jahren in einer Sitzung mit einem Ehepaar einen starken Eindruck: Richard und ich arbeiteten zusammen mit dem Paar, und ich bemerkte, daß er in seiner Stimme die Klangfarbe und das Intonationsmuster des Ehemanns verwendete, um die Frau jedesmal dann zu verankern, wenn einer von uns eine positive Reaktion bei ihr auslöste. Die natürlich vorkommenden Muster in der Klangfarbe und Intonation des Mannes sollten von da an weiterhin positive Reaktionen bei seiner Frau auslösen. Auf diese Weise kam zwischen ihnen ein allgemeiner und weitreichender Stimmungswandel zustande.

Die Skala der auditiven Anker reicht von subtilen stimmlichen Veränderungen bis hin zu Klopfen mit dem Bleistift, Stuhlquietschen, Musik oder sogar Glockengeläute. Worauf es dabei ankommt, ist das Timing und die Fähigkeit, den gleichen auditiven Stimulus willentlich und nach Belieben zu wiederholen.

Ebenso gibt es bestimmte Eigenschaften, die den Einsatz von visuellen Ankern bei bestimmten Leuten und für bestimmte Situationen am angebrachtesten erscheinen lassen. Gewiß ist in Situationen mit potentieller Gewalttätigkeit ein visueller Anker eher angebracht als ein kinästhetischer, da eine Berührung in diesem Fall gefährlich werden kann. In der Arbeit mit einer Frau, deren Mann zu gewalttätigen Reaktionen neigte, brachte ich ihr bei, wie sie eine imposante Karate-Stellung einnehmen konnte. (Der Mann nahm nicht an der Therapie teil.) Sollte sich eine gewaltträchtige Situation anbahnen — so meine Anweisung — und sie nicht entkommen können oder das Gefühl haben, sie könne sich nicht richtig verteidigen —, dann sollte sie diese Stellung einnehmen. Daraufhin — so ihre spätere Schilderung der Reaktionen ihres Mannes — sei ihr Mann erstarrt, habe verwirrt dreingesehen und sei dann in Gelächter ausgebrochen. Diese Reaktion hatte ich in dieser Form im einzelnen nicht erwartet, aber ich hatte mich nach der Regel gerichtet, daß neues und andersartiges Verhalten neue und andersartige Reaktionen auslöst. Weil diese Haltung eine solch nützliche Reaktion bei ihrem Mann auslöste, wies ich die Ehefrau an, diese immer dann, wenn sich Spannungen aufzubauen begännen, an den Tag zu legen. Diese Körperhaltung wurde also zu einem nützlichen visuellen Anker, der bei ihrem zuvor wütenden Mann Humor auslöste.

Ankern kann also in jeder Modalität nützlich sein. Für die Anwendung gelten folgende Richtlinien: Wie passend ist der Anker für die Situation? Wie leicht kann er wiederholt werden? Fügt er sich in das natürliche Verhalten ein und kann er somit in laufende Interaktionen integriert werden?

Umdeuten (Reframing)

Dem Umdeuten (*Reframing*), das ich jetzt vorstellen möchte, liegt das Fundament zugrunde, daß jedes Verhalten (ob internales oder externales), jedes Symptom und jede Kommunikation in irgendeiner Weise nützlich und sinnvoll ist. Die Struktur des Umdeutens gründet sich auf die Ansicht, daß Menschen über alle Ressourcen verfügen, die sie brauchen, um jedwede erwünschte Veränderung zu vollziehen. Ob dies nun wahr ist oder nicht — wichtig ist, daß sich dadurch, daß ich mein Verhalten so organisiere, als sei dies wahr, positive Veränderungen leichter bewerkstelligen lassen. Vergessen Sie nicht, daß wir Menschen die Welt nie direkt erfahren, sondern vielmehr Landkarten oder Modelle unserer Erfahrung von der Welt erschaffen, so daß die einzige Realität, die wir jemals kennen werden, eine subjektive Realität ist. Die Nutzanwendung dieser Philosophie bringt ungeheure Vorteile mit sich, da subjektive Realitäten verändert und umstrukturiert werden können. Es ist uns die Gelegenheit gegeben, unsere Realitäten in nützlicher und förderlicher Weise auszugestalten.

Damit Ihnen diese Zusammenhänge in konkreter Weise klar werden, möchte ich ein typisches Beispiel dafür bringen, wie ich mich dieser Auffassung bediene, um Veränderungen in den subjektiven Realitäten meiner Klienten zu produzieren: Während eines Seminars in New

York bat mich ein Ehepaar wegen eines sehr spezifischen und etwas ungewöhnlichen Problems um Hilfe. Es schien, als sei der Teppichboden in seinem Haus sehr plüschig; man schien jeden Fußabdruck darauf zu sehen. Das war an und für sich natürlich kein Problem, aber die Frau war zwanghaft darum bemüht, den Teppich immer so zu staubsaugen, daß keine Fußabdrücke zu sehen waren. Da jedesmal, wenn jemand darüberlief, Fußabdrücke entstanden, war sie sehr viel mit dem Staubsaugen beschäftigt. Sie machte damit alle verrückt, und die Sache war eine Quelle ungeheurer Spannungen zwischen ihr und ihrem Ehemann. Immer wenn sie den Teppich mit den Fußabdrücken sah, ließ es ihr keine Ruhe, bis sie nicht den Teppich gestaubsaugt hatte. Nachdem mir diese Schilderung gegeben worden war, fragte ich mich, wie Fußabdrücke auf dem Teppich denn von dieser Frau als positives Ereignis erlebt werden könnten, so daß sie also nicht das Bedürfnis empfinden würde, ständig mit dem Staubsauger umherzugehen. Diese Frage erleichterte mir die Aufgabe. Ich forderte sie auf, die Augen zu schließen und ihr mit Teppichen ausgestattetes Heim zu sehen. Und zu sehen, daß der Teppich perfekt war, daß sich jedes Härchen an der richtigen Stelle befand. Und während sie es genoß, den Teppich so perfekt zu sehen, sagte ich ihr, daß sie sich nun bewußt werden könne, daß in ihrem Haus vollkommene Stille herrsche; und während sie der Stille lausche, könne sie erkennen, daß sie *ganz* allein sei. Ihre Lieben seien fort und sie sei ganz allein mit ihrem perfekten Teppich. Erst jetzt, so sagte ich ihr, erkenne sie schließlich, daß jeder Fußabdruck, der auf dem Teppich erschien, ein Zeichen dafür sei, daß ihre Lieben in der Nähe seien, daß sie mit ihrer Familie zusammen sei. Jedesmal in der Zukunft also, wenn sie einen Fußabdruck auf dem Teppich sähe, würde sie die Nähe ihrer Familie spüren und die Liebe, die sie für sie empfand. Wie auf Jahr für Jahr aufgehobene Muttertagsgeschenke könne man die Fußabdrücke warm anblicken. Schließlich erzählte ich ihr noch, wessen großer und kleiner Fuß für sie dahin getreten sei, um von ihr gesehen zu werden.

Ich deutete also die „Fußabdrücke auf dem Teppich" so um, daß sie nicht mehr zwanghafte Sauberkeit, sondern vielmehr warme, liebevolle Gefühle auslösten. So merkwürdig dies klingen mag, aber es funktionierte bei ihr, und es ist ja auch wirklich viel sinnvoller, sich über Fußabdrücke zu freuen als sich über sie zu ärgern.

Neben dieser impliziten Form des Umdeutens gibt es noch von meinen Kollegen und mir entwickelte spezifische und explizite Techniken des Umdeutens, mit denen man positive Veränderungen erreichen kann. Diese Techniken können dergestalt in das Verhalten eines Klienten integriert werden, daß er ohne Hilfe eines Therapeuten persönliche

Veränderungen zustandebringen kann. Während andere Therapie- und Konfliktlösungsmethoden mit dem Inhalt der individuellen Probleme arbeiten, dienen diese expliziten Umdeutungs-Techniken dazu, die inneren Prozesse einer Person so zu intergrierten Ressourcen umzuorganisieren, daß jeder Konflikt gelöst werden kann. Dies erreicht man, indem man dafür sorgt, daß die Ressourcen und der Kommunikationsfluß innerhalb dieser Person maximal eingesetzt werden. Eine solche umorganisierte Person bezeichnen wir als „generativ"; sie ist imstande, neues Verhalten zu generieren und sogar ihr Selbst neu zu organisieren, sollte das Bedürfnis oder der Wunsch danach aufkommen.

Während andere therapeutische Methoden implizit den Zweck verfolgen, Menschen so zu organisieren, daß die Komplexität menschlichen Verhaltens reduziert wird, damit der Therapeut besser damit umgehen kann, ist das Umdeuten eine Methode, die Organisation des menschlichen Systems zu organisieren. Therapeutische Modelle, die sich darum bemühen, bestimmte Veränderungen zuwege zu bringen oder bestimmte Konflikte zu lösen, lassen die Möglichkeit außer acht, ein generatives System aufzubauen, das spätere Konflikte lösen und spätere eigene Veränderungen einleiten kann. Mit dem „Umdeuten" wird eine bestimmte Veränderung oder eine bestimmte Konfliktlösung erreicht durch einen Prozeß, der sich auf andere Kontexte generalisieren und in das laufende Verhalten eines menschlichen Systems integrieren läßt, ob es sich dabei nun um eine Einzelperson, ein Paar oder irgendeinen anderen Typ einer systemischen Organisation handelt.

Trennung von Intention und Verhalten

Es gibt im wesentlichen zwei Arten des Umdeutens: Die erste, die hier dargestellt werden soll, ist die Trennung von Verhalten und Intention. Die Trennung von Verhalten und Intention umfaßt sechs explizite, aufeinanderfolgende Schritte:

1. *Identifizieren Sie das Verhalten.* Identifizieren Sie das spezifische unerwünschte Verhalten oder Symptom. Das Verhalten kann jedes beliebige physiologische Symptom oder jedwede Handlung sein, mit denen der Klient nicht aufhören kann. Oder es könnte sich um ein Verhalten handeln, das den Klienten daran hindert oder hemmt, in der gewünschten Weise zu handeln.

2. *Nehmen Sie Kontakt auf mit dem Teil, der das identifizierte Verhalten generiert.* Hier beginnt der Aufbau einer Brücke zwischen bewußten und unbewußten Prozessen. Der Klient benützt seinen eigenen internalen Dialog, um zu fragen: „Ist der Teil von mir, der dieses Ver-

halten produziert, bereit, mit mir zu kommunizieren"? Dann muß er ganz genau auf jede Reaktion achten — jeden Ton, jedes Bild, jedes Gefühl oder Wort. Der Therapeut paßt zudem auf jede merkliche Reaktion im Verhalten auf, deren sich der Klient vielleicht gar nicht bewußt ist.

Besteht die Reaktion nicht aus Worten, so kommt es darauf an, die Kommunikation so unzweideutig wie möglich zu entschlüsseln. Dies kann man erreichen, indem man eine Intensivierung der Reaktion (die dann als „ja" ausgelegt wird) oder eine Verminderung derselben (die dann als „nein" ausgelegt wird) herbeiführt. Ein helleres Bild, ein lauterer Ton oder ein stärkeres Gefühl verweisen dann auf eine bejahende Reaktion. Ist das Verhalten ein Symptom, so ist es höchst wirkungsvoll, dieses als Mittel der Kommunikation einzusetzen; wenn das Symptom etwa eine (gefühlsmäßige) Taubheit ist, so ist deren Ausbreitung ein Beleg für das „Ja", deren Verminderung dagegen ein Beleg für das „Nein".

3. *Trennen Sie die Intention vom Verhalten ab.* Nachdem die Kommunikation hergestellt ist, besteht die Aufgabe darin, die Intention hinter dem Verhalten aufzudecken. Der Klient fragt also: „Was versuchst du für mich zu tun?" Wieder kann die Antwort in Form von Bildern, Worten oder Gefühlen kommen. Treten nur Gefühle auf und ist es unmöglich, daraus klug zu werden, so setzen Sie das Überlappen ein, um eine vollständigere Repräsentation aufzubauen.

Manchmal erscheint die Antwort als eine unerwünschte Intention, etwa: „Ich versuche dich zu töten", oder: „Ich hindere dich an sexuellen Kontakten". Wenn das passiert, gehen Sie einen Schritt weiter zurück, indem Sie fragen: „Was versuchst du für mich zu tun, indem du mich tötest?" Dies erlaubt Ihnen, eine brauchbarere Antwort zu erhalten, wie etwa: „Ich versuche dich vor diesem elenden Leben zu retten, daß sich einfach weiter so dahinschleppt". Oder: „Wenn du sexuelle Kontakte hast, wirst du verletzt werden, und das ist schlecht". Der zusätzliche Schritt zurück läßt erkennen, daß die Intention eine schützende Funktion hat. Gehen Sie solange immer weiter zurück, bis die „wahre" positive Intention entdeckt ist.

4. *Finden Sie drei neue Möglichkeiten, der Intention genüge zu tun.* Üblicherweise gelingt einem dies dadurch, daß man sich Zugang verschafft zum kreativen Teil einer Person und ihn drei neue, befriedigendere Möglichkeiten, der Intention genüge zu tun, finden läßt. Falls der Betreffende keinen kreativen Teil besitzt, bauen Sie einen auf. Man veranlaßt dabei den Klienten, sich einer Zeit zu erinnern, als er kreativ war, und legt dann einen Anker fest, der den Zugang zu diesem kreati-

ven Teil eröffnet. Falls der Klient behauptet, er sei noch nie kreativ gewesen, fragen Sie ihn, ob er jemanden kennt, den er als kreativ betrachtet. Nachdem er „ja" gesagt hat, veranlassen Sie ihn, sich diese Person visuell oder auditiv vorzustellen, und lassen Sie diese vorgestellte Person drei bessere Möglichkeiten, der Intention genüge zu tun, generieren. (Natürlich werden die Antworten immer noch aus den eigenen internalen Prozessen des Klienten erzeugt, aber durch diese Technik lassen sich Gefühle von „Das kann ich nicht" umgehen.) Die letzte Möglichkeit, auf die man zurückgreifen kann, die aber immer noch zur Wahl steht, sieht so aus, daß der Therapeut dem Klienten mögliche Alternativen vorschlägt.

5. *Veranlassen Sie den ursprünglich identifizierten Teil, die neuen Möglichkeiten und (wenn nötig) die Verantwortung für die Generierung neuer Möglichkeiten zu akzeptieren.* Der Klient fragt nun den ursprünglichen Teil, ob er zustimmt, daß die drei neuen Wahlmöglichkeiten zumindest so effektiv sind wie das ursprüngliche, unerwünschte Verhalten. Wenn er „ja" sagt (dabei wird immer der vorher festgelegte Kommunikationsmodus benutzt, um die Kontinuität sicherzustellen), fragen Sie ihn, ob er bereit ist, die Verantwortung für die Generierung neuer Verhaltensweisen in passenden Kontexten zu übernehmen.

Falls er nicht zustimmt, daß die neuen Wahlmöglichkeiten besser sind als das ursprüngliche Verhalten, fordern Sie ihn auf, sich mit dem kreativen Teil zusammenzutun und mit ihm zu arbeiten, um mit besseren Vorschlägen zu kommen. Will er nicht die Verantwortung für die Generierung neuer Verhaltensweisen übernehmen (dies geschieht *sehr* selten), machen Sie einen Teil zugänglich, der diese übernehmen wird.

6. *Ökologische Überprüfung.* Für den letzten Schritt instruieren Sie den Klienten, innen nachzufragen, ob irgendein Teil etwas gegen die Verhandlungen, die stattgefunden haben, einzuwenden hat. Kommt eine bejahende Antwort, so vergewissern Sie sich, daß es sich um eine „ja"-Antwort handelt, indem Sie dem in Schritt 2 beschriebenen Verfahren folgen. Besteht ein Einwand, gehen Sie zum Ausgangspunkt zurück, indem Sie den Einwand identifizieren, die Intention von dem Einwand abtrennen, und so weiter durch alle Schritte. Erheben sich während der ökologischen Überprüfung keine Einwände, so ist der Prozeß vollständig und der Erfolg gesichert.

Falls — wie es manchmal geschieht — der identifizierte Teil sich weigert, im Bewußtsein zu kommunizieren, so können die folgenden Schritte, die das bewußte Erleben des Klienten umgehen, ersatzweise eingesetzt werden.

Schritt 2: Selbst eine „nein"-Antwort ist eine Mitteilung (Kommunikation) und kann genutzt werden. Also ist Kontakt hergestellt worden.

Schritt 3 und 4: Fragen Sie den Teil, ob „er" weiß, was er für die Person tut. Falls er mit „ja" antwortet, lassen Sie ihn alleine zum kreativen Teil gehen und drei neue Möglichkeiten finden, es besser zu machen. Er soll dann ein bestimmtes Signal geben, wenn er das erledigt hat.

Die übrigen Schritte bedürfen nur einer ja/nein-Antwort, und das bewußte Erleben braucht den spezifischen Inhalt der neuen Verhaltensweisen nicht zu kennen. Oft vermittelt dieses Erlebnis dem Klienten eine Grundlage für größere Achtung und Würdigung für seine unbewußten Prozesse, da sich Veränderungen auch ohne bewußtes Eingreife ereignen.

In seltenen Fällen kann ein Teil negativ reagieren, indem er sagt, er wisse nicht, was er für die Person tue. Nachdem Sie gefragt haben, ob er sich dessen sicher sei, können Sie ihn *direkt* auffordern *aufzuhören*, das unerwünschte Verhalten zu generieren. In meiner ganzen Erfahrung mit Umdeuten ist solch eine Reaktion nur einmal aufgetreten. Der Teil sagte, er hätte vergessen, was die Intention sei; er fügte sich aber den Instruktionen, indem er mit dem unerwünschten Verhalten (Bettnässen) aufhörte.

Kontextuelles Umdeuten

Die zweite Art des Umdeutens ist das kontextuelle Umdeuten, welches *alle* Verhaltensweisen als nützlich in *manchen* Kontexten akzeptiert. Hierbei besteht die Aufgabe darin, den Kontext zu identifizieren, in dem das Verhalten angemessen ist, und es dort zu befestigen. Die Schritte sind dieselben wie zuvor beschrieben, außer daß Schritt 3 darin besteht, den brauchbaren Kontext festzulegen, und Schritt 4 nur notwendig ist, wenn der das Verhalten generierende Teil keinen angemessenen Kontext kennt. Tritt dieser Fall ein, so kann man den kreativen Teil anrufen, damit er mögliche angemessene Kontexte generiert. Bei Schritt 5 akzeptiert der Teil die Verantwortung für die Generierung des Verhaltens nur für den/die akzeptierten Kontext/e.

Anwendung der Prinzipien

Das folgende Transkript demonstriert, wie diese Umdeutungs-Techniken kombiniert bei einem Klienten, Tom, eingesetzt werden. Tom leidet an Impotenz:

Th: Nun, Tom, ich weiß, daß der Teil, der Sie davon abhält, sexuell zu reagieren, versucht, etwas Positives für Sie zu tun. Was ich also von Ihnen will, ist, daß Sie in sich gehen und fragen, was dieser Teil von Ihnen zu tun versucht, und daß Sie genau auf alle Worte, Bilder, Töne oder Gefühle achten, die dabei auftreten.

Tom: (Schließt kurzzeitig die Augen, der Körper zieht sich zurück, als würde er Schlägen aus dem Weg gehen.)

Th: Was ist denn passiert?

Tom: Ich habe die Frage gestellt, doch es hat niemand geantwortet.

Th: Aber ja doch, sie haben geantwortet; was ist passiert?

Tom: Nun, ich habe meine Mutter gesehen — so wie sie war, als... nun... Sie wissen ja. (Tom wurde von seiner Mutter verführt, als er im Teenager-Alter war. Er war außerstande, die gewünschte sexuelle Leistung zu bringen; diese Unfähigkeit hatte bis in die Gegenwart angehalten.)

Th: Und...

Tom: Und nichts... Ich hatte das gleiche Gefühl, das ich immer habe, wenn ich mir so meine Mutter vergegenwärtige.

Th: Und Sie glauben nicht, daß das Bild und das sich daraus ergebende Gefühl etwas mit der Frage, die Sie gerade gestellt hatten, zu tun hat?

Tom: Nun gut, wenn Sie's so ausdrücken... aber meine Mutter ist tot und fortgegangen. Was hat das mit mir jetzt zu tun?

Th: Sie ist tot und fortgegangen, aber nicht das Bild. Gehen Sie in sich und fragen Sie, ob dieser Teil Ihnen mitteilen wird, was er für Sie zu tun versucht. Wenn die Antwort „Ja" ist, lassen Sie ihn noch einmal das gleiche Bild zeigen. Wenn sie „nein" heißt, lassen Sie ihn etwas anderes tun.

Tom: (Geht in sich, zeigt das gleiche unwillkürliche Zurückzucken.)

Th: Gut, die Antwort lautet „ja".

Tom: Wie haben Sie das gemerkt?

Th: Es war leicht. Bitten Sie ihn, loszugehen und es Ihnen zu verraten.

Tom: (Geht ein paar Augenblicke lang in sich und öffnet dann die Augen, aber sitzt noch ein paar weitere Augenblicke ruhig da.)

Th: Nun?

Tom: Er sagt, er schützt mich vor meiner Mutter.

Th: Stimmen Sie zu, daß Sie Schutz vor Ihrer Mutter und vielleicht vor den mit Ihrer Mutter verbundenen Dingen brauchten?

Tom: Ja, sicher.

Th: Vor was also?

Tom: Sie war ein fürchterliches Dreckstück. Kastrierend. Sie hätte mich zerstört.

Th: Oh, Sie stimmen also zu, daß Sie Schutz vor ihr brauchten?

Tom: Ja, aber... daß ich keinen Ständer hinkriege, wie soll mich denn das vor ihr schützen? Sie ist ja tot jetzt.

Th: Ich weiß nicht. Können Sie *sehen*, wie es Sie damals vor ihr geschützt hat?

Tom: Hmmmm (Augen oben-links, rechts, links). Ja.

Th: Ob Sie's mögen oder nicht, es gibt Teile von Ihnen, die glauben, Sie bräuchten immer noch Schutz vor dem Zerstört- oder Kastriertwerden oder wie immer Sie's ausdrücken mögen, stimmt's?

Tom: Ja, aber nicht so.

Th: Ich möchte, daß Sie zu Ihrem kreativen Teil gehen und ihn bitten, Ihnen drei andere Möglichkeiten, mit denen Sie sich schützen können, vorzuschlagen.

Tom: Mein kreativer Teil?

Th: Ja, ich weiß, daß Sie einen haben. Gehen Sie einfach in sich und geben Sie ihm eine Chance, seinen Kram zu machen. Vielleicht antwortet er in Bildern, Worten, Gefühlen oder dergleichen, und vielleicht verstehen *Sie* nicht, aber achten Sie ganz genau auf Ihr Erleben.

Tom: (Geht eine Weile in sich; nickt einmal, zweimal, dreimal mit dem Kopf; lächelt.) Okay, ich hab's.

Th: Oh, ja. Was haben Sie?

Tom: Nun, ich habe in mir drinnen nachgefragt, wie Sie gesagt hatten, und zuerst ist nichts passiert. Dann habe ich angefangen, diese Kurzfilme zu sehen. Erst habe ich gesehen, wie ich ihr eine reingehauen habe, ihr echt mit der Faust gegen den Kopf geschlagen habe. Dann ein anderes Bild von mir, wie ich mich von ihr davongemacht habe. Ich ging einfach aus der Haustür hinaus. Und dann das beste, ich habe ihr einfach ins Gesicht gelacht. Ha, ha, ha, ha.

Th: Toll. Die hören sich wie viel bessere Möglichkeiten an. Übrigens, wer war in Ihren Bildern?

Tom: Warum, meine Frau — (Pause) — natürlich. Wuff, meine Frau.

Th: Hmmm, was ist damit? Na ja, lassen wir's fürs erste gut sein. Machen wir weiter. Jetzt möchte ich, daß Sie diesen Teil von Ihnen, dem Sie Ihre Impotenz zu verdanken haben, fragen, ob er zustimmt, daß es bessere Möglichkeiten gibt, Sie zu schützen. Achten Sie auf Ihr Erleben. Lautet die Antwort „ja", so lassen Sie sich von ihm wieder ein Bild von Ihrer Mutter zeigen.

Tom: (Geht in sich) Er hat „ja" gesagt. Können wir ihm nicht eine andere Möglichkeit geben, „ja" zu sagen? Diese hier war so unangenehm.

Th: Natürlich. Bitten Sie ihn, auf eine andere Art „ja" zu sagen. Vielleicht durch eine warme, prickelnde Empfindung in der Taillengegend.

Tom: (Geht in sich, kommt lächelnd wieder hervor) Okay.

Th: Nun fragen Sie ihn, ob er bereit ist, diese neuen Verhaltensweisen für Sie zu generieren, wann immer Sie sie brauchen. Da er ein Teil ist, der das ursprüngliche Problem produziert hat, weiß er bereits, wenn Sie diese Verhaltensweisen brauchen. Richtig?

Tom: Richtig.

Th: Falsch.

Tom: Hmmh?

Th: Falsch. Es sei denn, Sie betrachten sexuelle Kontakte als den Zeitpunkt, Ihre Partnerin zu schlagen, sich davonzumachen von ihr oder in ihr Gesicht zu lachen. (Ich bewege mich vom verhaltensmäßigen Umdeuten zum kontextuellen Umdeuten.)

Tom: Oh, ja. Aber es wäre gut gewesen, das mit meiner Alten zu machen — ich meine, mit meiner Mutter.

Th: Ja, aber das war damals, nicht jetzt. Wie können Sie beurteilen, wann es Zeit ist, sich vor solchen Dingen zu schützen, die Ihre Mutter Ihnen anzutun versuchte?

Tom: Sie meinen, mir wirklich angetan hat... Ich weiß nicht.

Th: Gehen Sie in sich und bitten Sie Ihren kreativen Teil, Ihnen Situationen zu zeigen, in denen Sie diese Verhaltensweisen brauchen.

Tom: (Geht eine Weile in sich, Gesichtsausdruck verändert sich, Farbe wird röter, runzelt die Stirn, preßt die Lippen zusammen, geht aus sich heraus.) Okay.

Th: Okay. Also, wie wissen Sie, wann es an der Zeit ist, diese Verhaltensweisen zu gebrauchen?

Tom: (Augen nach unten rechts) Wenn ich mich gedrängt fühle. Wenn mich jemand auszunutzen versucht. Wenn man mich zu verletzen versucht, mich zwingt, etwas zu machen, was ich nicht will.

Th: Wenn man Sie zu zwingen versucht, etwas zu tun, was Sie nicht wollen. Okay. So gehen Sie zurück und fragen Sie, ob jener Teil — der erste — zustimmt, daß es an der Zeit ist, diese Verhaltensweisen — das Schlagen, Sich-davon-machen oder Lachen — zu produzieren, wenn Sie sich „so" fühlen, *gedrängt* nämlich.

Tom: Okay. (Geht in sich.) Ich kann mich nicht erinnern, was ich ihn fragen soll.

Th: (Wiederholt die oben gegebenen Anweisungen.)

Tom: (Geht in sich, lächelt.) Er sagt „ja". Ich glaube, er versteht das besser als ich.

Th: Hoffen wir's (lächelt). Er ist derjenige, auf den es ankommt. Fragen Sie ihn also, ob er die neuen, nützlicheren Verhaltensweisen zu den passenden Zeitpunkten produzieren wird statt der alten. Sie kennen die alte — „Impotenz".

Tom: Okay. (Geht in sich.) Er hat mit dem warmen Gefühl geantwortet. Was ist, wenn ich einfach dieses warme Gefühl bekomme und es gar nichts bedeutet?

Th: Was sind Sie für ein mißtrauischer Geselle! Stellen Sie ihm eine Frage, bei der Sie wissen, daß er mit „nein" darauf antwortet, und finden Sie heraus, was passiert.

Tom: Okay. (Augen oben-links; dann geschlossen, Tom nimmt seine normale „Geht-in-sich"-Haltung ein; geht aus sich heraus, lacht.) Also eins ist sicher: er hat mir nicht dieses warme, gute Gefühl vermittelt.

Th: Oh ja, wollen Sie mir erzählen, was Sie ihn gefragt haben?

Tom: Nein (errötend). Ich glaube, ich werd's für mich behalten.

Th: Nun, glauben Sie's jetzt? Fragen Sie, ob irgendein Teil irgendwelche Einwände gegen die Verhandlungen hat, die stattgefunden haben.

Tom: Okay (Geht in sich.) Ich habe ein komisches Gefühl.

Th: Fragen Sie, ob das komische Gefühl bedeutet, daß ein Einwand besteht.

Tom: (Geht in sich.) Ich habe schon wieder das komische Gefühl.

Th: Warten Sie einen Moment. Fragen Sie, ob alle Teile damit zufrieden sind, was stattgefunden hat.

Tom: (Geht in sich, lächelt.) Ich habe das warme, gute Gefühl.

Th: Fragen Sie, ob das „ja" bedeutet.

Tom: (Geht in sich, lächelt.) Sie haben „ja" gesagt.

Th: Gut, wir müssen Jas und Neins sorgfältig auseinanderhalten. Nun, das bedeutet, es ist Zeit, daß Sie eine *Einweihungsparty* veranstalten, falls Sie wissen, was ich meine (Lachen). Aber ich möchte, daß Sie damit noch mindestens eine Woche warten, bis nämlich Ihre Teile *sich an die Veränderungen gewöhnt* haben. Und daß Sie, ganz gleich, wie stark Sie *reagieren*, warten, bis Sie *nicht mehr warten* können. Denn *Sie* werden nun *anfangen*, neue, erfreulichere Reaktionen auf sexuelle Stimuli zu erlernen. Es besteht kein Bedarf mehr nach den alten Reaktionen; sie werden ersetzt werden. Aber darüber werden wir dann sprechen.

Bei Tom diente Umdeuten dazu, einer stark verachteten Verhaltensweise zu ermöglichen, ihm bekannt zu machen, wie nützlich sie ist. Toms Impotenz konnte von ihm als nützlicher Schutz gegen das, was seine Mutter ihm hätte antun können, gesehen werden. Obwohl er zuweilen noch Schutz vor anderen Leuten außer seiner Mutter brauchte, war er imstande herauszufinden, daß ihm nützlichere Verhaltensweisen möglich waren, die ihm von seinen eigenen inneren Ressourcen vorgeführt wurden. Doch war das Timing, der zeitliche Einsatz dieser Verhaltensweisen, noch nicht angemessen; die neuen Verhaltensweisen sollten auf die passenden Reize folgen. Daher demonstriert dieses Transkript eine Integration der beiden Umdeutens-Prozesse: 1) Trennung von Intention und Verhalten; und 2) Auffinden des passenden Kontextes.

Wird Umdeuten bei einem menschlichen System, das aus mehr als einer Person besteht, praktiziert (etwa bei einem Paar), so folgt es den bereits vorgeführten Schritten, benutzt aber zudem noch das/die andere(n) Mitglied(er) des Systems als kreative Quellen. Der folgende Ausschnitt aus dem Transkript einer Partnerberatungssitzung veranschaulicht, wie Umdeuten in diesem therapeutischen Kontext angewandt wird.

Th: Tony, was hätten Sie gerne an Ihrer Frau geändert, damit Sie glücklich wären?

Tony: Ich hätte gerne, daß Sie aufhört, die ganze Zeit an mir herumzunörgeln und mich anzukeifen.

Th: Und Sie Nancy, was hätten Sie gerne geändert?

Nancy: Ihn.

Th: Ja, aber was genau an ihm? Suchen Sie etwas heraus, um einen Anfang zu machen.

Nancy: Seine ständige Grießgrämigkeit und Jammerei. Ich kann's nicht aushalten.

Th: Okay, Sie möchten, daß er zu jammern aufhört, und er möchte, daß Sie zu nörgeln aufhören.

Tony: Dann schließen wir also einen Handel ab?

Th: Ich glaube nicht, daß das sehr lange hinhauen würde. Tony, ich möchte, daß Sie sich das wirklich ganz sorgfältig überlegen. Was wollen Sie wirklich von Nancy, wenn Sie herumjammern? Überlegen Sie das wirklich gut, und sagen Sie mir, wenn Sie eine Antwort haben. — Während er das tut, möchte ich, daß Sie, Nancy, das gleiche mit dem Herumnörgeln machen.

Nancy: Oh, das ist leicht. Ich will, daß er seinen Arsch hochkriegt und etwas im Haus tut.

Th: Worauf Sie also bei der ganzen Nörgelei hinaus wollen, ist ein bißchen Hilfe von Tony zu bekommen. Stimmt das? (Intention vom Verhalten abgetrennt.)

Nancy: Ja.

Tony: Nun, was ich wirklich möchte, ist ein bißchen Unterstützung von Nancy. Sie soll verstehen, wie müde ich werde, und keinen Druck auf mich ausüben.

Th: Also wenn Sie herumjammern, worauf Sie dann hinauswollen, ist ein bißchen Stütze?

Tony: Ja.

Th: Wie, im einzelnen, soll Nancy Sie denn stützen?

Tony: Ach wissen Sie, daß Sie vielleicht die Arme um mich legt, mich ein bißchen hätschelt, mir das Gefühl gibt, daß Sie mich schätzt.

Th: Also, wenn sie käme und die Arme um Sie legte und Sie hätschelte, mit Ihnen spräche und solche nette Sachen machen würde, dann würden Sie sich von ihr gestützt fühlen? Stimmt's?

Tony: Ja, das würde ich.

Th: Nun, ich weiß jetzt, daß momentan Ihre Art, sie wissen zu lassen, daß Sie ihre Unterstützung wollen, das Herumjammern ist. Und wegen Ihrer Herumjammerei nörgelt und keift sie Sie an. Stimmt's, Nancy?

Nancy: Stimmt.

Th: Es ist gut und schön, Unterstützung zu wollen, und diese gewünschte Unterstützung zu bekommen, ist wichtig. Aber Sie haben die ganze Zeit genau das Richtige getan, um Nörgelei und Keiferei auf sich zu ziehen, und genau das Falsche, um gestützt zu werden — zumindest von Nancy. Also — Glückwunsch — Sie haben jetzt die vollkommene Methode, um Nancy zum Nörgeln zu bringen.

Tony: Oh, vielen Dank.

Th: Hätten Sie gerne ein paar Methoden, um von Nancy das zu bekommen, was Sie *wirklich wollen*?

Tony: Natürlich, aber ich habe keinen blassen Dunst, wie.

Th: Ich glaube Ihnen. Aber hier im Zimmer befindet sich jemand, der Ihnen genau sagen könnte, wie Sie die Unterstützung bekommen, die Sie wollen.

Tony: Dann sagen Sie's mir eben.

Th: Oh, *ich* weiß es nicht, aber *sie*. Nancy, was könnte dieser Mann tun, um sich die benötigte Unterstützung zu verschaffen? Sie allein wissen es. (Nancy wird in der gleichen Weise als kreativer Teil benutzt.)

Nancy: Hmmh, darüber habe ich nie nachgedacht...

Th: Jetzt haben Sie Ihre Chance: Sie können ihm verraten, wie er außer dem Jammern handeln kann. Er hat einfach gejammert, um Ihre Zuwendung zu bekommen, aber die Zuwendung war nicht von der Art, die er wollte. Also, was könnte Tony tun, das Sie dazu bringen würde, die Arme um ihn zu legen, ihn ein bißchen zu hätscheln. Sie wissen schon, dergleichen eben.

Nancy: Nun, wenn er einfach nett zu mir wäre.

Th: Wir wollen mal etwas genauer sein. Können Sie sich erinnern, sich jemals danach gefühlt zu haben, genau das zu tun, was er jetzt will?

Nancy: Sicher, es muß wohl manchmal so gewesen sein.

Th: Das ist richtig. Und was hat er getan, um Sie dazu zu bringen, sich danach zu fühlen?

Nancy: Ich weiß nicht genau, ob er das jemals getan hat, aber wenn er einfach kommen und seine Arme um mich legen und mir sagen würde, daß er totmüde oder vollkommen erledigt ist und daß er mich braucht, ich würde mich überschlagen, um ihn zu hätscheln.

Th:	Großartig. Hören Sie sich das gut an, Tony. Da haben Sie Ihre Antwort. Können Sie das? Ihre Arme um sie legen und ihr sagen, Sie sind totmüde und brauchen sie?
Tony:	Natürlich kann ich das; es ist mir einfach nie eingefallen, das ist alles.
Th:	Wissen Sie, wann Sie diese Unterstützung brauchen, Tony? Ich meine, kennen Sie eine Möglichkeit zu sagen, wann es an der Zeit ist, sich ein bißchen Stütze zu verschaffen, anstatt Zeit, um herumzujammern? (lege Kontext für die Generierung neuen Verhaltens fest)
Tony:	Oh ja, das weiß ich. Ich kann's echt spüren, wenn mir alles unter den Füßen wegrutscht. Dann brauche ich Unterstützung.
Th:	Das ist schön. Meinen Sie also beide, daß dieses neue Arrangement besser ist als das alte?
Tony:	Ja.
Nancy:	Ja.
Th:	Gut. Nun zum Herumnörgeln... (Der Umdeutungs-Prozeß setzte sich fort, indem Nancy ihren Mann Tony als kreativen Teil benutzte.)

Kommunikation mit einem Symptom

Wie bereits erwähnt, ist es möglich, Umdeuten einzusetzen, um eine Person von problematischen Symptomen zu befreien, indem man nämlich Kommunikation mit dem physiologischen Symptom herstellt. Im folgenden Beispiel kam Carol zur Therapie und suchte Hilfe, um sich ihre immer wiederkehrenden Kopfschmerzen lindern zu lassen. Wohl jeder leidet hin und wieder unter Kopfschmerzen; Carol's Kopfschmerzen aber bildeten ein bedeutsames Muster. Sie traten auf, sobald sie in die Situation kam, mit einem Mann allein zu sein, und verschwanden, sobald sich die Situation änderte. Außer in diesem besonderen Kontext war Carol in sozialen Situationen ruhig und gewandt.

Da ich wußte, daß ein derartiges systematisches Verhaltensmuster eine bedeutsame Mitteilung (Kommunikation) von ihren unbewußten Prozessen darstellte, entschloß ich mich, bei Carol mit Umdeuten zu arbeiten. Zunächst gab ich ihr diese folgenden Anweisungen:

Th:	Carol, können Sie sich an das letzte Mal erinnern, als Sie allein mit einem Mann waren?
Carol:	Ja (ihre Augen driften nach unten rechts, Stirn und Schläfen sowie die Muskeln um ihre Augen ziehen sich sichtlich zusammen).
Th:	Und während Sie sich erinnern, erleben Sie dann auch etwas von den Kopfschmerzen wieder?
C:	Ja, Gott, ja; das mache ich.
Th:	Gut. Sehen Sie mich an und sagen Sie mir, wann die Kopfschmerzen weg sind.
C:	(Sie folgt der Anweisung; innerhalb weniger Minuten entspannen sich ihre Muskeln, und ihre Stirn wird wieder glatt.)

Th: Carol, ich möchte, daß Sie Ihren inneren Dialog verwenden und in sich gehen und fragen: „Ist dieser Teil von mir, der mir Kopfschmerzen macht, bereit, mit mir im Bewußtsein zu kommunizieren"? Dann möchte ich, daß Sie auf alle Gefühle, Bilder, Töne oder Worte achten, die auftreten — auf alle Reaktionen. Los, fangen Sie an.

C: Okay (ihre Augen wandern nach unten links, und dann kontrahieren sich wieder dieselben Gesichtsmuskeln).

Th: Gut. Ich kann sehen, daß er reagiert hat.

C: Also, ich habe ein kurzes Stechen meiner Kopfschmerzen verspürt, falls Sie das meinen.

Th: Ausgezeichnet. Sie hätten keine bessere Antwort bekommen können. (Vorzugsweise sollte man das Symptom als Kommunikationsvehikel benutzen. Es verschafft einem die Rückversicherung, daß die Kommunikation mit dem richtigen Teil bzw. unbewußten Prozeß hergestellt wurde.) — Nun müssen wir uns vergewissern, daß wir jenen Teil von Ihnen richtig verstehen. Ich möchte also, daß Sie in sich gehen und sagen: „Falls dieses Gefühl in meinem Kopf „ja" bedeutet und du bereit bist, mit mir im Bewußtsein zu kommunizieren, dann intensiviere das Gefühl; falls nein, dann laß es weggehen". Okay. Verstehen Sie?

C: Ja, ich verstehe. (Carol schließt die Augen und bald tritt die gleiche Muskelkontraktion auf. Diese Muskelkontraktionen dienen nun als visuelles Mittel für mich, um zu wissen, was für Antworten Carol bekommt; sie erlebt dasselbe Phänomen kinästhetisch. Kurz darauf öffnet Carol die Augen.) Das Gefühl hatte sich intensiviert.

Th: Das ist gut. Jetzt haben wir eine Möglichkeit, explizit mit dem Teil zu kommunizieren. Gehen Sie in sich und danken Sie ihm dafür, daß er mit Ihnen kommuniziert.

C: (Sie folgt der Anweisung.)

Th: Gehen Sie jetzt in sich und fragen Sie ihn, ob er bereit wäre, Ihnen zu verraten, was er für Sie zu tun versucht, indem er Ihnen Kopfschmerzen bereitet.

C: (Carol nickt, und zeigt ihr Geht-in-sich-Verhalten. Wieder kontrahieren sich ihre Gesichtsmuskeln.) Ich habe wieder den Schmerz, daher nehme ich an, daß er bereit ist, es mir zu verraten. Ich kann kaum glauben, daß er mir etwas Gutes tut.

Th: Das glaube ich Ihnen. Aber ich weiß, daß er das tut. Alle Ihre Verhaltensweisen sind in gewisser Weise sinnvoll. Gehen Sie in sich und sagen Sie wieder „danke" und bitten Sie ihn, weiterzumachen und Ihnen zu verraten, was er für Sie zu tun versucht. Er kann es Ihnen in Worten oder Bildern sagen — wie auch immer.

C: Okay. (Geht einige Momente lang in sich.) Hmmmm.

Th: Haben Sie seine Antwort verstanden?

C: Oh, ich verstehe sie. Er sagte, er schütze mich, weil ich nicht nein sagen könne — besonders zu Männern.

Th: Nun, hatten Sie das schon gewußt?

C: Nein, nein. Ich hatte keine Ahnung. Eigentlich mußte ich ohnehin wegen der Kopfschmerzen nie „nein" sagen.

Th: Nun, dann hat er sehr gute Arbeit geleistet, oder?

C: Ja, das stimmt wohl.

Th: Stimmen Sie zu, daß seine Absicht positiv ist? Wollen Sie vor den Konsequenzen dessen, daß Sie nicht „nein" zu Männern sagen können, geschützt werden?

C: Ich würde lieber einfach „nein" sagen.

Th: Könnten Sie das?

C: Hmmm… ich glaube ja.

Th: Also *Sie* glauben ja; aber *dieser* Teil von Ihnen stimmt offenbar nicht zu.

C: Nun, eigentlich habe ich echt Schwierigkeiten, „nein" zu Leuten zu sagen — insbesondere zu Männern.

Th: Also brauchen Sie vielleicht diesen Schutz, zumindest bis Sie gelernt haben, „nein" zu sagen.

C: Ja, ich brauche ihn wohl. Bevor ich die Kopfschmerzen hatte, uuh, da habe ich mich in einen Haufen Schwierigkeiten reingeritten. Ich stimme zu, daß er eine gute Absicht verfolgt.

Th: Sie mögen nur nicht die Art und Weise, wie er bis jetzt dieser Absicht Genüge getan hat, oder?

C: Ja.

Th: Bevor Sie noch nicht gut „nein" sagen können, wenn es nötig ist, würden Sie gerne weiterhin vor den Konsequenzen Ihres Unvermögens, „nein" zu sagen, geschützt werden?

C: Ja.

Th: Gehen Sie in sich und danken Sie diesem Teil dafür, daß er Sie die vergangenen Jahre geschützt hat.

C: Okay (geht in sich).

Th: Nun, haben Sie einen Teil von sich, den Sie als Ihren kreativen Teil betrachten?

C: Ja, ja, den habe ich.

Th: Gut. Ich möchte, daß Sie zu Ihrem kreativen Teil gehen und ihn fragen, ob er bereit wäre, drei andere Möglichkeiten zu produzieren, der gleichen Absicht genüge zu tun, während Sie lernen, „nein" zu sagen.

C: (Geht in sich, lächelt.) Er sagt „ja".

Th: Wie hat er „ja" gesagt?

C: Er hat J-A buchstabiert, in leuchtenden Regenbogenfarben, so wie es ein kreativer Teil machen sollte.

Th: Großartig. Bitten Sie ihn, fortzufahren.

C: (Carol schließt die Augen und lehnt den Kopf zurück. Sie nickt einmal, zweimal und dann dreimal.) Okay, ich habe sie.

Th: Wollen Sie mir sagen, wie sie aussehen?

C: Klar. Eine ist, nur mit Männern alleine zu sein, zu denen ich „ja" sagen möchte. Die zweite ist, mich häßlich zu machen, so daß er mich ohnehin nicht wollen würde. Und die dritte ist, ihn mit Aktivitäten zu beschäftigen, die nicht auf Sex hin-, sondern davon wegführen.

Th: Okay. Nun bringen Sie diese drei neuen Wahlmöglichkeiten zu dem Teil, der Ihnen Kopfschmerzen bereitet, und fragen Sie ihn, ob diese zumindest genauso gut funktionieren werden wie die Kopfschmerzen.

C: Okay. (Geht einige Augenblicke in sich, und dann kontrahieren sich ihre Gesichtsmuskeln.) Autsch! Er sagt „ja".

Th: Gut. Fragen Sie ihn, ob er die neuen Möglichkeiten im benötigten Kontext hervorbringen wird?

C: (Geht in sich; wieder treten Gesichtskontraktionen auf.) Er sagt „ja".

Th: Fragen Sie ihn, ob noch irgendeine weitere Notwendigkeit besteht, Ihnen Kopfschmerzen zu bereiten?

C: (Geht in sich; die Gesichtsmuskeln bleiben entspannt.) Es ist nichts passiert.

Th: Großartig! Soviel zu den Kopfschmerzen. Nun gehen Sie in sich und fragen Sie, ob irgendein Teil Einwände hat gegen die Verhandlungen, die stattgefunden haben.

C: (Geht in sich) Ja. Ich bekomme einen schriftlichen Ausdruck, auf dem JA steht.

Th: Fragen Sie, was der Einwand ist.

C: Er sagt in dicken Blockbuchstaben: LERNE, NEIN ZU SAGEN!

Th: Da gebe ich ihm vollkommen recht. Gehen Sie in sich und versichern Sie diesem Teil, daß Sie genau das vorhaben, und da es ihm nicht schwerfällt, Einwände zu erheben, kann er bei diesem Lernprozeß sehr hilfreich sein.

C: Okay. Er sagt in dicken Blockbuchstaben OKAY.

Th: Gut. Fragen Sie ihn, ob noch andere Einwände bestehen gegen die Verhandlungen, die stattgefunden haben?

C: (Geht in sich) Alles scheint gut und schön zu sein. Ich fühle mich toll.

So lernte Carol, ein unerwünschtes Verhalten (Kopfschmerzen) als Möglichkeit, einer positiven Absicht Genüge zu tun („sich aus Schwierigkeiten heraushalten"), zu identifizieren. Sie stellte eine Kommunikation zwischen ihren bewußten Prozessen und den dieses Symptom produzierenden unbewußten Prozessen her. In späteren Sitzungen half ich Carol dabei, sich ihre internalen Prozesse zugänglich zu machen und aneinander anzugleichen, um sie instandzusetzen, in den passenden Kontexten taktvoll „nein" zu sagen. Zudem setzten wir Umdeuten noch bei anderen Inhaltsbereichen ein, so daß der Prozeß selbst in ihr Verhalten integriert werden konnte. Bald war sie imstande, den Prozeß eigenständig zu nutzen, und machte damit den Therapeuten überflüssig.

Oft manifestiert sich eine Inkongruenz zwischen bewußten und unbewußten Prozessen in sexuellen Störungen. Das Umdeuten bringt diese Prozesse in Einklang, indem es ein „Meta"-System aufbaut, das sich auf das Wohl des gesamten Organismus richtet. Das „Meta"-System ist ein verbalisierender Teil, der mit allen anderen Teilen auf der Ebene des Unbewußten oder des Bewußtseins Kontakt aufnehmen und kommunizieren kann. Er schlägt sich nicht auf eine bestimmte Seite oder etikettiert Verhaltensweisen als „schlecht" und „krank". Stattdessen handelt er einfach als Unterhändler, um verschiedene Facetten eines Individuums oder Paares in Einklang zu bringen. Auf diese Weise werden alle innewohnenden Ressourcen genutzt, um die vom gesamten Organismus (Person, Paar oder Familie) vereinbarten Ziele zu erreichen. Wenn einmal alle Schritte des Umdeutens gelernt und in eine Person integriert sind, kann sie erwünschte Veränderungen in beliebiger Anzahl vollziehen.

Therapeutische Metaphern

Die Diskussion der Methoden zur Entwicklung von Klientensystemen aus dem gegenwärtigen in den erwünschten Zustand wäre unvollständig, würde sie nicht auch die Arbeit mit therapeutischen Metaphern erklären. Therapeutische Metaphern sind eine bestimmte Technik des Märchenerzählens, die den Klienten mit wichtigen unbewußten und bewußten Lernerfahrungen versorgt und/oder neue produktive Verhaltensweisen aus ihm herausholt. *Milton H. Erickson* war derjenige, der diese Kunst der therapeutischen Metapher zur Vollkommenheit entwickelte. Er ist ein Magier im Aufbauen wie auch in der Übermittlung therapeutischer Metaphern.

Es gibt zwei bei *Meta Publications* erschienene Bücher, die sich ausschließlich mit der vollständigen Darstellung bestimmter Techniken zum Aufbau therapeutischer Metaphern beschäftigen. Es handelt sich hierbei um „The Patterns of Milton H. Erickson, M. D., Volum III" von *Bandler, Cameron-Bandler, De Lozier* und *Grinder* und „Therapeutic Metaphors" von *David Gordon*. Sollte Sie die folgende Darstellung anregen, so empfehle ich Ihnen, diese Bücher zu lesen.

Hier möchte ich nur in gröbsten Grundzügen anhand einiger Beispiele aufzeigen, wie man Metaphern aufbaut, damit Sie den allgemeinen Prozeß verstehen und Ihre eigenen Fertigkeiten in diesem Bereich entwickeln können. Ich zitiere aus „Patterns III" (*Bandler* et al. 1979, S. 32):

...Das Metaphern-Modell beschäftigt sich primär mit den Techniken zum Aufbau therapeutischer Metaphern mittels Vorgabe verbaler Muster... Die von Metaphern-Modell II definierte Aufgabe besteht darin, eine Metapher zu kreieren, die die folgenden Charakteristika aufweist:

(a) Sie ist eine wirkungsvolle Spiegelung (*pace*) oder Beschreibung des Problems bzw. der Situation, für das bzw. die sich der Klient neue Wahlmöglichkeiten wünscht. Die Metapher ist dann ein wirkungsvoller Spiegel, wenn das Unbewußte des Klienten die Metapher als isomorph (d. h., sie weist in ihrer Struktur eine eins-zu-eins-Beziehung zum Problem auf) zum Problem oder zur Situation, für das bzw. die er sich mehr Wahlmöglichkeiten wünscht, akzeptiert, und zwar ohne daß es das Bewußtsein des Klienten wahrnimmt, daß die Metapher als isomorph beabsichtigt ist.

(b) Sie enthält eine Lösung oder Menge von Lösungen, die dem Unbewußten des Klienten spezifische Techniken unterbreiten, die neue Wahlmöglichkeiten für die Situation oder das Problem, die der Abhilfe bedürfen, generieren sollen, und zwar ohne daß dem Bewußtsein des Klienten klar ist, daß die Metapher absichtlich eine Lösung liefert.

Jede beliebige Metapher, die die beiden aufgeführten Charakteristika besitzt, wird therapeutisch ihre Wirkung tun; wir werden nun Techniken zur Bildung solcher Metaphern vorführen. Der Aufbau therapeutisch wirksamer Metaphern umfaßt immer die folgenden drei Komponenten:

(1) ein Problem oder eine Situation, zu denen die Metapher isomorph ist,

(2) die Metapher selbst,

(3) die spezifischen Verfahren, mit denen die Person, die die Metapher gestaltet, arbeitet, um von dem Problem oder der Situation zur Metapher zu gelangen.

Während *Patterns III* vollständig und ausführlich darstellt, wie man therapeutische Metaphern aufbaut, soll die folgende Fallgeschichte nur als passendes Beispiel dienen dafür, wie man Metaphern einsetzen kann, um einem Klienten zu helfen, persönliche Veränderungen zu vollziehen.

Eine attraktive Frau namens Dot kam zur Beratung. Sie wollte lernen, ihre Promiskuität zu kontrollieren, und suchte deswegen um Hilfe nach. Sie war mit einem guten Mann verheiratet (so ihre Beschreibung) und hatte zwei liebe Kinder, aber ließ sich, wann immer und mit wem immer es möglich war, auf außereheliche Beziehungen ein. Sie wollte dieses Verhalten abstellen. Ich gebrauchte die folgenden Elemente ihrer Schilderung, um eine therapeutische Metapher aufzubauen. Wie so viele attraktive Frauen war Dot um ihre schlanke Linie besorgt (obwohl sie keinesfalls zu dick war), und daher verwendete ich diesen Inhaltsbereich, um die Metapher wie eine natürliche Ausweitung unserer therapeutischen Interaktion erscheinen zu lassen.

Problembeschreibung	*Therapeutische Metapher*
Dots Promiskuität führt sie zum Verlust ihres Ehemannes und ihrer Selbstachtung.	Eine Frau auf dem Weg zur Fettleibigkeit.
Dot kann der Versuchung, die andere Männer für sie darstellen, nicht widerstehen.	Eine Frau, die nahrhaften Nachspeisen und gutem Essen nicht widerstehen kann, wenn sie auswärts ißt.
Dot findet außerehelichen Sex aufregender.	Diese Frau liebt es, außer Haus zu essen.
Dot ist mit den sexuellen Beziehungen in ihrer Ehe unzufrieden.	Diese Frau stochert in ihrem eigenen hausgemachten Essen nur herum.
Jede außereheliche Erfahrung produziert mehr Schuld und bringt sie dem Verlust ihres Ehemanns näher.	Jedes auswärts verspeiste Mahl produziert mehr Fett.
Dots Schuld wird so schmerzhaft, daß sie etwas dagegen tun *muß*. Sie kann nachts nicht schlafen usw.	Die dicke Dame muß etwas gegen ihre Gewohnheiten tun. Sie paßt nicht mehr in ihre Kleider.
Dot hatte nie befriedigendes Sexualverhalten zusammen mit ihrem Mann entwickelt.	Die dicke Dame hatte nie gelernt, etwas Schönes für sich selbst zu kochen.

Bis hierhin ist jedes Element in der konstruierten Metapher isomorph (d. h., es besteht eine eins-zu-eins-Beziehung in der Struktur) zum vorliegenden Problem. Die Elemente spiegeln das vorliegende Problem durch ihre zum Problem analoge Form. Der nächste Schritt besteht nun darin, von der Spiegelung des Problems zu einer Lösung auf der Verhaltensebene überzugehen.

Die erwünschte Reaktion, auf die die Metapher aus ist, besteht darin, daß Dot ihr Verhalten ändert, und zwar so, daß es zu einer Problemlösung kommt. Die Geschichte muß daher bei der fettsüchtigen Frau — von der Dot ja metaphorisch repräsentiert wird — für eine Verhaltensänderung sorgen.

Problemlösung	*Metaphorische Lösung*
Dot soll Energie darauf verwenden, stimulierende und befriedigende sexuelle Erlebnisse mit ihrem Mann herbeizuführen.	Die Frau machte sich daran, die Küche umzustellen. Sie begann Kochbücher zu lesen, um geeignete Gerichte zu finden, und begann damit zu experimentieren, gesunde und bekömmliche Mahlzeiten zu bereiten.
Dot soll zu Hause die notwendige Befriedigung finden.	Mit der Zeit, schneller als man vermuten würde, stellte sie fest, daß es in den Restaurants nichts gab, was an ihre eigenen heimischen Schöpfungen heranreichte, und sie hatte nicht mehr das Bedürfnis, sich anderswo vollzustopfen, da sie ja nun zu Hause ihre Befriedigung fand.
Dot ist stolz auf ihre Ehe und ihre sexuelle Beziehung zu ihrem Ehemann.	Schlank und rank, wie diese Frau jetzt ist, ist die einst dicke Frau ebenso stolz auf ihr eigenes kulinarisches Geschick wie auf ihre straffe Figur.

Dies sind nun die Elemente einer therapeutischen Metapher, die erdacht sind, ein bestimmtes Ergebnis herbeizuführen. Außerdem werden das Ankern und verschiedene andere nonverbale wie verbale Techniken bei diesem Prozeß des Geschichtenerzählens eingesetzt; sie sollen dazu beitragen, daß er funktioniert. Andere Beispiele folgen.

Ein Paar, Don und Iris, kam zur Eheberatung, um seine Beziehung zu verbessern, die sich seit geraumer Zeit immer weiter verschlechtert hatte. Don war sechs Jahre älter als Iris. Sie waren seit sechs Jahren verheiratet und hatten zwei Kinder von vier bzw. zwei Jahren. Obwohl Iris während der vorehelichen Freundschaft eine schlanke, attraktive Frau gewesen war, hatte sie seitdem etwa 50 Pfund zugenommen. Sie hatte diese Pfunde während ihrer jeweiligen Schwangerschaften zugenommen und hatte seitdem nicht abgenommen. Don empfand ihr Äußeres als abstoßend und hatte seit mehreren Monaten keine sexuellen Kontakte mehr zu ihr eingeleitet. Da er in einer Management-Position bei einer großen Firma arbeitete, brachte seine Arbeit so manches an gesellschaftlichen Verpflichtungen mit sich. Er zog es vor, lieber Iris derentwegen zu täuschen und diese Funktionen allein wahrzunehmen, als wegen ihres Äußeren eine Blamage zu riskieren.

Don war es, der die Entscheidung traf, Kinder zu bekommen, und er hatte Iris davon überzeugt, daß dies eine gute Idee sei.

Don war sehr auf sein Äußeres bedacht und sprach darüber, wie er „sich selbst sähe". Iris dagegen sprach darüber, wie leer ihr Leben sei und wie sehr sie „etwas bräuchte, um es zu füllen". Don ist stark visuell; Iris ist vorwiegend kinästhetisch. Sie gaben beide übereinstimmend zu erkennen, daß sie einander liebten, obwohl Don fast sichtlich erschauderte, wenn er Iris anblickte. Beide schilderten ihr vorheriges gemeinsames Sexualleben als „idyllisch". Mit zwei kleinen Kindern daheim war Iris in bezug auf alles, was über ihre Mutterrolle hinausging, ganz stark auf Don angewiesen.

Sowohl für Don als auch für Iris bestand der erwünschte Zustand darin, daß sie abnahm und so sein körperliches Verlangen nach ihr wiederbelebte. Was Iris betraf, so bestimmte Dons Verlangen (oder das Fehlen desselben) sehr stark ihr subjektives Erleben. Je mehr er sich von ihr zurückzog, desto mehr aß sie, um das schmerzliche Gefühl der Leere in sich aufzufüllen, und infolgedessen zog er sich nur noch mehr von ihr zurück.

Da eine Steigerung von Dons Aufmerksamkeit gegenüber Iris dieser das Abnehmen sehr erleichtert und auch ihr allgemeines Glücksgefühl und ihre gesamte Selbstachtung erhöht hätte, hätte ich ihm einfach erklären können, wie sich seine Handlungen auswirkten und von seinen guten Vorsätzen, dem Problem abzuhelfen, abhingen. Aber die guten Vorsätze zeitigten keine Erfolge. Irgendwie mußte er sein Zusammensein mit Iris — so wie sie war — als angenehmer erleben. Könnte Iris einen warmherzigen Rückhalt oder gar Geborgenheit bei Don finden, so würde sie ganz gewiß mit einer Gewichtsabnahme reagieren und zudem wieder „mehr sie selbst" (ihre eigenen Worte) sein. Ihre gegenwärtige äußere Erscheinung hinderte jedoch beide daran, die gewünschte Reaktion beim anderen auszulösen.

Sowohl das kurzfristige Ziel, Dons Aufmerksamkeit gegenüber Iris zu steigern als auch das langfristige Ziel, der Beziehung insgesamt neue Nahrung zu geben, im Auge behaltend, entschloß ich mich, bei den beiden mit einer therapeutischen Metapher zu arbeiten. Bei deren Aufbau und Ausgestaltung nutzte ich die Informationen, die ich von ihnen über ihr Verhalten erhielt und bezog bestimmte von Don verwendete verbale Ausdrücke ein, um das Ganze noch effektiver zu gestalten.

So wird in der für Don und Iris entworfenen Metapher Don die Rolle von „Onkel Ronnie" gegeben, während Iris von dem „Land" und den „Artischockenpflanzen" dargestellt wird. Die Grundbeziehung eines Bauern zu seinem Land, das er bestellt und dem er eine Reaktion entlockt, durchzieht die ganze Geschichte. Metaphorisch ist diese Beziehung kongruent zu Dons und Iris' Beziehung. Die Geschichte wurde wie folgt erzählt:

,,Sie sagen, Ihr Vater sei so etwas wie ein Rancher gewesen; mein Onkel Ronnie ist Rancher; so jedenfalls heißen diese Leute in Kalifornien, ganz gleich, was sie anbauen. Er war jedoch nicht immer Rancher gewesen. Nein, zuvor hatte er die geschäftliche Laufbahn eingeschlagen und hatte auch dort großen Erfolg. Onkel Ronnie war immer obenauf. Aber sein Vater — mein Großvater — besaß dieses große, schöne Stück Land an der Küste von Kalifornien. Nun wollte Ronnie, daß eines Tages all dies ihm gehören würde. Er behielt es im Auge, während die Zeit verstrich.

Aber seine geschäftliche Laufbahn nahm viel Zeit in Anspruch. Sie wissen ja, wie das ist. Schließlich kam die Zeit, da sein Vater ihn nach Kalifornien rief und ihm sagte, daß er dies alles nicht mehr schaffen könne und Ronnie bräuchte, der das Ganze übernehmen sollte. So wie es für Ronnie aussah, konnte es zu einer großen Chance werden. Finanziell konnte er etwas aus dem Land herausholen, und es war doch ein so schönes Stück Land — er konnte nicht widerstehen.

Eine Weile genoß er einfach seine neue Stellung als gut betuchter Rancher. Aber dann entschied er, daß es an der Zeit sei, zum Geschäft zu kommen. Sein Vater hatte größtenteils Schnittblumen angebaut. Sehr schön, aber für Ronnies Geschmack und Denkweise nicht sehr produktiv. Nachdem er sich mehrere Möglichkeiten überlegt hatte, kam er zu dem Schluß, daß das Land besser genützt wäre, wenn er Artischocken anbaute (Babys hätte). Sie waren widerstandsfähig, perfekt für das Klima geeignet, wurden als so etwas wie eine Delikatesse betrachtet und erzielten einen hohen Preis.

So ließ er dann die Blumenfelder umpflügen und säte Samen für die Artischockenpflanzen. Er hielt dies für eine weise und großartige Tat. Aber Artischockenpflanzen brauchen gewisse Zeit, bevor sie wirklich Ertrag bringen, und Ronnie war ein ungeduldiger Mann. Sein Interesse begann abzuschweifen. Als er eines Tages über die Felder blickte, erschienen sie ihm gar häßlich. Er pflegte sich damit zu trösten, daß dies alles praktischer sei, doch er vermißte dennoch die schönen Blumen. Immer mehr blieb er vom Land fort und überließ anderen die Aufgabe, es zu bestellen. Natürlich litt das Land. Die angestellten Helfer kümmerten sich nicht so sehr um das Land; denn schließlich gehörte es nicht ihnen. Und das Land zeigte die Folgen, die Ronnies vernachlässigendes Verhalten zeitigte.

Ronnie erzählte mir, daß er eines Tages auf die Felder gegangen sei und umhergeblickt habe. Er war entsetzt über die klumpigen Erdhügel und die unattraktiven Artischockenpflanzen, deren Blätter überall herausstanden. Da sagte er zu sich: ,,Mein Gott, was habe ich angerichtet? Das ist ja entsetzlich. Ich möchte es nicht einmal mehr mein eigen nennen. Ich hätte es in Ruhe lassen sollen. Ach, hätte ich doch lieber die Finger davon gelassen".

Aber er hatte seine Finger nicht davon gelassen. Und was sollte er nun damit machen? Gut, er produzierte jetzt Artischocken, und der Markt für Artischocken war gut. Aber das Land brauchte mehr von seiner eigenen persönlichen Pflege und Zuwendung, wenn es einmal wirklich ertragreich werden sollte. Tief im Innern wußte er, daß dies wahr sei.

Als er zum Haus zurückging, streckte er die Hand aus und pflückte eine Artischocke und trug sie mit sich heim. Während er am Küchentisch saß und über seine Probleme nachsann, begann er, die Artischocke richtig zu studieren. Irgendwie war sie häßlich. Diese ausladenden, ungenießbaren Blätter da außen. Er ertappte sich dabei, wie er sich fragte, warum wohl irgendjemand an so etwas Geschmack finden könne.

Aber dann begann er, die Artischocke vorsichtig zu schälen. Und als er eine Schicht nach der anderen abstreifte, wurde er immer mehr von dem bezaubert, was darunter lag. Ach, es war schön! Die glatten, zarten Innenblätter führten ihn zum Herzen der Artischocke. Natürlich, das war es, was die Leute zum Kauf und Anbau von Artischocken verführte. Sie wußten von dem lieblichen und saftigen Herzen, das im Innern lag.

Als er zum Fenster hinaussah, erblickte er auf einmal ein Meer von Artischockenherzen über seinen Feldern. Er lachte, denn er konnte jetzt statt der Ansammlung häßlicher, klumpiger, klebriger Pflanzen eine Ansammlung von Pflanzen sehen, die sehr hart arbeiteten, und das bei den vielen äußeren Hüllen, die das wertvolle innere Herz schützten, das ja genau das ist, was alle von ihnen wollen. Die dicken, stacheligen äußeren Schichten enthielten das Herz der Artischocke demjenigen vor, der nicht bereit war, sich Zeit zu nehmen, um zu dem Schatz im Inneren vorzudringen.

Etwas daran berührte Ronnie, denn er fand Gefallen an der Vorstellung der Verletzlichkeit. Und außerdem konnte sich die Artischocke nicht selbst schälen. Sie konnte ihren inneren Schatz nicht ohne ihn enthüllen. Dies waren seine Felder, seine Pflanzen, und er verspürte plötzlich das starke Verlangen, sie zu versorgen und zu pflegen, ihr Wachstum und ihre Produktivität zu sichern. Und er veranlaßte, daß die Frucht sorgfältig gepflegt wurde, damit nicht das wertvolle Herz verletzt würde.

Mein Onkel Ronnie ist natürlich sehr erfolgreich als Rancher, und er ist sehr stolz auf sein Land und dessen Ertrag. Er sagt von der früheren Zeit, daß er den Sinn für die Richtung, in die er gehen wollte, verloren hätte, weil er abschweifte, als die Sache nicht gut aussah. Und dieses Abschweifen kostete ihn zusätzliche Zeit und Mühe, um alles wieder in die richtige Form zu bringen.

Einmal sah er sich das, was er hatte, genauer an, und er gab lieber freudig alles her, was er anzubieten hatte, als das Risiko einzugehen, all das zu verlieren, was er immer wollte. Natürlich dankte ihm das Land dies, indem es ihn zu einem sehr reichen und stolzen Mann machte. Alle konnten sehen, daß er etwas Wertvolles besaß".

Diese Metapher funktionierte sehr gut, um die erwünschten Reaktionen auszulösen. Don wurde aufmerksamer zu Iris. Er begann ihre Schlankheitskur zu unterstützen, ja, er nahm schließlich sogar selbst daran teil. Seine Worte waren: Er habe eine Investition in diese Ehe und er müsse etwas Zeit und Energie für diese Investition aufwenden, falls sich diese auszahlen sollte.

Der besondere Vorteil von Metaphern ist, daß Leute darauf reagieren, ohne sich angestrengt zu *bemühen*. Ihre bewußten Prozesse stören nicht; sie wissen zwar, daß etwas passiert ist, aber sie wissen nicht genau, was oder wie es passiert ist.

Hätte ich ein anderes erwünschtes Ergebnis gewählt, so wäre die Metapher anders aufgebaut worden. Wäre das angestrebte Ergebnis gewesen, daß Iris selbstsicherer und unabhängiger würde, so hätte die Metapher das Land vielleicht infolge Vernachlässigung verwildern lassen, es wäre von seltsamen und schönen Pflanzen überwuchert worden, so daß Onkel Ronnie nicht mehr seinen Weg durch sein eigenes Land gefunden hätte: „Und es war wie ein jungfräuliches Neuland, das erneut hätte entdeckt und vielleicht gezähmt und kultiviert werden müssen. Doch, ach weh, das Land ließ es sich nicht gefallen, von ihm gezähmt und kultiviert zu werden, denn es war ihm über den Kopf gewachsen. Es wollte sich nur so zähmen und kultivieren lassen, wie es seinen eigenen Bedürfnissen entsprach".

Eine solche Metapher hätte gewiß ein anderes Ergebnis gezeigt als die vorhergehende. Meine Ansicht war, daß zu diesem Zeitpunkt ein wirklich selbstsicheres und unabhängiges Verhalten von Iris sich nicht wohltuend, sondern vielmehr zerstörerisch auf die Beziehung ausgewirkt hätte. Diese Auffassung leitete mein Verhalten beim Aufbau einer Metapher, die eine *nützliche* Reaktion auslösen sollte. Wenn Sie sich einer Metapher bedienen, so behalten Sie auf jeden Fall das gewünschte Ergebnis sowohl beim Aufbau als auch beim Erzählen der Metapher fest im Auge.

Die folgenden Auszüge aus Therapietranskripten demonstrieren des weiteren den wirkungsvollen Einsatz therapeutischer Metaphern:

Fallgeschichte: Bud

Bud litt an Impotenz. In seiner Vorgeschichte hatte er niemals Erektionen gehabt, die für Koitus oder Ejakulation ausgereicht hätten. Als er vierzehn war, wurde er von seiner Tante verführt, die bei ihm und seiner Mutter wohnte. Diese Tante demütigte ihn wiederholt wegen seiner Unfähigkeit, sexuell zu funktionieren. Seit Buds zwölftem Lebensjahr war kein Vater mehr im Haus, der Mutter kamen die sexuellen Vorfälle nie zu Gehör. Obwohl Bud seit sechs Monaten verheiratet war, blieb die Ehe sexuell unerfüllt. Die Beschreibung, die er von seiner Frau gab, glich der der Tante bis aufs Haar genau, aber Bud gab kein Anzeichen dafür, daß er sich dieser Ähnlichkeit bewußt ist. Er trägt sowohl ein Bild von seiner Frau als auch von seiner Tante in der Brieftasche, und selbst die körperlichen Ähnlichkeiten sind bestechend. Seine Tante ist jetzt tot. — Beim Aufbau der Metapher wurden folgende Komponenten verwendet:

Bud = Feuerwehrmann (Bud ist tatsächlich Feuerwehrmann)
Penis = Feuerwehrschlauch
unbewußte Kontrolle = Hydrant
brennende Kirche = seine Tante
Nachbargebäude = seine Frau

„Meine Mutter erzählte mir eine Geschichte, die ihre Schwester von einem Nachbarn in Wichita, Kansas, gehört hatte, bei der es um ein Feuer ging. Offenbar hatte die größte und bedeutendste Kirche der Stadt Feuer gefangen. Niemand wußte, wie es angefangen hatte, doch man holte die Feuerwehrleute, damit sie es löschten. Bei deren Ankunft war jedem ersichtlich, daß sie von oben bis unten in Flammen stand. Und die Hitze, die sie verströmte! Die Feuerwehrleute waren Freiwillige, nicht sehr gut ausgebildet, sie ängstigten sich zu Tode. Offenbar waren alle Berufsfeuerwehrleute fort zum jährlichen Feuerwehr-Picknick. Ungeschult, wie sie waren, taten die Feuerwehrleute ihr Möglichstes, doch sie wußten kaum, wo sie anfangen sollten. Mit großer Hast schlossen sie ihren Schlauch an den Hydranten an, rollten ihn auf und näherten sich der brennenden Kirche. Sie hatten die Absicht einzutreten, sobald der Schlauch funktionieren würde, und zu retten, was sie konnten.

Aber ohweh, kein Wasser erfüllte den Schlauch, und sie getrauten sich nicht, ohne dieses einzutreten. Sie als Feuerwehrmann können sich vorstellen, wie frustrierend das war. Die Feuerwehrleute gerieten immer mehr in verzweifelte Hast; sie vergeudeten Zeit mit ihrem Aufgeregtsein, während die Kirche niederbrannte.

Erst als sie die Niederlage anerkannt und sich abgewandt hatten, wurde ihnen klar, wie sie hätten handeln müssen. Als sie sich nämlich dem Hydranten mit Neugier näherten (die aufgeregte Hast war verschwunden, weil keinerlei Hoffnung mehr bestand, die Kirche zu retten), fanden die Feuerwehrleute leicht heraus, wie man das Ventil öffnete, das nun das Wasser freigab, welches so lange unter Druck im Schlauch gestanden hatte. Aber, verdammt, das Wasser kam zu spät...

Als sie sich jedoch umwandten, um dabei zuzusehen, wie die Kirche zu verkohlten Stücken zusammenbröckelte, bemerkten sie, daß das benachbarte Gebäude durch fliegende Funken und glühende Stücke Feuer gefangen hatte — und da drinnen war Leben. (Die Kirche war dahin, irgendwelche Anstrengungen darauf zu verwenden, wäre Verschwendung gewesen.) Und als die Feuerwehrleute die Schreie der sich im Haus Befindlichen hörten, eilten sie mit ihrem Schlauch dorthin, um die durstigen Flammen zu löschen. Sie kamen mit einem mit voller Wucht spritzenden Schlauch in das Haus und löschten alsbald gründlich die Flammen; sie hinterließen nicht einmal das kleinste weiterflackernde Flämmchen.

Die Feuerwehrleute waren müde und befriedigt, als sie sich aus dem Haus zurückzogen. Alle Leben waren gerettet worden, und das einzige vom Feuer übrige Zeichen waren die Rauchseufzer, die durch die offenen Fenster entwichen.

Die Kirche war bis auf den Grund niedergebrannt, doch selbst die berufsmäßigen Feuer-Bekämpfer waren einhellig der Ansicht, daß sie nicht mehr zu retten gewesen wäre, und zwar von Anfang an, und daß die Freiwilligen recht daran getan hätten, sich um das benachbarte Haus zu kümmern. Bevor sie aber fortgingen, überprüften die Feuerwehrleute noch einmal den Hydranten, um sich zu vergewissern, daß alle Kontaktstellen so waren, wie sie sein sollten... für den Fall, daß sie jemals wieder kommen müßten".

Fallgeschichte: Allen

Vor mehreren Jahren bat mich in einem Fortbildungsseminar ein junger Mann namens Allen wegen eines sehr persönlichen Problems um Hilfe. Obwohl ich ihm sagte, daß ein Fortbildungsseminar nicht der Ort für eine private Beratung sei, bewogen mich seine nachdrücklichen und ausdauernden Bitten, ihm ein paar Augenblicke unter vier Augen zu widmen.

Sein sehr dringliches und belastendes Problem war das der Ejaculatio praecox. Er litt seit mehreren Jahren schon daran, ohne jedoch vorher einmal um Hilfe nachgesucht zu haben. Jetzt aber war er verliebt, wahrhaft verliebt, und es war sehr wichtig für ihn, der neuen Partnerin ein guter Liebhaber zu sein. Aufgrund meines im Zusammenhang mit dem Fortbildungsseminar gewonnenen Wissens über Allens bewußtes und unbewußtes Verhalten und auch aufgrund der Tatsache, daß das Thema des Abends die hypnotische Metapher sein würde, entschloß ich mich, genau diese bei ihm als therapeutische Intervention anzuwenden.

Seinem bewußten Erleben gegenüber tröstete ich ihn lediglich; ich sagte ihm, man könne gegen Ejaculatio praecox nicht viel tun. Mein Vorschlag war, das Verhalten gegenüber seiner neuen Frau umzudeuten: Ich riet ihm, ihr zu sagen, sie sei so verführerisch, so aufregend, daß er sich einfach nicht beherrschen könne; daß seine vorzeitigen Ejakulationen lediglich eine Reaktion darauf seien, daß er sich von ihr sexuell so erregt fühle. Allen reagierte recht verblüfft auf diesen Vorschlag, doch er akzeptierte ihn höflich, und er begann sogar zu planen, wie er seine postkoitalen Bemerkungen formulieren würde.

Während der abendlichen Sitzungen induzierte ich bei Allen einen geeigneten Zustand tiefer Trance und erzählte ihm mehrere Geschichten, die alle darauf abzielten, eine bestimmte Reaktion bei ihm auszulösen. Es folgt nun eine Geschichte, die beispielhaft für die anderen ist. Bestimmt wird dem Leser offenkundig sein, welche Reaktion dabei anvisiert wird, obwohl dies den Teilnehmern des Seminars nicht offenkundig war. Tatsächlich glaubte die Mehrzahl der Teilnehmer, es handele sich um eine Trance-Induktion, wobei die erwünschte Reaktion der Zustand tiefer Trance sei.

„Es gibt viele Wege, zum Ziel zu gelangen. Für einen Mann, der das ganze Jahr hart gearbeitet hat, gibt es nur einen kurzen Urlaub von zwei Wochen. Zwei kurze Wochen, in die er alle Ferienvergnügen eines ganzen Jahres zwängen muß. Was für eine Frustration, das Vergnügen eines Jahres in zwei Wochen zu zwängen! Oft sucht er sich vielleicht ein Ziel aus, um dort seinen Urlaub zu verbringen. Hat er diesen Zielort einmal ausgesucht, so macht er vielleicht die Lage des Zielortes auf der Landkarte ausfindig, und auf dieser Landkarte wählt er vielleicht auch die schnellstmögliche Strecke zum Ort seiner Wahl aus. Vielleicht findet er sogar eine Abkürzung, so sehr verlangt er nämlich danach, den gewählten Ort zu erreichen. Und es ist vielleicht alles schön und gut.

Aber so verbringt er sein ganzes Leben: indem er festlegt, wohin er fahren will, und die kürzestmögliche Strecke nimmt, um dahin zu gelangen. Was aber ist mit den anderen, die mit ihm reisen wollen? Was ist mit den unvorhergesehenen Abenteuern und Freuden, die dadurch, daß er seinen Blick ausschließlich auf den Zielpunkt richtet, unbeachtet bleiben? Und dieser Mann, dieser Mann pflegte sogar Jahr um Jahr dieselbe Abkürzung zum selben Ziel zu nehmen. Das heißt, bis eines Jahres etwas geschah.

Und das war etwas Gutes. In jenem Jahr nämlich fuhr ein Freund ans selbe Ziel: den Grand Canyon. Dahin wollten nun beide. Und beide waren sie schon dort gewesen. Doch diesmal saß der Freund am Steuer. Und dieser hatte überhaupt keine Eile, ans Ziel zu gelangen. Der Freund hatte nicht einmal eine Straßenkarte oder eine feste Route und war sich dennoch völlig sicher, daß er am Ziel ankommen würde, und nahm sich getrost alle Zeit der Welt, um dorthin zu gelangen.

Zuerst war der Mann ungeduldig. Aber dann erregte, ja betörte ihn immer mehr, was diese recht seltsame Reiseart zu bieten hatte. Denn sie taten alles, worauf sie im jeweiligen Augenblick Lust hatten. Sie unternahmen Ausflüge abseits der Strecke, und was sie auf diesen entdeckten, versetzte sie in freudige Überraschung.

Ganz gleich, wohin sie fuhren, sie gelangten immer näher zum Grand Canyon. Manchmal, wenn der Mann einen Ausflug als besonders vergnüglich empfand, wollte er gar nicht mehr zurück. Sein Freund aber pflegte ihn zum Weiterfahren zu überreden, indem er ihn erinnerte: „Du kannst immer wieder an deinen Lieblingsort kommen. Und du kannst ihn wieder verlassen — wissend, daß du, wann immer du möchtest, wieder dahin zurück kannst". Erst dann bewegte sich der Mann weiter. Sie waren beide überrascht, als sie ihr eigentliches Ziel, den Grand Canyon, erreichten. Sie waren so vertieft in jede Phase ihrer Reise, daß ihre Ankunft ihnen ein besonderes Vergnügen bereitete.

Sein Freund zeichnete den Weg, den sie gekommen waren, in den warmen Sand. „Du kannst auf dem einen Weg, auf dem anderen Weg oder auf wieder einem anderen Weg kommen. Es gibt so viele Wege, dahin zu gelangen, wie man Freuden haben kann. Sie können dich alle dahinbringen. Manche schnell, andere langsam. Das ist einerlei. Es kommt nicht so sehr darauf an, wohin du dich begibst, bevor du dort angelangst, sondern vielmehr darauf, dort zu sein, wo du bist, wenn du da bist. Wenn du dort bist, wo du bist, wirst du nichts verpassen".

Und Jahr um Jahr reisten sein Freund und er zu bekannten und unbekannten Orten, und sie taten das in aller Ruhe und mit größtem Vergnügen".

Diese Metapher erwies sich bei der Veränderung von Allens Sexualverhalten als höchst wirkungsvoll. Er berichtete später, er habe in den nächsten paar Wochen keine Schwierigkeiten mit vorzeitigen Ejakulationen gehabt. Zudem veränderte sich auf diese Metapher hin auch sein Lernverhalten, so daß er (statt nur Methoden zu gebrauchen, mit denen er gut vertraut war) verschiedene Phasen der Prozesse, mit denen wir im Seminar arbeiteten, zu erforschen begann.

Allen war sich nie aktiv des Umstandes bewußt, daß eine Sexualtherapie irgendwelcher Art stattgefunden hatte. Als ich ihn das nächste Mal sah, bemerkte er selbstgefällig, es gebe keinen Anlaß zur Beunruhigung; er habe andere Wege gefunden, das Problem zu umgehen. Ich antwortete, daß ich ihm vollständig glaube. Er hielt inne, sah mich aus den Augenwinkeln an, begann zu sprechen, bremste sich dann aber, zuckte mit den Achseln und sagte: „Gutes Gefühl, was?"

4 Brückenschlagen in die Zukunft (Futurepacing)

Obwohl Brückenschlagen in die Zukunft (*Futurepacing*) ein integraler Bestandteil aller zuvor geschilderten Techniken ist, verdient es eine besondere Betonung wegen seiner praktischen wie theoretischen Bedeutung. Im wesentlichen bezeichnet „Brückenschlagen in die Zukunft" den Prozeß, der sicherstellen soll, daß die während der Therapie errungenen Veränderungen sich generalisieren und in den passenden Außenwelt-Kontexten verfügbar werden. Nur allzu oft bleiben Veränderungen, die in der Therapie stattfinden, mit dem Praxisraum des Therapeuten oder gar mit dem Therapeuten selbst verankert, statt dem Klienten gerade in jenen bestimmten Situationen verfügbar zu sein, die der neuen Verhaltensweisen und Reaktionen am meisten bedürfen.

Im wesentlichen besteht die Methode des Brückenschlagens darin, das neue Verhalten oder die neue Reaktion mit einem sensorischen Reiz zu verankern, der im jeweiligen Außenkontext natürlich vorkommt. Schritt 5 des „Umdeutens" verankert neue Verhaltensweisen in der Zukunft, indem ein Teil aufgefordert wird, die Verantwortung dafür zu übernehmen, daß diese neuen Verhaltensweisen in den passenden Kontexten generiert werden. So habe ich beispielsweise Tom beim „Umdeuten" gefragt, woher er denn wüßte, wann er die neuen Wahlmöglichkeiten bräuchte. Für ihn war dies das Signal, sich „gedrängt" zu fühlen; daher verankerte ich die neuen Verhaltensmöglichkeiten mit diesem Gefühl. Bei der „Veränderung der persönlichen Geschichte" wird der Brückenschlag in die Zukunft bewerkstelligt, indem man den Klienten fragt, unter welchem zukünftigen Umstand er diese Ressource wieder brauchen wird, mit der Sie gearbeitet haben, um die Art und Weise, wie der Klient die Vergangenheit subjektiv erlebt, zugänglich zu machen und zu verändern. Wenn der zukünftige Umstand identifiziert ist, soll der Klient sich in diese zukünftige Situation hineinversetzen, in der diese benötigte Ressource verfügbar gemacht und zum Ausdruck gebracht wird. Auf diese Weise wird die Ressource an den Kontext gebunden, wo sie gebraucht wird (es wird eine Brücke in die Zukunft geschlagen). Die therapeutische Metapher schlägt eine

Brücke in die Zukunft, indem sie leitende oder zukünftige Verhaltensweisen in ihrem Aufbau einschließt. Den Brückenschlag von den durch die visuell-kinästhetische Disassoziation erzielten Veränderungen in die Zukunft vollzieht man am besten dadurch, daß man den Klienten mit dem eigentlichen Reiz konfrontiert, der vorher die phobische Reaktion ausgelöst hatte. Wenn es um Höhen ging, so bringt man den Klienten am besten an eine hohe Stelle und findet heraus, ob die erwünschte Veränderung auch tatsächlich vollzogen wurde.

Der Brückenschlag in die Zukunft kann auch sehr direkt durchgeführt werden. Ein Weg ist, den Klienten zu fragen: „Was ist die allererste, von außen kommende Sache, die Sie sehen, hören oder fühlen werden und die darauf verweist, daß Sie diese Ressource brauchen"? Sobald das spezifische Erlebnis identifiziert ist, lassen Sie den Klienten es innerlich generieren und es dann mit der geeigneten Ressource verankern. Wenn dann also der Stimulus im äußeren Erleben auftritt, kann er auf natürliche Weise bzw. unbewußt die passenden Gefühle bzw. das richtige Verhalten auslösen. Wenn man beispielsweise Gefühle der Leidenschaft (die Ressource) mit dem Gefühl glatter, kühler Bettlaken oder dem Klang des sanft geflüsterten Namens des Partners oder mit dem Anblick einer gelben Rose verankert, so bedeutet das, daß man eine Brücke von der Ressource der leidenschaftlichen Gefühle zu spezifischen von außen vorkommenden Reizen geschlagen hat. Dieser Prozeß kann bei Paaren durchgeführt werden, indem man die neuen, nützlicheren Verhaltensweisen bzw. Reaktionen mit Phänomenen, die bereits natürlich auftreten, verankert; so beispielsweise damit, wie er sich den Kopf kratzt, mit dem Anblick der Eingangstüre oder dem Geräusch, das auftritt, wenn der Fernseher abgeschaltet wird. Jeder dieser Reize kann als Auslöser für irgendeine neue erworbene Verhaltensmöglichkeit auf seiten des Klienten dienen. Auch Rollenspiele können garantieren, daß Veränderungen in Zukunft weiterbestehen. Aber vorzugsweise sollte man den Klienten mit der eigentlichen Situation konfrontieren, in der neue Verhaltensweisen/Wahlmöglichkeiten an den Tag gelegt werden müssen. Zwar ist dies gewöhnlich bei sexuellen Störungen unmöglich, aber es ist immer noch der beste Weg, Ihre Arbeit zu testen und die volle Integration der neuen Verhaltensweisen sicherzustellen.

Beim Brückenschlagen in die Zukunft kommt es jedoch vor allem darauf an, es auch wirklich durchzuführen und es nicht einfach dem bewußten Erleben des Klienten zu überlassen, die Errungenschaften einer Sitzung in sein alltägliches Leben zu übernehmen. Obwohl sich das bewußte Erleben sehr anstrengen mag, erinnert es sich meistens des neuen Verhaltens erst, wenn der Betreffende bereits versagt hat, indem er das alte Verhalten an den Tag gelegt hat. Unbewußte Prozesse funktionieren jedoch automatisch. Daher ist es Aufgabe des Therapeuten, die neuen Wahlmöglichkeiten auf der Ebene des Unbewußten einzupflanzen und sicherzustellen, daß die Auslöser für diese neuen, nützlicheren Verhaltensmöglichkeiten funktionieren und sicher zum passenden Zeitpunkt auftreten.

Der Brückenschlag in die Zukunft ist keine bloße Verzierung des Therapiekuchens. Ohne den adäquaten Brückenschlag gehen die Errungenschaften einer Sitzung oft verloren. Er ist der letzte Schritt bei jeder wirksamen therapeutischen Intervention.

5 Schlußbemerkungen

Ich glaube, daß die in dieser Darstellung enthaltene Information sowohl für den altgedienten Praktiker als auch für den noch in der Entwicklung und Ausbildung befindlichen Therapeuten nützlich ist. Sie eröffnet neue und nützliche Wege, verbale und nonverbale Kommunikation zu verstehen. Überall habe ich Ihnen viele meiner eigenen Methoden und meinen persönlichen Therapiestil vorgeführt. Die Struktur, an der ich meine Methode und meinen Stil festmache, besteht aus den drei bereits erwähnten Schritten: (1) Informationen gewinnen und Rapport herstellen; (2) den Klienten vom gegenwärtigen Zustand in den erwünschten Zustand zu entwickeln und (3) Brückenschlagen in die Zukunft. Nachstehend nun eine Zusammenfassung der dabei jeweils beteiligten Schritte:

Der Anfangsschritt beim Informationen gewinnen besteht darin, daß man das Repräsentations- und Leitsystem des Klienten bestimmt sowie die natürlich vorkommenden Anker, die die Sequenz innerer und äußerer Prozesse auslösen, die den gegenwärtigen bzw. den erwünschten Zustand des Klienten bilden. Diese Informationen erhält man durch verbale Beschreibungen des Klienten sowie durch Beobachtungen des Klientenverhaltens in der Therapiesituation seitens des Therapeuten. Sie gebrauchen Ihre gut geschulten Augen und Ohren, um diese Informationen aus den sensorischen Daten zu gewinnen, die jeder Klient bietet. Das Meta-Modell dient als linguistisches Rüstzeug zur Gewinnung der vollständigst möglichen verbalen Beschreibung des gegenwärtigen Zustandes und des erwünschten Zustandes.

Sobald Sie alle Informationen gesammelt haben, die notwendig sind, um zu verstehen, wie das gegenwärtige System funktioniert und wie der erwünschte Zustand aussieht, wählen Sie eine therapeutische Intervention aus, deren Resultat sein soll, daß der Klient den erwünschten Zustand erlebt. Der Therapeut entwickelt dann das Klientensystem zum erwünschten Zustand, indem er eine ausgewählte Technik oder Kombination von Techniken einsetzt. Die hier angebotenen Methoden (Überlappen, Ankern, Veränderung der persönlichen Geschichte, visuell-kinästhetische Disassoziation, Umdeuten und Metaphern) sind nur eine Auswahl an Möglichkeiten.

Wenn der erwünschte Zustand erreicht ist, besteht die Aufgabe darin, Veränderungen zu konsolidieren und zu integrieren, so daß sie sich auf das fortdauernde Verhalten des Klienten generalisieren. Die Generalisierung tritt ein, wenn man sicherstellt, daß die neuen Verhaltensweisen bzw. Reaktionen von der passenden kontextuellen sensorischen Erfahrung ausgelöst werden.

Um diesen theoretischen Rahmen und die verschiedenen hier dargestellten Methoden nutzen zu können, muß der jeweilige Therapeut zwei notwendige Zutaten ins Spiel bringen, damit dieses oder jedes beliebige andere Modell effektiv angewandt werden kann. Wie an früherer Stelle erwähnt, handelt es sich hierbei um Flexibilität im Verhalten und sinnliche Erfahrung (*sensory experience*).

Flexibilität des Verhaltens besagt, daß man Wahlmöglichkeiten im Kommunikationsstil wie auch in den Interventionsmethoden haben sollte. In diesem Buch werden zahlreiche Wahlmöglichkeiten an Interventionstechniken und -methoden dargestellt; aber *wie* man diese ausführt, ist ebenso wichtig wie das Ausführen an sich. Für die Therapeuten in ihrer Eigenschaft als professionelle Kommunikatoren ist es wesentlich, *jederzeit* über eine unendliche Vielfalt an Verhaltensweisen zu verfügen. Wir sollten Widerstände auf seiten der Klienten als Kommentar zu unserem eigenen Verhalten und nicht zu dem des Klienten betrachten. Unsere Aufgabe ist es, imstande zu sein, adäquat das Modell der Welt des Klienten zu spiegeln und dann Reaktionen hervorzurufen, die den Widerstand umgehen. Dies erfordert Flexibilität unsererseits, damit wir uns dem Verhalten des Klienten anpassen und Aspekte seines eigenen und unseres Verhaltens nutzen können, um nützliche Reaktionen hervorzurufen.

Niemand würde in Abrede stellen, wie wichtig es ist, daß der Therapeut so redet, daß der Klient ihn versteht, ungeachtet seines kulturellen oder bildungsmäßigen Hintergrundes. Aber selbst wenn er diese Fähigkeit besitzt, nützt sie ihm wenig, wenn er nicht durch seine sinnliche Erfahrung feststellen kann, ob er tatsächlich verstanden wird oder nicht. Es kann gar nicht genug betont werden; der Therapeut muß imstande sein, alle Aspekte seiner Kommunikation zu variieren und seine sensorische Erfahrung zu nutzen, um zu wissen, ob der im jeweiligen Augenblick angewandte Stil sich dafür eignet, die erwünschte Reaktion beim Klienten auszulösen.

Wenn man Klienten dabei hilft, Veränderungen durchzumachen, ist es oft notwendig, bei ihnen eine breite Skala an Reaktionen auszulösen. Vorrangiges Ziel ist es, das Zutrauen des Klienten zu gewinnen. Ist dieses einmal gewonnen, kann es notwendig werden, alles vom offenen Zorn bis hin zur tiefsten Hoffnungslosigkeit hervorzurufen, vom tiefsten Mitgefühl bis hin zur wilden Freude, um das therapeutische Ziel zu erreichen. Während es also wesentlich ist, daß der Therapeut sein Verhalten weitgehend zu variieren vermag, um die erwünschten Reaktionen auszulösen, muß er das sensorische Feedback, das er empfängt, dazu nutzen, Angleichungen in seinem Verhalten vorzunehmen, die für den Erfolg der Therapie unabdingbar sind. Während der effektive Therapeut also die Wirkung im Auge behält, die jede einzelne unserer verbalen und nonverbalen Mitteilungen auf andere Menschen ausübt, richtet er sich beim Aufbau seiner Mitteilungen danach, welche Reaktionen er auszulösen wünscht. Wenn die sinnliche Erfahrung ihm sagt, daß er nicht die gewünschte Reaktion bekommt, variiert er Aspekte subtil oder einschneidend, bis seine sinnliche Erfahrung ihm anzeigt, daß er Erfolg hat.

Diejenigen Therapeuten, die als Genies gelten, weisen in ihren Verhaltensweisen gewiß eine große Variabilität auf. Besonders nützliche Beispiele für *Milton H. Ericksons* Verhaltensrepertoire finden sich in *Haley*, „Die Psychotherapie Milton H. Ericksons" (1978), und in *Haley*, „Advanced Techniques of Hypnotherapy" (1967). Weniger bekannt, doch nicht minder effektiv ist *Frank Farrelley*, dessen einzigartiger Stil in seinem Buch „Provocative Therapy" (1978) präsentiert wird. Und natürlich sind die therapeutischen Wunder, die sich in den von meinen geschätzten Kollegen *Richard Bandler* und *John Grinder* abgehaltenen Workshops abspielen, gute Beispiele für die große Flexibilität ihres Verhaltens und ihrer sinnlichen Erfahrung.

Möglicherweise halten einige Kritiker solche Taktiken für Manipulation. Nun, wenn Manipulation alle verfügbaren bewußten und unbewußten Fertigkeiten nutzt, um Leuten zu helfen, Veränderungen durchzumachen, die sie gewiß durchmachen wollen, so mag dies getrost Manipulation sein. Oft habe ich es als notwendig empfunden, die positiven Gefühle, die ein Klient für mich haben mag, zu gefährden, um eine Erfahrung herbeizuführen, die seinem oder ihrem Veränderungsprozeß zugute kommt. Doch obwohl ich zuweilen manipulativ, grob, ja sogar grausam erscheinen mag, ist meine höchste Priorität immer das Wohl des Klienten. Dieses Wohl wird nicht unbedingt durch unterstützendes und nachgiebiges Verhalten seitens des Therapeuten gesteigert. Es ist wichtiger, daß der Klient sich verändert, als daß ich einen Popularitätswettbewerb gewinne. Der Klient ist nicht zu meinem, sondern zu seinem Wohl in Therapie. Ohne daß es irgendwelche Einschränkungen für sein Verhalten gäbe (außer natürlich für körperliche Gewalt oder sexuelle Verführung), ist der Therapeut frei, die zahlreichen Straßen zu erkunden, die zu produktiven Veränderungen führen.

Wie bei jedem neuen Wissensstoff erscheint es hier als ein monumentales Unterfangen, die hier aufgeführten Muster zu erlernen. In kurzer Zeit jedoch können diese Muster zum integralen Bestandteil Ihrer Erfahrung werden, und Sie werden imstande sein, sie systematisch auf einer weitgehend unbewußten Ebene anzuwenden. Da sie inhaltsfrei sind, können Sie sie in jedem beliebigen Kontext bei jedem Menschen anwenden; doch stellen Sie sicher, daß Sie sie mit Ihrem eigenen persönlichen Stil und Ihrer persönlichen Finesse würzen.

Während Sie jede Person mit der aus ihr selbst kommenden Ressource verbinden, um die erwünschten Veränderungen zu erzielen, werden Sie auch selbst reicher. Der große Trick liegt darin, zu entdecken, was es ist, das Menschen an ihre Einschränkungen gebunden hält, und dann die Knoten zu lösen — vielleicht einen auf einmal, vielleicht aber auch sehr schnell. Es geht darum zu erkennen, daß die Zukunft aus dem Hier und Jetzt erwächst; und daß Leute, die nicht frei für und begierig auf Veränderungen sind, nicht dafür geeignet sind, bessere Zukunftsentwürfe für irgendjemanden zu entwerfen.

Sie als Leser haben jetzt die Aufgabe, aus diesem Text das herauszuholen, was Ihnen wertvoll sein könnte, es in Ihr Verhalten zu integrieren (wobei Sie es mit Ihrem eigenen persönlichen Stil verbessern) und es anzuwenden, um sowohl Ihre eigenen zukünftigen Erfahrungen als auch die der Klienten zu bereichern. Tun Sie das, indem Sie sich immer dessen erinnern, daß „es keine Fehler in der Kommunikation, sondern nur Ergebnisse gibt". Sie verfügen fürwahr über die erforderlichen Wahlmöglichkeiten, um ein glückliches Ende Wahrheit werden zu lassen.

Anhang I

Das Meta-Modell

Während des ganzen Textes habe ich Sie, was die Darstellung des Meta-Modells betrifft, auf diesen Anhang verwiesen. Das Meta-Modell ist ein explizites Rüstzeug zur Gewinnung von sprachlichen Informationen; es ist dafür erdacht, die Sprache einer Person mit der durch ihre Sprache repräsentierten Erfahrung zu verknüpfen.

Grundlegend für die Nutzanwendung dieses Modells ist das Konzept, daß Sprache *nicht* Erfahrung (Erleben), sondern vielmehr eine *Repräsentation* (Darstellung) der Erfahrung ist, wie eine Landkarte eine Darstellung eines Territoriums ist. Ich bin mir zwar sicher, daß Sie mit der Vorstellung, daß „die Landkarte nicht das Gebiet" ist, vertraut sind, doch ich frage mich, ob Sie sich vollkommen darüber im klaren sind, daß wir als Menschen für immer und ewig nur die Landkarte und nicht das Territorium erleben. Für uns Therapeuten, die wir Leuten helfen, sich zu verändern, wirkt sich das zum Vorteil aus. Wir verändern nur Landkarten; d. h. wir verändern, wie die Leute die Welt subjektiv erleben, und nicht die Welt.

Wir erschaffen unsere Landkarten aus der Interaktion zwischen internaler und externaler Erfahrung. Da wir Menschen mittels der Sprache die Landkarten unserer Erfahrung repräsentieren und aufbauen, erweist sich ein Rüstzeug, wie es vom Meta-Modell geliefert wird, als unschätzbar. Im wesentlichen dient das Meta-Modell als Bindeglied zwischen Sprache und Erleben.

Der ganze nun folgende Stoff wurde von *Richard Bandler* und *John Grinder* entwickelt, und eine ausführlichere Darstellung liegt in „Metasprache und Psychotherapie. Die Struktur der Magie I" vor. Was nun folgt, ist eine Zusammenfassung ihres Wissensstoffes, und dieser ist so dargestellt, um Ihnen als Leser zu verdeutlichen, wie nützlich er ist.

Drei universale Gestaltungsprozesse

Da wir nicht direkt auf die Welt einwirken, erschaffen wir Modelle oder Landkarten von der Welt, von denen wir uns in unserem Verhalten leiten lassen. Für den effektiven Therapeuten ist es entscheidend, das Modell oder die Landkarte, die der Klient von der Welt hat, zu verstehen. Menschliches Verhalten, wie bizarr oder resistent es auch erscheinen mag, ergibt einen Sinn, wenn man es im Zusammenhang mit den von der Landkarte bzw. dem Modell einer Person generierten Wahlen sieht. Diese Modelle, die wir erschaffen, leiten uns, und sie erlauben uns, unserer Erfahrung einen Sinn abzugewinnen. Sie sind nicht mit Begriffen wie „gut", „schlecht", „gesund", „krank" oder „verrückt" einzuschätzen, sondern vielmehr im Sinne ihrer Fähigkeit, nützlich zu sein: nützlich insofern, als sie es möglich machen, erfolgreich zu bestehen und kreativ auf die Welt um uns herum zu reagieren. Nicht daß unsere Klienten die falschen Wahlen treffen: nein, ihnen stehen nur nicht genug Wahlmöglichkeiten zur Verfügung, wenn sie diese bräuchten. Jeder einzelne von uns trifft die beste Wahl, die ihm von seinem Modell der Welt her möglich ist. Es gibt jedoch sehr viele verarmte Modelle, denen es an brauchbaren Wahlmöglichkeiten mangelt, wie es sich durch die Fülle der zwischenmenschlichen und innermenschlichen Konflikte erweist. „Nicht der Welt fehlt es an Wahlmöglichkeiten, sondern dem Modell, welches das Individuum von der Welt hat", sagen *Bandler* und *Grinder*.

Wir erschaffen unsere Modelle mittels dreier universaler Gestaltungsprozesse: Generalisierung, Tilgung und Verzerrung. Diese Prozesse erlauben es uns, zu überleben, zu wachsen, zu lernen, zu verstehen und den Reichtum, den die Welt zu bieten hat, zu erfahren.

Wenn wir aber unsere subjektive Realität fälschlicherweise mit der äußeren Realität gleichsetzen, schränken uns diese selben Prozesse ein und erdrücken unsere Fähigkeiten, sie zu vollziehen.

Wie *Bandler* und *Grinder* (1981, S. 35) es formulieren: „*Generalisierung (generalization)* ist der Prozeß, durch den Elemente oder Teile eines persönlichen Modells von der usprünglichen Erfahrung losgelöst werden, um dann die gesamte Kategorie, von der diese Erfahrung ein Beispiel darstellt, zu verkörpern". Durch Generalisieren lernen wir, in der Welt zu bestehen. Ein Kind lernt, wie man eine Tür öffnet, indem es die Klinke hinunterdrückt. Es generalisiert diese Erfahrung auf das Erkennen der vielgestaltigen Phänomene, die sich als „Türen" eingrenzen lassen, und versucht dann, diese durch Hinunterdrücken der Klinke zu öffnen. Wenn ein Mann einen dunklen Raum betritt, greift er nach dem Lichtschalter; er muß nicht jedesmal eine neue Strategie lernen, wenn er das Licht anschalten will. Derselbe Prozeß kann jedoch auch als Einschränkung wirken. Wenn ein Mann einmal beim Geschlechtsverkehr nicht das bringt, was er für adäquat hält, und aus dieser Erfahrung generalisierend schließt, er tauge im Bett nicht viel, würde er sich sehr viel versperren. Oder wenn eine Frau aufgrund beschränkter und selektiver Erfahrungen schließt, daß Männer unsensibel seien, entgeht ihr sehr viel. Auch jeder von uns nimmt eine unendliche Zahl von Generalisierungen vor, die in manchen Situationen nützlich und angebracht sind, in anderen jedoch nicht. Ein Kind lernt von seiner Familie, daß Weinen und Wimmern ihm das verschafft, was es will, doch das gleiche Verhalten kann ihm Prügel von seinen Altersgenossen eintragen. Wenn es nur das eine und nicht auch das andere generalisiert, wird es außerstande sein, angebrachteres und nützlicheres Verhalten für die Gesellschaft seiner Altersgenossen zu generieren. Wenn ein junger Mann nur jene Verhaltensweisen, die ihm den Respekt seiner Geschlechtsgenossen eintragen, generalisiert, wird es ihm vielleicht schwerfallen, den Respekt und das Interesse von Frauen zu erregen. Ob eine Generalisierung nützlich ist oder nicht, muß innerhalb des jeweiligen Kontextes eingeschätzt werden.

„Ein zweiter Mechanismus, den wir verwenden können, um entweder effektiv mit Dingen umzugehen oder uns selbst lahmzulegen, ist die *Tilgung (deletion)*. Tilgung ist ein Prozeß, durch den wir unsere Aufmerksamkeit selektiv bestimmten Dimensionen unserer Erfahrung zuwenden und andere ausschließen". (*Bandler*, *Grinder* 1981, S. 36). Dieser Prozeß erlaubt uns, unser Bewußtsein zu fokussieren und uns auf einen Anteil unseres Erlebens mehr zu konzentrieren als auf andere. So kann jemand ein Buch lesen, während Leute um ihn herum reden oder der Fernseher läuft oder eine Platte spielt. Dieser Prozeß ermöglicht es uns, in der Welt zu bestehen und nicht von Außenreizen überwältigt zu werden. Doch wieder kann derselbe Prozeß eine Einschränkung bedeuten, wenn wir nämlich Anteile unseres Erlebens, unserer Erfahrung tilgen, die für ein volles und reiches Modell unserer Welt nötig sind. Der Halbwüchsige, der glaubt, er würde ungerecht behandelt und getadelt, ohne seinen eigenen Anteil am Zustandekommen dieser Situation miteinzubeziehen, hat kein nützliches Modell der Welt entwickelt. Ein Therapeut, der Anzeichen von Langeweile in der Sitzung aus seinem Erleben tilgt, schränkt seine eigene wie auch die Erfahrung seiner Klienten ein.

„Der dritte Prozeß der Gestaltung ist die *Verzerrung (distortion)*. Verzerrung ist der Prozeß, der uns ermöglicht, in unserer Erfahrung sensorischer Einzelheiten eine Umgestaltung vorzunehmen" (*Bandler*, *Grinder* 1981, S. 37). Ohne diesen Prozeß könnten wir nicht für die Zukunft planen oder Träume in die Realität umsetzen. Wir verfälschen die Realität in der fiktionalen Literatur, in der Kunst und sogar in der Wissenschaft. Ein Mikroskop, ein Roman und ein Gemälde sind alles Beispiele für unsere Fähigkeit, die Realität zu verzerren und zu verfälschen. Wir können uns in vielerlei Weise mit Verzerrungen einschränken. Denken Sie etwa an eine Person, die alle kritischen Botschaften mit der Reaktion „Ich bin nicht liebenswert" verzerrt. Infolge solcher Entstellungen entgeht einem jeder Wert, der in den Kritiken enthalten ist, und damit auch die Gelegenheit zu Veränderung und Wachstum. Oder betrachten Sie die häufige Verzerrung, einen Prozeß zu einem „Ding" zu machen. Wenn „Beziehung" vom Prozeß, sich aufeinander zu beziehen, losgelöst wird, erleiden die Beteiligten einen Verlust. Sie wird zu etwas, das sich „da draußen" befindet — etwas, über das man reden kann, außer Kontrolle, zu etwas nicht mehr Dynamischen.

Da sich diese drei universalen Gestaltungsprozesse in sprachlichen Mustern ausdrücken, können wir das als Meta-Modell bekannte Rüstzeug anwenden, um sie zu hinterfragen, wenn wir feststellen, daß sie die Möglichkeiten einer Person, eine Ausahl unter verschiedenen Verhaltensweisen zu treffen, nicht erweitern, sondern vielmehr einschränken.

Das Meta-Modell leistet dies, indem es den Klienten und dem Therapeuten dabei hilft, die Verbindung zwischen der Sprache des Klienten und der dadurch repräsentierten Erfahrung wiederherzustellen. Es handelt sich hierbei um ein von diesen Mustern der menschlichen Sprache abgeleitetes Rüstzeug und es ist infolgedessen ein Rüstzeug, das in allen Situationen, die mit menschlicher Sprache zu tun haben, nützlich ist.

Das Meta-Modell ist dafür gedacht, dem Hörer beizubringen, wie er auf die *Form* der Kommunikation des Sprechers hören und reagieren soll. Der Inhalt mag unendlich variieren, aber die Form der Information ermöglicht es dem Hörer, so zu reagieren, daß er aus der Mitteilung (*communication*) die vollständigste Bedeutung herausholt. Mit dem Meta-Modell ist es möglich, den Reichtum und die Einschränkungen der Information wie auch die vom Sprecher gebrauchten Gestaltungsprozesse schnell zu erkennen. Im Sinne der Unterscheidungen des Meta-Modells zuzuhören und zu reagieren, ermöglicht uns, aus jeder Mitteilung für das Hören und Verstehen den größtmöglichen Gewinn zu ziehen.

Die Unterscheidungen des Meta-Modells fallen in drei natürliche Gruppierungen:

1) Informationen gewinnen
2) Einschränkungen im Modell des Sprechers
3) Semantische Fehlgeformtheit

1) Informationen gewinnen

Informationen gewinnen heißt, eine präzise und vollständige Beschreibung des präsentierten Inhalts durch passende Fragen und Reaktionen zu erlangen. Wieder hilft dieser Prozeß dabei, die Verbindung zwischen der Sprache des Sprechers und seiner Erfahrung wiederherzustellen. In dieser Kategorie gibt es vier Unterscheidungen:

a) Tilgung
b) Fehlen des Beziehungsindex
c) Unvollständig spezifizierte Verben
d) Nominalisierungen

a) Tilgung

Zu erkennen, wann eine Tilgung vorgekommen ist, und die getilgte Information wiederzuentdecken, hilft, eine vollständigere Repräsentation der Erfahrung wiederherzustellen. Um die fehlende Information wiederzugewinnen, fragt der Meta-Modell-Therapeut: *Wen?* oder *Was?* Zum Beispiel:

„Ich verstehe nicht."

(Reaktion) „*Was* verstehen Sie nicht?"

„Ich fürchte mich."

(Reaktion) „Vor *wem* oder *was* fürchten Sie sich!"

„Ich mag ihn nicht."

(Reaktion) „*Was an* ihm mögen Sie nicht?"

„Er ist der Beste."

(Reaktion) „Er ist der Beste in *was*?"

„Er ist der beste Zuhörer."

(Reaktion) „Er ist der beste Zuhörer *unter wem*?"

Bei der Tilgung gibt die Frage „Wie, genau?" Informationen zu dem vom Klienten verwendeten Repräsentationssystem.

„Ich verstehe nicht."

(Reaktion) „Wie genau wissen Sie, daß Sie nicht verstehen?"

„Es ist mir einfach nicht klar." (d. h. visuelle Repr.)

b) Fehlen des Beziehungsindex

Das Fehlen des Beziehungsindex stellt einen Fall von Generalisierung dar, die das Modell, das eine Person von der Welt hat, einschränkt, indem sie die Einzelheiten und den Reichtum ausschließt, die notwendig sind, um eine Vielfalt an Wahlmöglichkeiten für den Umgang mit Situationen zu haben. Bei diesem Prozeß nimmt eine Person eine Erfahrung und generalisiert diese so, daß sie in keinem Verhältnis zu den tatsächlichen Gegebenheiten mehr steht. Um ein Fehlen des Beziehungsindex zu hinterfragen, fragen Sie: „*Wer genau?*" oder „*Was genau?*"

„Niemand will mich."

(Reaktion) „*Wer genau* will Sie nicht?"

„Sie sind stur."
(Reaktion) „*Wer genau* ist stur?"

„Das ist schwer."
(Reaktion) „*Was genau* ist daran schwer für Sie?"

c) *Unvollständig spezifizierte Verben*

Unvollständig spezifizierte Verben lassen uns im Dunkeln darüber, ob wir die Erfahrung, die gerade geschildert wird, auch klar verstehen. Alle Verben sind relativ unspezifiziert. Jedoch ist „küssen" sehr viel spezifischer und genauer als „berühren". Sagt jemand, er sei verletzt worden, so wäre es möglich, daß er durch einen schroffen Blick von einer für ihn wichtigen Person verletzt oder von einem Auto angefahren wurde. Wenn man um eine genauere Bestimmung (Spezifizierung) des Verbs bittet, erreicht man, daß die Person vollständiger mit ihrer Erfahrung wiederverbunden wird. Um unvollständig spezifizierte Verben zu hinterfragen, fragen Sie:

„*Wie genau?*"

„Er hat mich abgelehnt."
(Reaktion) „*Wie genau* hat er Sie abgelehnt?"

„Sie haben mich ignoriert."
(Reaktion) „*Wie genau* haben sie Sie ignoriert?"

„Meine Kinder zwingen mich, sie zu bestrafen."
(Reaktion) „Wie genau zwingen Ihre Kinder Sie, sie zu bestrafen?"

d) *Nominalisierungen*

Nominalisierungen sind Wörter, die sich aus Prozeßwörtern (Verben) zu Nomina verwandelt haben. So wird ein fortlaufender Prozeß zu einem Ding oder Ereignis. Wenn dies passiert, entgehen uns Wahlmöglichkeiten, und es besteht das Bedürfnis, die Verbindung zu den fortlaufenden dynamischen Prozessen des Lebens wiederherzustellen. Um *Bandler* und *Grinder* (1981, S. 99) zu zitieren: „Genauer gesagt, das Umformen von Nominalisierungen hilft dem Klienten einzusehen, daß das, was er als ein abgeschlossenes und seiner Kontrolle entzogenes Ereignis betrachtete, ein andauernder Prozeß ist, der geändert werden kann." Es gibt mehrere Möglichkeiten, Nominalisierungen von regulären Nomina zu unterscheiden. Jene, die sich gerne bildlich etwas vorstellen, mögen sich vor ihrem geistigen Auge das Bild eines Schubkarrens machen. Setzen Sie nun einen Stuhl, dann eine Katze und dann Ihre Mutter in den Schubkarren. Versuchen Sie nun, Versagen, Tugend, Projektion, Aussage und Verwirrung in den Schubkarren zu setzen. Wie Sie sehen können, sind Nominalisierungen keine Personen,

Orte oder Dinge, die man in einen Schubkarren setzen kann. Eine weitere Möglichkeit, Nominalisierungen zu erkennen, besteht darin, daß Sie überprüfen, ob das Ereigniswort in die Leerstelle des syntaktischen Rahmens *ein andauernder...* paßt.

ein andauerndes *Problem*   Nominalisierung
ein andauernder *Elefant*
ein andauernder *Stuhl*
eine andauernde *Beziehung*   Nominalisierung

Um eine Nominalisierung in ein Prozeßwort zurückzuverwandeln, verwenden Sie in Ihrer Reaktion ein Verb:

„Ich bekomme keinerlei Anerkennung."
 (Reaktion) „Wie würden Sie denn gerne anerkannt werden?"
„Geben Sie acht."
(Reaktion) „Worauf wollen Sie, daß ich achte?"
„Ich bedaure meine Entscheidung."
(Reaktion) „Hindert Sie etwas daran, sich neu zu entscheiden?"
„Ich will Hilfe."
(Reaktion) „Wie soll Ihnen denn geholfen werden?"

2) Einschränkungen im Modell des Sprechers

Die nächste Gruppierung wird als „Einschränkungen" im Modell des Sprecher-Modells bezeichnet. Diese Unterscheidungen identifizieren die Einschränkungen, und indem Sie sie richtig hinterfragen, können Sie *eine Person* dabei unterstützen, ihr Modell der Welt zu bereichern. Die beiden Unterscheidungen in dieser Kategorie sind:

a) Universalquantoren
b) Modaloperatoren (primär Modaloperatoren der Notwendigkeit)

a) Universalquantoren

Als „Universalquantoren" bezeichnet man Wörter wie „alle", „jeder", „nie", „niemand". Man hinterfragt sie, indem man die von den Universalquantoren beschriebene Generalisierung durch Übertreibung betont — sowohl durch den Tonfall als auch durch das Einschieben zusätzlicher Universalquantoren. Hinterfragt man die Universalquantoren des Sprechers, so hilft man ihm damit, die Ausnahme von seiner Generalisierung zu finden und somit mehr Wahlmöglichkeiten zu erwerben. Eine weitere Möglichkeit der direkten Hinterfragung besteht darin, daß man fragt, ob der Sprecher jemals eine Erfahrung, die seiner eigenen Generalisierung widerspricht, gemacht hat.

„Ich mache nie irgendetwas richtig."

(Reaktion) „Sie machen also *absolut nie jemals irgendetwas* richtig?"

(oder) „Haben Sie *jemals irgendetwas* richtig gemacht?"

„Sie lügen mich *immer* an."

(Reaktion) „Ich lüge Sie *immer* an?"

„Es ist unmöglich zu bekommen, was ich will."

(Reaktion) „Haben Sie *jemals* etwas bekommen, was Sie wollten?"

b) *Modaloperatoren der Notwendigkeit*

Als „Modaloperatoren der Notwendigkeit" werden die Worte bezeichnet, die darauf verweisen, daß es keine Wahlmöglichkeiten gibt: „muß", „kann nicht", „Es ist notwendig". Die Hinterfragung dieser Modaloperatoren befördert eine Person über die Grenzen hinaus, die sie bis dahin akzeptiert hat. Es gibt zwei ausgezeichnete Reaktionen, die der Hinterfragung dieser Einschränkungen dienen: *„Was hindert Sie?"* und *„Was würde passieren, wenn Sie es täten?"* Die Reaktion „Was hindert Sie?" dient dazu, eine Person in die Vergangenheit zu versetzen, damit man herausfindet, aus welcher Erfahrung sich diese Generalisierung gebildet hat. „Was würde passieren, wenn Sie es täten?" verlangt, daß der Klient in die Zukunft geht und sich mögliche Konsequenzen vorstellt. Wie wichtig diese Reaktionen sind, wenn man jemandem helfen will, ein reicheres und vollständigeres Modell der Welt zu erlangen, kann gar nicht genug betont werden.

„Ich kann's nicht machen."

(Reaktion) „Was hindert Sie?"

„Du mußt bis Dienstag fertig sein."

(Reaktion) „Was würde passieren, wenn ich es nicht wäre?"

„Ich muß mich um andere Leute kümmern."

(Reaktion) „Was passiert, wenn Sie's nicht tun?"

„Ich kann ihm nicht die Wahrheit sagen."

(Reaktion) „Was passiert, wenn Sie's tun?"

(oder) „Was hindert Sie daran, ihm die Wahrheit zu sagen?"

3) *Semantische Fehlgeformtheit*

Die dritte Unterscheidung, die das Meta-Modell vornimmt, bezieht sich auf „semantische Fehlgeformtheit". „Sätze zu erkennen, die semantisch fehlgeformt sind, hat den Zweck, den Klienten zu unterstützen, die Anteile seines Modells zu identifizieren, die in irgendeiner Weise verzerrt sind, so daß die ihm möglichen Erfahrungen eingeschränkt sind" (*Bandler, Grinder* 1981, S. 121). Durch die Veränderung derjenigen Teile seines Modells, die semantisch fehlgeformt sind, erlangt eine Person reichhaltigere Wahlmöglichkeiten und größere Freiheit beim Einwirken auf die Welt. Diese Anteile nämlich sind es, die den Betreffenden daran hindern, so zu handeln, wie er sonst handeln würde. Die drei Klassen der semantischen Fehlgeformtheit sind:

a) Ursache und Wirkung
b) Gedankenlesen
c) Das verlorene Performativ

a) Ursache und Wirkung

Ursache und Wirkung umfaßt die Annahme, daß eine von einer Person kommende Handlung bewirken kann, daß eine andere Person eine bestimmte Emotion oder einen inneren Zustand erlebt. Die reagierende Person erlebt sich daher so, als habe sie keine andere Wahl, als derart zu reagieren. Hinterfragt man diese Annahme, so ermöglicht dies der Person, zu untersuchen und zu bezweifeln, ob diese kausale Verknüpfung tatsächlich vorliegt. Sie kann dann zu überlegen beginnen, welche anderen Reaktionsmöglichkeiten sie generieren kann. Die Hinterfragung lautet: „Wie verursacht X — Y?"

„Daß du an die Wand schreibst, ärgert mich."
(Reaktion) „Wie ärgert es dich, daß ich an die Wand schreibe?"
(oder) „Wie erreicht mein An-die-Wand-Schreiben, daß du dich geärgert fühlst?"

„Sie frustrieren mich."
(Reaktion) „Wie frustriere ich Sie?" „Wie ist es mir möglich, Sie zu frustrieren?"
(oder) „Wie erreiche ich, daß Sie sich frustriert fühlen?"

„Seine Ideen ärgern mich."
(Reaktion) „Wie ärgern seine Ideen Sie?"
(oder) „Wie bewirken seine Ideen, daß Sie sich verärgert fühlen?"

„Ich bin traurig, weil du zu spät kommst."
(Reaktion) „Wie bewirkt mein Zuspätkommen, daß du dich traurig fühlst?"

b) Gedankenlesen

Beim Gedankenlesen geht der Sprecher davon aus, daß ein Mensch wissen kann, was ein anderer gerade denkt oder fühlt, ohne daß eine direkte Kommunikation von diesem anderen ausgeht. Mit anderen Worten, es geht hier um eine Möglichkeit zu erkennen, wann jemand weniger aufgrund von Wahnvorstellungen statt aufgrund von Informationen handelt. Offenkundig kann Gedankenlesen viel dazu beitragen, die Nützlichkeit des Modells, das eine Person sich von der Welt macht, zu beeinträchtigen. Der Zuhörer reagiert auf das Gedankenlesen, indem er fragt: „Woher im einzelnen wissen Sie, daß X?" Dadurch ergibt sich für den Sprecher die Möglichkeit, sich der Annahmen, die er bisher vielleicht als selbstverständlich angenommen hat, bewußt zu werden und sie sogar zu hinterfragen.

„Alle meinen, ich nehme zuviel Zeit in Anspruch."
(Reaktion) „Woher genau wissen Sie, was alle meinen?"

„Ich bin mir sicher, daß Sie wissen, wie ich mich fühle."
(Reaktion) „Woher im einzelnen wissen Sie denn, daß ich weiß, wie Sie sich fühlen?"

„Ich weiß, was das Beste für ihn ist."
(Reaktion) „Woher wissen Sie denn, was das Beste für ihn ist?"

„Er berücksichtigt niemals die Konsequenzen".
(Reaktion) „Woher im einzelnen wissen Sie denn, daß er niemals die Konsequenzen berücksichtigt"?

c) Das verlorene Performativ

Das „verlorene Performativ" bezieht sich auf jene Aussagen, die in Form einer Generalisierung über die Welt auftreten, statt Aussagen zu sein, die als zu dem Modell gehörig erkennbar sind, das der Sprecher von der Welt hat. Es handelt sich dabei meistens um Urteile. Der Sprecher verwendet das verlorene Performativ, wenn er Regeln, die für ihn und sein Modell von der Welt gelten, auf andere Leute überträgt. Volkstümlich ausgedruckt, heißt es: „Jemand anderen mit der eigenen Elle messen." Der Zweck der Hinterfragung besteht in diesem Fall darin, dem Sprecher zu helfen, getrost über eigene Regeln und Ansichten zu verfügen und der übrigen Welt ihre eigenen zu lassen. Häufig gibt es beim verlorenen Performativ keinerlei Hinweis, daß sich der Sprecher anderer Entscheidungen und Möglichkeiten auch nur bewußt wäre. Um das verlorene Performativ zu hinterfragen, fragen Sie: *„Für wen?"*

„Es ist falsch, von der Sozialhilfe zu leben."
(Reaktion) „Es ist falsch *für wen*, von der Sozialhilfe zu leben?"

„Das ist die richtige Art, es zu machen."
(Reaktion) „Das ist die richtige Art *für wen*, es zu machen?"

„Es ist schlimm, so etwas zu machen."
(Reaktion) „Schlimm *für wen*?"

Das Meta-Modell reagiert also mit den Fragen *Was, Wie, Wer* auf die jeweilige Form der Sprache des Sprechers.

Wie zu Beginn bereits gesagt, ist das Meta-Modell ein Rüstzeug, und mit Hilfe dieses Rüstzeuges läßt sich eine bessere Kommunikation aufbauen. Ihr Talent und Geschick als Meta-Modellierer hängt von Ihrer Bereitschaft und Fähigkeit ab, aktiv die vom Meta-Modell gelieferten Fragen und Reaktionen zu ergänzen.

Achten Sie, während Sie sich des Meta-Modells bedienen, ganz genau auf Ihre inneren Prozesse. Da es eine Formalisierung intuitiven Verhaltens darstellt, müssen die Meta-Modell-Reaktionen genau dann kommen, wenn Sie auf ein internal erzeugtes Erleben eingehen müssen, um die Mitteilungen des Klienten zu verstehen. Wenn etwa ein Klient sagt: „Mein Vater hat mich verletzt", so müssen Sie, um ganz zu verstehen, was mit dieser Aussage gemeint ist, die Frage „Wie?" stellen. Es gibt die Möglichkeiten, daß der Klient geschlagen, angeschrieen, finster angeblickt oder einfach ignoriert wurde. Wenn Sie als Therapeut schließen, daß Sie verstehen, was mit dem Wort „verletzt" gemeint ist, indem Sie einfach auf Ihre eigene Erfahrung zurückgreifen, so treffen Sie sich innerhalb *Ihres* Modells von der Welt mit dem Klienten und nicht innerhalb *seines* Modells.

Das Meta-Modell ist ein Rüstzeug, daß es Ihnen gestattet, in „externalen sensorischen Erleben" zu bleiben und so Informationen vom Klienten zu bekommen, die Sie davon abhalten, in sich zu gehen zur internal generierten Erfahrung, um zu verstehen. Während Sie das Meta-Modell erlernen, können Sie die passenden Reaktionen an den Punkten einschieben, wo Sie sich früher auf Ihr eigenes inneres Erleben beziehen mußten, um zu verstehen (bzw. um zu versuchen zu verstehen), was der Klient meint. Das Meta-Modell verlangt, daß der Klient seine Kommunikation klarer verständlich macht; und nicht, daß Sie die fehlenden Stücke aus Ihrer eigenen subjektiven Realität für ihn einfügen. Wenn der Klient Ihnen beispielsweise eine verbale Mitteilung präsentiert, wie „Ich habe Angst vor Menschenansammlungen", und wenn Sie als Therapeut in sich gehen und schließen: „Angst vor Menschenansammlungen, oh ja, das kenne ich", dann haben Sie die Gelegenheit verpaßt, den Klienten weiter mit seiner eigenen Erfahrung zu verbinden. Aber die Reaktionen des Meta-Modells („Woher wissen Sie, daß Sie Angst vor Menschenansammlungen haben?" oder „Was an den Menschenansammlungen erschreckt Sie denn?" oder „Was hindert Sie daran, sich in Menschenansammlungen wohlzufühlen?") dienen dazu, daß Sie beim Erleben des Klienten bleiben und so Antworten und neue Möglichkeiten, die selbst Sie vielleicht noch gar nicht entwickelt haben, aus den eigenen inneren Ressourcen des Klienten herausholen.

Wenn Sie diejenigen Punkte finden, an denen Sie auf die innere Erfahrung des Klienten eingehen müssen, um die jeweilige Mitteilung zu verstehen, und die Fragen des Meta-Modells dort einschieben, so erhöhen Sie die Wirkung Ihrer therapeutischen Arbeit und fördern dadurch die Integration des Meta-Modells in das automatische bzw. unbewußte Verhalten. Eine Möglichkeit, wie man das machen kann, besteht darin, daß Sie einen Freund Sätze erzeugen lassen, die jeweils *eine* Verletzung des Meta-Modells enthalten. Stellen Sie bei jeder fest, wie Ihre Intuitionen sich ausdrücken.

Wenn eine Klientin etwa die Aussage trifft: „Meine Gefühle wurden verletzt", und Sie sich ein Bild davon machen, woher wissen Sie dann, *wie* Ihre Gefühle verletzt wurden, und von wem oder was? Oder wenn Sie sich an ein Mal, als *Ihre* Gefühle verletzt wurden, erinnern (ob nun visuell, kinästhetisch oder auditv), so „verstehen" Sie ausgehend von Ihrer eigenen Erfahrung und nicht ausgehend von der Erfahrung der Klientin. Wenn Sie sich zunehmend Ihrer eigenen internalen Prozesse bewußt werden, werden Sie jene Schlüsselreize lernen, die Ihnen signalisieren, wann Sie in sich gehen, um zu interpretieren, anstatt in den gegenwärtigen Raum-Zeit-Koordinaten zu bleiben.

Haben Sie erst einmal identifiziert, wie Ihr eigenes Signal aussieht, können Sie es nutzen, indem Sie die Meta-Modell-Reaktionen anstelle Ihrer eigenen internalen Prozesse einschalten. Jedesmal also, wenn Sie hören, das etwas fehlt oder keinen Sinn ergibt, wissen Sie, daß eine Meta-Modell-Reaktion nützlich und passend wäre.

Das Meta-Modell beruht auf menschlichen Intuitionen. Wenn man sich daher dieser Intuitionen explizit bewußt wird, kann das Erlernen des Meta-Modells ein schneller und leichter Prozeß sein. Diese Intuitionen können in jedem Repräsentationssystem ausgedrückt werden. Wenn ich zum Beispiel sage: „Die Giraffe wurde gejagt", so haben Sie eine Intuition, daß etwas weggelassen wurde. Vielleicht ist Ihr Bild unvollständig, oder — wenn Sie kinästhetisch repräsentieren — wissen Sie nicht, wie schnell die Giraffe laufen müßte. Keine Repräsentation ist vollständig, bevor Sie nicht die Antwort auf „Von was gejagt"? kennen. Ganz gleich, wie Ihre Intuitionen sich ausdrücken, genau an diesem Punkt wird die Meta-Modell-Frage eingeschaltet, damit man aus der Mitteilung die Bedeutung so vollständig wie möglich herauszieht.

Um diese Intuitionen beim Lehren und Lernen der Unterscheidungen des Meta-Modells zu nutzen, beginnen Sie damit, daß Sie: (1) für den Lernenden Sätze bilden, die eine der vom Meta-Modell beschriebenen Verletzungen enthält; (2) den Lernenden nach seinem Erleben befragen; und (3): wenn Sie erst einmal festgestellt haben, wie die Intuitionen des Lernenden sich in bezug auf diese Verletzung ausdrücken, fügen Sie die passende Meta-Modell-Frage als integralen Bestandteil des Ausdrucks derselben Intuitionen ein. Wenn er also ein unvollständiges Bild hat, fragt er nach dem Rest davon. Wenn er sich den Kopf zerbricht, schalten Sie die Frage ein, die den Kopf wieder ganz macht. Wenn es nicht richtig klingt oder nicht „stimmt", schalten Sie eine Frage ein, die Harmonie in den Mißklang bringt. Dadurch, daß man den Inhalt der Aussagen, die Meta-Modell-Verletzungen enthalten, variiert, kann die Wiederholung, die notwendig ist, um die Meta-Modell-Frage mit der Intuition zu integrieren, stimulierend bleiben. Die Intuitionen werden innerhalb einer Person für die verschiedenen Muster der Verletzungen variieren. So mag es für Universalquantoren ein Gefühl, für Nominalisierungen ein Bild und für Ursache und Wirkung einen Ton geben. Bei jeder Person liegt eine einzigartige Zusammenstellung vor, aber bei jeder Person lassen sich auch konsistente Verallgemeinerungen treffen. Sind die Muster einmal gelernt, gibt es Übungen, die dazu dienen, sie weiter in das Alltagsverhalten zu integrieren.

Vergessen Sie nicht, das Meta-Modell in den drei in diesem Anhang beschriebenen Kategorien zu lernen (oder zu lehren): Informationen gewinnen, Einschränkungen und Semantische Fehlgeformtheit. Auf diese Weise werden Sie (oder der Schüler) das Meta-Modell richtig organisiert haben, damit es sich voll in die bewußten und unbewußten Prozesse integrieren läßt.

Anhang II

Therapietranskript

Im folgenden Transkript einer vollständigeren Therapiesitzung werden die Techniken des Ankerns und Umdeutens ausgiebig eingesetzt. Hoffentlich wird Ihnen diese Darstellung ein besseres Verständnis davon vermitteln, wie sich diese Techniken innerhalb einer therapeutischen Sitzung wirkungsvoll anwenden lassen.

Sheila: Hallo (zögert in der Türöffnung, erscheint leicht desorientiert).

Therapeutin: Hallo, Sie sind bestimmt Sheila. Ich freue mich, Sie kennenzulernen. (Th. grüßt S. mit dargereichter Hand, die S. zum Händedruck ergreift. Th. bietet S. einen Stuhl an, worauf S. zunächst mit einem Blick reagiert und sich dann hinsetzt. Nachdem sich S. gesetzt hat, zieht Th. einen Stuhl zu S. hinüber, nahe an sie heran, so daß Th. die Klientin aus diesem Abstand leicht berühren kann.)

Th: Machen Sie sich's nur gemütlich, und dann werden wir zunächst mal voneinander erfahren, wie ich Ihnen helfen kann, ein paar Veränderungen zu machen, die Sie sich wünschen.

S: Nun, ähm... Ich habe Ihnen am Telefon gesagt, daß mich meine Therapeutin hierher überwiesen hat. Sie sagte, Sie würden etwas Andersartiges machen, etwas, das Neurolinguistische Programmierung heißt. (Der Ton von S's Stimme ist hoch, nasal, flach; sie schaut viel nach oben links, ihre Hände umklammern die Armlehnen des Sessels.) Ich glaube, sie hat's aufgegeben bei mir (Tonfall verändert sich, tiefer, weicher; Augen oben-links, dann nach unten rechts).

Th: (Greift hinüber, nimmt S. sanft bei der Hand.) Also ich weiß noch nicht einmal, weswegen genau Sie hier sind, aber ich weiß sicher, daß die starke Möglichkeit besteht, daß Sie die Absicht Ihrer Therapeutin fehlinterpretiert haben. Gerade eben, als Sie davon sprachen, daß Sie hierher überwiesen wurden, haben Sie nach oben links geschaut. War das Bild, das Sie sich gemacht haben, von Ihrer Therapeutin?

S.: Mmh?

Th: Schauen Sie noch einmal dahin und sagen Sie mir, ob Sie sie sehen. (Gibt Richtung an, in die S. schauen soll, immer noch S's Hand haltend.)

S: (Schaut wieder nach oben links) Ja, aber woher wußten Sie das?

Th: Das erkläre ich gleich, aber zuerst — ich hörte, Sie sagen, daß Sie glauben, sie hätte bei Ihnen aufgegeben, und ich frage mich, ob das vielleicht gar nicht der Fall war. Daß es vielleicht für Ihre Therapeutin eigentlich sehr schwierig war, Sie hierher zu überweisen, Ihnen vorzuschlagen, daß jemand anderes mit einem anderen Rüstzeug Ihnen helfen könnte, während sie das nicht konnte. Mir scheint es so, daß ihre Überweisung vielleicht ihre Besorgnis und ihr Interesse ausdrückt, und dies besagt, daß sie möchte, daß Sie diese erwünschten Veränderungen auch ohne sie zustandebringen. Aber natürlich kennen Sie sie viel besser als ich. Also, los, werfen Sie nochmal einen Blick auf sie und *sehen* Sie, ob sich diese Möglichkeit besser *anfühlt*.

S: (Schaut nach oben links, dann nach unten rechts, seufzt) Wissen Sie, ich glaube, Sie haben wirklich recht. Sie wurde bei mir frustriert, aber wenn ich jetzt darüber nachdenke, wenn es ihr egal wäre, hätte sie sich nicht die Mühe gemacht, mich hierher zu schicken.

Th: (Drückt sanft S's Hand) Das kann eine neue Lernerfahrung für Sie sein. Ich wette, es gab noch andere Male, wo Sie etwas als negative Botschaft interpretiert haben, was eine positive hätte sein können und wahrscheinlich auch eine war. Ist das wahr? (Th. schaut nach oben rechts, was ein Spiegelbild dafür ist, daß S. nach oben links schaut.)

S: (Schaut nach oben links; nickt) Warum, ja.

Th: (Drückt sanft ihre Hand) Können Sie nun allmählich Fühlung mit den positiven Botschaften aufnehmen, die Sie aus diesen Situationen hätten herausholen können? (Schaut nach unten links, Spiegelbild dafür, daß S. nach unten rechts schaut.) (*Ankern und Führen durch Zugangshinweise.*)

S: Ja, ich glaube, das kann ich. (Schaut nach unten rechts, lächelt.)

Th: Gut. Ich möchte, daß Sie sich irgendwann heute abend an zumindest drei solche Male erinnern (schaut nach oben rechts) und sich überlegen, was die anderen Botschaften (schaut nach unten rechts), die möglichen positiven, gewesen sein könnten, wobei Sie dieses Erlebnis (drückt sanft ihre Hand) fest im Sinn behalten. Okay? (Lächelt.)

S: (Lächelt) Okay, das werde ich machen.

Th: (Läßt Hand los, setzt sich etwas zurück.) Und nun sagen Sie mir, was Sie in die Therapie gebracht hat.

S: (Reagiert sofort, indem sie zusammensinkt, verdrossen und niedergeschlagen dreinblickt, die Augen niedergeschlagen.)

Th: Oh, oh. (Greift hinüber, berührt S. am Oberschenkel, um ihre Aufmerksamkeit wiederzuerlangen.) Hey, kommen Sie zurück, dahin brauchen Sie nicht zu gehen (Th. demonstriert S's Körperhaltung, lächelt dann und lehnt sich nach vorne). Ich hab's. Anstatt mir zu erzählen, was Sie hierher gebracht hat, erzählen Sie mir, woran Sie merken werden, daß Sie nicht mehr zu kommen brauchen.

S: Nun, humm, ich weiß nicht (Augen oben-links; unten-rechts). Es liegt einfach daran, daß (Augen unten-links, zappelt) ich frigide bin (dies sagt sie lauter und etwas explosiv — dann schnell, mit nach oben gedrehten Handflächen)... und ich war in prä-orgasmischen Gruppen und habe alle Bücher gelesen und es mit Therapie versucht, und immer noch nichts... nichts... und jetzt Sie.

Th: (Läßt eine Pause zu, dann sehr direkt) Woher wissen Sie, daß Sie frigide sind?

S: (Augen oben links) Hmm? Was für eine Frage ist das?

Th: Nun, ich weiß, daß Sie Möglichkeiten haben festzustellen, in was für einem Zustand Sie sich befinden und in was für einem nicht. Sie haben die Möglichkeit zu erkennen, ob Sie sich wohl fühlen (hält inne, S's Augen sind unten rechts) oder glücklich sind (Pause) oder neugierig, und so weiter. Wir Menschen verstehen Sprache eigentlich, indem wir sie mit unserer Erfahrung verknüpfen. Als Sie noch sehr klein waren, lernten Sie eine Kombination von Bildern, Gefühlen, Tönen mit einem Wort zu verknüpfen. Nehmen Sie das Wort „neugierig". Wie wissen Sie, wann Sie gerade neugierig sind?

S: Also (Augen oben-links, dann unten-links, dann nach rechts hinüber) ich weiß nicht; es ist einfach ein Gefühl (S. berührt die Taillenlinie).

Th: (Berührt S's Knie) Das Gefühl, neugierig zu sein, ist das, was Sie gerade wahrnehmen; aber da gab's noch was anderes, das geholfen hat, dieses Gefühl auszulösen. Sie haben nach oben und links geschaut, dann nach unten und hinüber (Th. demonstriert). Erinnern Sie sich an meine Frage, schauen Sie wieder nach oben, dann nach unten, und berichten Sie mir, was Sie wahrnehmen.

S: Oh! (überrascht). Ich sehe die Tür zum Speicher unseres Hauses. Ich bin ein kleines Mädchen (lacht). Meine Mutter sagte mir immer, ich sollte draußenbleiben. Da nämlich hat sie unsere Weihnachtsgeschenke aufbewahrt.

Th: Und Sie waren neugierig auf die Geschenke, oder? (Berührt S's Knie.)

S: Darauf können Sie Gift nehmen.

Th: Können Sie die Stimme Ihrer Mutter hören, wie sie Ihnen sagt, Sie sollen draußenbleiben?

S: (Augen nach unten links, lächelt) Ja.

Th: Sie haben also Möglichkeiten (geht analoge Hinweisreize durch) zu erkennen, wann Sie neugierig sind (Th. berührt S's Knie — S. nickt). Also, wie wissen Sie, daß Sie frigide sind?

S: Nun... (Augen nach oben links, dann nach unten links) weil ich keine Orgasmen habe.

Th: Was haben Sie da oben gesehen?

S: Oh, mmh (Augen wieder nach oben links). Ich sehe nur die Gruppe von Frauen in der Frauengruppe, in der ich war. So hat dies alles angefangen. Ich wußte, daß Sex für mich eigentlich nicht wichtig war, aber das hat mir anscheinend bis zu dieser Gruppe nicht viel ausgemacht. Seitdem scheint es so, als könnte ich es einfach nicht aus dem Sinn bekommen. Es ist so, als wäre ich als Frau eine Versagerin, wenn ich keine Orgasmen haben kann. Ich habe in der Therapie sehr viel daran gearbeitet, und ich weiß nun besser Bescheid, aber ich will noch immer Orgasmen.

Th: Wenn ich Sie richtig verstehe, dann wissen Sie, daß Sie frigide sind, weil Sie keine Orgasmen haben, und weil Sie keine Orgasmen haben, wissen Sie, daß Sie frigide sind?

S: Ja, das ist richtig.

Th: Also gut. Wie wissen Sie, daß Sie keine Orgasmen haben?

S: (Augen nach oben links; dann nach unten rechts; dann nach oben rechts.) Weil ich noch nie so etwas wie das hatte, was die Frauen in meiner Gruppe beschrieben haben oder wie es in den Büchern steht.

Th: (Augen nach oben links, um oben-rechts von S. zu spiegeln) Sagen Sie mir, *wie* meinen Sie, wäre denn ein Orgasmus?

S: Sie — die Frauen und einige Bücher — sagen, es gäbe da Plateaus und Gipfel und Explosionen von Gefühlen... (Während S. sprach, nahm sie weiter Bezug auf ihre konstruierten Bilder (Augen nach oben rechts) und zeichnete mit der Hand die Bilder nach). Sie haben gesagt, es wäre bei jedem einzelnen anders, aber bei mir ist noch nie etwas Derartiges passiert.

Th: Ach so. Wenn wir an unsere Diskussion darüber zurückdenken, wie wir Worte verstehen — etwa, wie Sie wissen, wann Sie neugierig sind —, also das Erlebnis, das Sie mit dem Wort „Orgasmus" verbinden, setzt sich aus Bildern zusammen; Bildern, die Sie aus Schilderungen anderer Frauen und aus Büchern konstruiert haben. Meine Vermutung ist, daß Sie — da Sie ja beim Sex nicht diese Bilder erleben — geschlossen haben, Sie hätten keine Orgasmen.

S: (Abwehrend) Wollen Sie damit sagen, ich hätte welche?

Th: Nein. Was ich damit sagen will, ist, daß Sie, nach Ihrer Schilderung zu urteilen, das Wort „Orgasmus" nur in einem System verstehen: im visuellen. Das ist ein bißchen so, als würde man das Erlebnis des Schwimmens nur in Gerüchen beschreiben.

S: Ich verstehe nicht (Augen nach unten rechts).

Th: Sie haben Beschreibungen in Worten bekommen, die Sie in Bilder übersetzt haben. Ein Orgasmus ist ein Gesamterlebnis, und der wichtigste Teil davon sind die Gefühle.

S: Aber darüber spreche ich doch — über Gefühle.

Th: Können Sie einen Gipfel und ein Plateau fühlen? Und Ihr Körper wäre wahrscheinlich nicht gewillt, eine Explosion zu fühlen.
Lassen Sie es mich erklären: Ich kann einen Orgasmus als einen Strom von warmen, höchst genußvollen Empfindungen beschreiben, die in Wellen von den Genitalien in alle Teile des Körpers ausströmen und die Gefühle der Entspannung, Ruhe und Befriedigung hinterlassen. Wenn Sie nun aber kein kinästhetisches Erlebnis hatten, mit dem Sie das, was ich gesagt habe, verbinden könnten, dann können Sie es vielleicht in ein Bild übersetzen — etwa in den Anblick eines Steines, der in einen ruhigen, dunklen Teich geworfen wird, auf dem sich dann kreisförmige Wellen ausbreiten bis zum Ufer des Teiches, bis dieser wieder ruhig daliegt. Das wäre ein ausgezeichnetes bildhaftes Verständnis meiner Schilderung, aber es wäre nicht das, was Sie erwarten oder hoffen würden, bei einem Orgasmus zu fühlen.

S: Ich weiß also noch weniger über das Ganze, als ich zu wissen gehofft habe?

Th: Oh, ich bin sicher, Sie wissen viel mehr darüber als Sie sich zu wissen bewußt sind (berührt S. am Knie). Und jener Teil von Ihnen, der neugierig auf einen Orgasmus ist, ist wahrscheinlich ebenso ungeduldig, wie Sie es damals waren, als Sie es kaum erwarten konnten, die Weihnachtsgeschenke im Speicher zu sehen. Ist das richtig?

S: (Augen oben links) Ja, ich bin neugierig und ungeduldig, und ich verpasse nicht gerne etwas. Es ist so, als würden andere Leute die Bonbons bekommen und ich nichts abkriegen.

Th: Ausgezeichnet. Sie haben einen Teil in sich, der neugierig ist und die Welt nach neuen Erfahrungen erkundet und sichergehen will, daß Sie an die vergnüglichen Erfahrungen herankommen, die er bei anderen Leuten sieht. Fragen Sie diesen Teil, ob er etwas sehen kann, das Sie daran hindern könnte, Orgasmen zu haben.

S: Was? Was fragen?

Th: Gehen Sie in sich und fragen Sie Ihren neugierigen Teil, ob er etwas sehen kann, das Sie daran hindern könnte, Orgasmen zu haben. Dann schauen Sie nach oben links, da sich der Teil in seiner Antwort zumeist in Bildern ausdrückt.

S: (Geht nach unten links; dann nach oben links — schüttelt verneinend den Kopf.) Da ist nichts.

Th: Gut.

S: Einen Moment bitte. Was ist ein „Teil"?

Th: Ein Teil ist eine Art und Weise, über Aspekte von Ihnen zu sprechen, die sich in Fähigkeiten, etwas zu tun oder zu sein, ausdrücken. Da es Ihre Fähigkeit ist, neugierig zu sein, ungeduldig auf eine erwünschte Erfahrung zu sein, können wir Ihren „neugierigen" Teil ansprechen. Ursprünglich haben sich diese Teile aus Lernerfahrungen entwickelt. Aus Erfahrungen, wie einen heißen Stein zu berühren, die Treppe herunter oder vom Fahrrad zu fallen, entwickeln wir einen vorsichtigen

Teil. Solche Erfahrungen erzeugen Schmerz — und daher entwickelt sich ein vorsichtiger Teil (der oft visueller Natur ist und auf Gefahren aufpaßt), um uns zu schützen. Alle unsere Teile sind zu unserem Wohle da und sind Ressourcen, wenn wir erst einmal lernen, sie zu nutzen. Darum geht es beim Umdeuten. Es ist ein Prozeß, durch den Sie lernen, mit Teilen von sich Kontakt aufzunehmen, indem Sie sich Ihrer eigenen inneren Prozesse (Verbildlichungen, inneren Dialogen, Gefühlen usw.) bewußt sind, denn so teilen sich Ihre Teile dann mit. Dann lernen Sie, welchem Zweck sie dienen und wie sie sich nutzen lassen, um gewünschte Veränderungen zu erreichen sowie ein befriedigendes und glückliches Leben zu führen. Oft aber geraten Teile, wenn sie ihren Geschäften nachgehen, in Konflikt mit einem anderen Teil. Hatten Sie jemals einen Konflikt zwischen, sagen wir, Ihrem abenteuerlustigen Teil und Ihrem vorsichtigen Teil?

S: Oh ja. Meistens läuft es so, daß ich am Ende überhaupt nichts tue und mich dann später so fühle, als hätte ich etwas verpaßt.

Th: Beim Umdeuten würden Sie Kontakt mit dem vorsichtigen Teil aufnehmen und herausfinden, was für Versicherungen und Vorsichtsmaßnahmen er von Ihnen fordern würde, damit er zulassen könnte, daß Sie ohne seine Einmischung ein abenteuerliches Erlebnis haben. Schließlich dient er ja der lebenswichtigen Funktion, Sie vor Gefahr zu schützen. Sie können Ihre Wertschätzung dafür ausdrücken, daß er seine Aufgabe erfüllt, indem er seine Bedürfnisse befriedigt, und dann weitergehen und den abenteuerlustigen Teil von Ihnen befriedigen. Wenn wir das im Auge behalten, können wir die Möglichkeit erkunden, daß es einen Teil gibt, der Ihnen zum jetzigen Zeitpunkt unbekannt ist und der Sie daran hindert, Orgasmen zu haben.

S: Nun, wenn es so einen gibt, möchte ich ihn einfach loswerden.

Th: Er würde bloß warten und zurückkommen, vielleicht in einer anderen Form. Teile werden aus Lernerfahrungen heraus geboren. Sie werden geboren, um einem Zweck zu dienen, und wenn sich ein Erlebnis ereignet, für das diese Lernerfahrung zu gelten scheint, äußern diese Teile sich. Vergessen Sie nicht, daß sie einem Zweck dienen; jeder hat eine Funktion und tut das Beste, was er zu tun weiß. Was Sie tun können, ist, einen Teil zu verändern, ihn so zu erziehen, daß er seine Aufgabe in einer Weise erfüllt, die Ihren gegenwärtigen Wünschen und Bedürfnissen besser angepaßt ist. Aber nun genug damit.
Ich möchte, daß Sie innendrin gegenüber allen Ihren Teilen eine Erklärung abgeben, eine Erklärung, daß Sie sich nun einem neuen Veränderungsprozeß unterziehen und daß Sie Ihr Bestes tun werden, um alle zu berücksichtigen, und ihre Kooperation bei diesem Abenteuer wünschen. Okay?

S: Okay. (Beugt den Kopf, schließt einige Augenblicke lang die Augen, lacht.)

Th: Was ist passiert? Haben Sie eine Antwort bekommen?

S: Ich habe es so gemacht, wie Sie es gesagt haben, und habe eine Runde mit Applaus gehört.

Th: Ausgezeichnet. Nun kündigen Sie Ihren Teilen an, daß Sie als Demonstration dieses neuen Veränderungsprozesses sich so reorganisieren werden, daß Sie imstande sind, bei der passenden Gelegenheit zum Orgasmus zu kommen. Los — sagen Sie's ihnen.

S: (Schließt die Augen, legt den Kopf schräg, nach links, hmmt dann und bewegt den Kopf nach unten rechts; lächelt und öffnet die Augen und sieht selbstzufrieden aus.)

Th: (Während S. nach unten rechts schaut, berührt T. (Teil) ihr anderes Knie.) Es scheint so, als sei da drinnen eine Menge losgewesen.

171

S: Ja, ich habe ihnen gesagt, was Sie sagten, und zuerst kam diese Stimme, die sagte: „Ich glaube es, wenn ich es sehe". Und ich habe dieses Übelkeitsgefühl hier (weist auf Magen-/Brustgegend) bekommen, und eine andere Stimme hat gesagt: „Du wirst es glauben, wenn es gefühlt wird, nicht gesehen".

Th: Wunderbar. Wir wissen, da drinnen gibt es Teile, die lernen und bereit sind, Ihren Kopf in die richtige Richtung zu lenken (nach unten rechts).

S: Hmmh?

Th: Nun möchte ich, daß Sie alle Erlebnisse durchleben, die Sie normalerweise haben, wenn Sie sich im Geschlechtsakt befinden. Es gibt eine Serie, eine Abfolge von Erlebnissen, die zum Orgasmus führen oder ihm folgen. Irgendwo ist Ihre Abfolge unterbrochen oder führt zu einem anderen Erlebnis als dem Orgasmus. Wir müssen mehr darüber erfahren, was mit Ihnen passiert. Fordern Sie also Ihre Teile, besonders aber Ihren neugierigen, auf, nach innen zu gehen und sich — dabei sollen Sie sich die Zeit nehmen, die Sie brauchen — und sich in allen Einzelheiten an eine Situation zu erinnern, in der Sie wirklich erregt waren — Sie haben sehnsuchtsvoll das vor Ihnen liegende körperliche Erlebnis erwartet — und, wenn Sie da anfangen (greift hinüber und drückt S's rechtes Knie, sobald ein deutlicher Ausdruck auftritt), erinnern Sie sich gut daran, wie ein Gefühl allmählich dem anderen folgte.

S: (Setzt sich zurück, atmet tief, Gesichtsmuskeln entspannen sich. Während Sie diesen inneren Prozeß durchläuft, zeigen sich schnelle Augenbewegungen (REM), es kommt Farbe in ihr Gesicht, die Atemgeschwindigkeit erhöht sich eine zeitlang, leichte rhythmische Hand- und Fußbewegung, die Lippen schwellen leicht an, dann hält das Atmen an einem Punkt an, S. runzelt leicht die Stirn, der Körper versteift sich. *All dies geschieht ganz subtil.*) Gut, ich hab's gemacht. Und was jetzt?

Th: Was Sie da gerade gemacht haben — was davon haben Sie am stärksten wahrgenommen?

S: (Augen unten rechts) Daß ich das gleiche Gefühl des Ekels und der Enttäuschung habe, das ich nach dem Geschlechtsverkehr habe.

Th: Ich will etwas zu dieser bewußten Wahrnehmung erklären, die Sie gerade jetzt erleben. Was Sie bewußt wahrnehmen, ist dieses bestimmte Gefühl. Vielleicht werden Sie Ihren an die Stuhllehne gedrückten Rücken oder das Summen der Klimaanlage oder den Geruch des Rauchs der heute früh hier gerauchten Zigaretten nicht wahrnehmen. Zumindest aber haben Sie wahrscheinlich das alles nicht bewußt wahrgenommen, bis ich es in Ihr Bewußtsein gerufen habe. Was wir bewußt wahrnehmen können, ist beschränkt. Sonst würden wir überwältigt werden. Wir wählen Anteile des Erlebens aus, deren wir uns bewußt sind. Ich weiß, daß Sie sexuell auf Körpergerüche, Atemrhythmen, Temperaturveränderungen, Töne reagieren — auf alle möglichen Stimuli, deren Sie sich wahrscheinlich nicht bewußt sind. Zudem reagieren Sie, während Sie auf alle von der Außenwelt, insbesondere von Ihrem Partner —

S: Meinem Mann.

Th: — von Ihrem Mann gelieferten Stimuli reagieren, auch auf die Anteile des Erlebens, die Sie innerlich erzeugen: innere Töne, Dialoge, Bilder, Gefühle usw. Daher möchte ich Sie nun bitten, das gleiche noch einmal zu machen, aber diesmal etwas anders. Sie können sich von Ihrem neugierigen Teil (drückt S. am linken Knie, sobald der Ausdruck auftritt) und Ihrem erregten Teil (drückt anderes Knie; Ausdruck tritt auf) begleiten lassen, und die beiden werden ganz besonders darauf bedacht sein herauszufinden, was Sie daran hindert, zum Orgasmus zu kommen. Auch können Sie, bis diese Lernerfahrung stattgefunden hat, weiter die Ereignisse

Ihres sexuellen Erlebnisses an sich vorbeiziehen lassen und alle jene Aspekte wahrnehmen, die Sie vorher vermißt hatten, die Gerüche, Töne, speziellen Berührungen, Anblicke — alle —, und vielleicht achten Sie zuerst auf einen, dann auf einen anderen, und dann fügen Sie sie zusammen.

S: Klingt wundervoll!

Th: Da gebe ich Ihnen recht. Während Sie also dies machen, können sich Ihre Teile auf die Suche begeben. Fragen Sie sie, ob sie bereit sind, mitzumachen.

S: (Geht in sich, schaut hoch, nickt mit dem Kopf) Ja.

Th: Gut. Sagen Sie ihnen, sie könnten der einen oder der anderen Hand oder gar beiden gestatten, sich zu heben, wenn sie (die Teile) die richtige Entdeckung gemacht haben.

S: (Geht in sich) Okay. (S. durchläuft die gleiche Sequenz von Körperveränderungen wie vorher, durchläuft sie dann noch ein zweites Mal. Gerade bevor sich das Stirnrunzeln ganz ausdrückt, beginnt sich die rechte Hand zu heben.)

Th: (Greift hinüber, berührt die rechte Hand) Ich verstehe. Und wenn Sie die Aufgabe zu Ihrer Zufriedenheit erfüllt haben, möchte ich von Ihnen, daß Sie den ganzen Weg hierher zurückkommen.

S: (Hält die Augen noch eine Weile geschlossen, öffnet sie dann und blinzelt.)

Th: Bevor Sie mir erzählen, was Sie erfahren haben, holen Sie ein paarmal tief Atem und übermitteln diesen Teilen eine Botschaft der Wertschätzung für das, was sie getan haben.

S: (Lächelt, atmet tief.) Nun, was ich herausgefunden habe, war, daß es zwei Dinge gibt, die mich daran hindern, zum Orgasmus zu gelangen. Bei dem einen habe ich gewußt, daß es da war, aber ich wußte nicht, daß es mich daran hinderte, Orgasmen zu haben.

Th: Okay. Erzählen Sie mir darüber in der natürlichen Folge, wie sie ablaufen.

S: (In S's Analogverhalten tritt ein „Ausdruck" auf, der zuvor in der Mitte der bereits geäußerten Abfolge zu sehen war. Während sie spricht, vervollständigt sich die Abfolge der „Ausdrucksäußerungen".) Nun, wenn ich mich wirklich darauf einlasse, wenn ich wirklich anfange es zu genießen, also wenn ich wirklich die sich steigernden Empfindungen spüren kann (hält inne, Augen nach unten links), kommt diese Stimme und sagt: „Aber, aber! Das gehört sich nicht, und du bist ein schlechtes Mädchen".

Th: Wessen Stimme ist das?

S: (Unten links) Warum, es ist die Stimme meiner Mutter — sie verdirbt mir alles.

Th: Nun mal langsam. Sie sagten, es gäbe zwei Dinge. Erzählen Sie mir weiter. Was passiert nach der Stimme Ihrer Mutter?

S: Nun, ich habe sie nie zuvor gehört, aber nach ihr kommt meine Stimme und sagt: „Schon wieder. Du schaffst es nie. Ganz gleich was, du schaffst es nie".

Th: Okay. Es gibt also zwei Teile, die sich im inneren Dialog ausdrücken. Gehen Sie in sich und fragen Sie, ob außer diesen beiden Teilen Ihnen sonst noch etwas den Weg zum Orgasmus versperrt.

S: (Geht in sich) Nein, damit hat es sich.

Th: Also dieser Mutter-Teil von Ihnen... er sagt Ihnen, was Sie tun, ist ungehörig und schlimm, stimmt das?

S: Ja.

Th: Können Sie jetzt hören, wie sie Ihnen das sagt?

S: Ja.

Th: Gut. Fragen Sie den Teil — Sie können ihn Mutter-Teil nennen, wenn Sie mögen —, was er für Sie zu tun versucht.

S: (Geht in sich) Er sagt — es ist komisch, es ist tatsächlich die Stimme meiner Mutter (Achselzucken) — er sagt, er bringe mir bei, daß Sex falsch und schlimm sei.

Th: Fragen Sie ihn, ob er versucht, Sie vor etwas zu schützen, das er für falsch und schlimm hält.

S: (Geht in sich) Ja, ja, das tut er. Aber das ist verrückt. Ich glaube nicht, daß Sex schlecht oder schmutzig ist. Ich weiß es besser.

Th: Ja, *Sie* wissen es besser, aber wir sprechen über den Teil von Ihnen, der seine Lernerfahrung offenbar von Ihrer Mutter übernommen hat. Das wollen wir mal auschecken. Können Sie sich erinnern, daß Ihre Mutter Ihnen irgendetwas über Sex erzählt hat?

S: Oh, Sie hat mich und den Nachbarjungen beim Doktorspiel erwischt. Sie hat einen Anfall gekriegt.

Th: Hat sie irgendetwas davon gesagt, daß es schlecht und schlimm sei?

S: Ja.

Th: Soviel Sie wissen, hält Ihre Mutter Sex für schlecht und schmutzig?

S: Sicher tut sie das.

Th: Also haben Sie mehr Lernerfahrungen auf diesem Gebiet gemacht, als sie die Gelegenheit dazu hatte. Stimmt's?

S: Ja, das muß wohl so sein.

Th: Manchmal ist das, was Mütter ihren Töchtern über Sex erzählen, wenn diese klein sind, ganz anders als das, was sie ihnen erzählen, wenn sie Frauen werden. Das heißt also, sie vermitteln Lehren über Sexualität, die sie für das jeweilige Entwicklungsstadium der Tochter angemessen halten.

S: Nicht meine Mutter. Sex wurde um so schmutziger, je älter ich wurde, was meine Mutter anbelangte.

Th: Das ist Pech. Nun, ich weiß also, daß Ihre Mutter versuchte, Sie vor Erfahrungen zu schützen, die sie für schlimm und schmutzig hielt. Ein Teil von Ihnen akzeptierte ihre Lehren, er hat dabei vielleicht gelernt, daß Ihre Mutter immer Ihre besten Interessen im Auge hatte, und als Kind haben Sie gut daran getan, sich nach ihrem Rat zu richten. Also kommt ein Teil — Ihr Mutter-Teil — jedesmal, wenn Sie sexuell erregt sind, mit ihrer Warnung herein.

S: Das scheint sicher so zu sein.

Th: Dieser Teil war, was Sexualität betraf, in seinem Wachstum gehemmt. Verständlicherweise, wenn er seine Lernerfahrungen von Ihrer Mutter bezog, denn das Wissen Ihrer Mutter über sexuelle Erfüllung ist auch beschränkt.

S: Ich will meine Mutter aus meinem Sexualleben raushaben.

Th: Gut. Ich vermute aber, daß Ihr Teil, solange er um Ihr Wohl besorgt ist — was Sie doch zu würdigen wissen, oder?

S: Ja.

Th: — und Sex für schlecht für Sie hält, weiterhin in unangenehmer Weise störend Ihren Versuch beeinflussen wird, zur sexuellen Erfüllung zu gelangen. Gehen Sie in sich und fragen Sie, ob das wahr ist.

S: (Tut das) Ja. Was jetzt also?

Th: Fragen Sie diesen Teil, was er braucht, um sich bedenkenlos aus diesem Anteil Ihres Lebens heraushalten zu können.

S: (Geht in sich und fragt) Er sagt, er muß wissen, daß es mir gut geht.

Th: Gut. Fragen Sie ihn folgendes: Wenn er die Sicherheit hätte, daß sexuelle Erfüllung gut für Sie ist, ja sogar notwendig, damit Sie Ihr volles Potential als Person wie als Frau entwickeln können, würde er sich dann aus diesem Bereich Ihres Lebens heraushalten?

S: Meine Mutter würde das nie glauben.

Th: Aber das ist ein Teil von Ihnen - nicht Ihre Mutter. Es ist ein Teil, der sich auf Lernerfahrungen Ihrer Mutter gründet, aber dennoch ist es ein Teil von Ihnen, und er hat Zugang zu all jenen Lernerfahrungen, die Sie gemacht haben, seit Sie ein kleines Mädchen waren. Fragen Sie ihn also.

S: Okay (geht in sich). Er sagt ja, aber wie?

Th: Haben Sie Kinder?

S: Nein, aber ich möchte welche.

Th: Also selbst wenn dieser Teil die Stimme Ihrer Mutter hat, wurde er erschaffen, als Sie klein waren, und er ist nicht zusammen mit Ihnen erwachsen geworden. Zwar haben Sie jetzt keine Kinder, aber wenn Sie welche hätten — wenn Sie eine Tochter hätten, der Sie etwas über die Wunder des Frauseins und der Sexualität vermitteln wollten, eine Tochter, die aus ihren sexuellen Erlebnissen mehr herausholen soll als Sie aus den Ihren herausholten —, Sie hätten ihr viel zu sagen, stimmt's?

S: Ja. Ich würde es sicher ganz anders machen als meine Mutter.

Th: Ausgezeichnet. Nehmen Sie jetzt vor Ihrem geistigen Auge diesen Teil von sich bei der Hand. Durchwandern Sie mit ihr den Pfad des Lebens, und vermitteln Sie ihr auf sanfte und beruhigende Weise, was es bedeutet, eine Frau zu sein. Überraschen und erfreuen Sie sie mit allem, was Sie wissen, geben Sie ihr, was sie braucht, um ein richtiger Mutter-Teil für Sie zu sein — und sie soll auch in Ihrem Leben einen Platz finden, wo sie nützlich ist.

S: Okay.

Th: Gut. Schließen Sie nur die Augen, nehmen Sie sich so viel Zeit, wie Sie brauchen, und Sie können diesen Prozeß, bei dem Sie Ihrem Mutter-Teil etwas über das Frausein vermitteln, genießen, oder? So ist es gut. Und wenn Sie diese Reise zu Ihrer vollen Zufriedenheit beendet haben, können Sie zurückkommen. Aber nicht eher, als *alle* Teile zufrieden sind, daß alle wichtigen Lernerfahrungen der menschlichen Sexualität vollzogen worden sind.

S: (Setzt sich zurück, verbringt etwa 12 Minuten damit, ruhig dazusitzen, mit geschlossenen Augen, tief atmend, öffnet die Augen, setzt sich auf) Okay (lächelt, sieht zufrieden drein, entspannt).

Th: Sie sehen so zufrieden aus.

S: Oh, ich bin's auch.

Th: Und in welchem Bereich Ihres Lebens haben Sie einen Platz für Ihre Mutter gefunden?

S: In der Küche. Sie kann wirklich gut kochen, und sie wird mir in der Küche helfen. Wir werden so manche tollen Sachen machen.

Th: Und Sie ist bereit, sich aus dem Schlafzimmer herauszuhalten?

S: Oh, ja. Ja. Ich wußte nämlich gar nicht, daß ich all das wußte, was ich ihr vermittelte.

Th: Ich glaube Ihnen. Manchmal kann die Vermittlung von Wissen an andere der beste Weg sein zu lernen.

S: Hmmh.

Th: Ich erinnere mich, daß da auch noch eine andere Stimme war, die den natürlichen Lauf der Dinge gestört hat. Stimmt's?

S: Oh, ja. Das habe ich ganz vergessen. Toll! Ich fühle mich so gut wegen dem, was Sie gerade gemacht haben.

Th: Hey, *Sie* haben's gemacht, nicht ich. Vergessen Sie das nicht. (Kopiert S's Analogverhalten von vorhin.) Diese andere Stimme... sie sagte: „Oh-hoh, du hast's verpatzt, du schaffst es nie". Stimmt's?

S: Ja, jetzt kann ich sie hören. Es ist meine Stimme.

Th: Fragen Sie diesen Teil, ob er einen Orgasmus haben will.

S: (Tut das) Ja, er sagt ja.

Th: Gut. Fragen Sie ihn, ob es jetzt, da die Mutter fort ist, leichter sein wird.

S: (Tut das) Ja (etwas zögernd).

Th: Aber er weiß nicht genau wie.

S: Hmmh-hm (schüttelt verneinend den Kopf).

Th: Bitten Sie ihn, genau zuzuhören, während ich ihm eine spezielle Strategie zur Intensivierung Ihres sexuellen Erlebens vorschlage. Wenn er zustimmt, daß dies eine gute Strategie ist und sie einsetzen wird, soll er es Ihnen dadurch sagen, daß er Ihnen ein warmes, gutes, befriedigendes Gefühl vermittelt, das da durchgeht (weist auf untere Bauch- und Beckengegend). Okay?

S: Ja.

Th: Ich freue mich, daß Sie zustimmen, aber fragen Sie in sich nach, um sich zu vergewissern.

S: (Tut das) Ja. (Nickt, Augen nach unten rechts). Ich fühle mich schon so ein bißchen erregt.

Th: Irgendwie achtet dieser Teil genau auf Ihr sexuelles Erleben und sagt Ihnen, wenn er meint, daß Sie keinen Orgasmus bekommen. Zur Zeit dient er noch dazu, sie von denjenigen Reizen abzulenken, die Ihren Genuß erhöhen. Ich schlage diesem Teil vor, daß er sein Geschick und Talent einsetzt, um Ihr Erleben zu steigern und Sie sogar zum Orgasmus zu führen.

S: Wie?

Th: Indem Sie diesen inneren Dialog gebrauchen, um sich alle Aspekte Ihres Erlebens beschreiben zu lassen, um als Spiegel zu dienen, um zu beschreiben, wo Ihr Körper den seinen berührt, um Ihnen sinnlich die Gerüche, die Atemrhythmen, den Rhythmus der Bewegung zu beschreiben, und zwar immer in positiven Begriffen, indem er Sie führt und sich immer vergewissert, daß Sie in dem Erlebnis eingetaucht bleiben, in dem Sie sich befinden. Er steigert beständig Ihr Erleben. Er findet, was Ihnen mehr Genuß bereitet, und bringt Sie dahin. Die Quintessenz davon ist, daß Sie diesen Teil als primäre Ressource gebrauchen und dabei sicherstellen, daß er verknüpft ist mit Ihrer Fähigkeit, erregt zu sein.

S: Es geschieht tatsächlich. Ich kann's fast nicht glauben, aber er sagt mir „Ja", genauso wie Sie gesagt haben.

Th: Großartig. Gehen Sie nun — nur um sich zu vergewissern — zurück, den ganzen Weg zurück, und erlauben Sie ihm, Sie durch ein imaginäres sexuelles Erlebnis zu begleiten und alle Strategien, die ich vorgeschlagen habe, zu gebrauchen.

S: (Geht in sich.)

Th: Lassen Sie sich den ganzen Weg von ihm begleiten.

S: (Passendes Analogverhalten für die geschilderte Aufgabe). Gott, das ist toll! Ich bin bereit!

Th: Für.

S: Für mein neues Sexualleben. Mein Mann wird sicher völlig überrascht sein.

Th: Vergessen Sie nicht, ihn ein bißchen für Ihre neuen Erlebnisse zu loben. Schließlich spielt er eine wichtige Rolle.

S: Natürlich (Lächelt).

Th: Gehen Sie in sich und fragen Sie, ob bei dieser Sache noch etwas unerledigt geblieben ist.

S: (Tut das) Nein, alles ist großartig. Ich fühle mich ungeheuer!

Th: Denken Sie einen Moment lang zurück und erinnern Sie sich, wie es war, Teile von sich selbst zu entdecken — damit Sie sie finden können, wenn Sie müssen. Sie müssen oft Kontakt mit ihnen aufnehmen, um Ihre Auswahlmöglichkeit unter ihnen zu erhöhen.

S: Ja, ich glaube, das kann ich machen.

Th: Ich will Sie nun teilhaben lassen an einigen Methoden, die mir Ihre Teile zugänglich gemacht haben, damit ich mit Ihnen kommunizieren konnte. Wir nennen sie Anker. Vielleicht haben Sie bemerkt, daß ich Sie häufig berührt habe.

S: Ja, ich fand es zuerst etwas seltsam, aber es war angenehm.

Th: Danke, ich stelle gerne Kontakt her. Aber außerdem waren diese Berührungen für mich auch Methoden, Teile von Ihnen „hervorzurufen". Achten Sie auf Ihr Erleben, während ich das demonstriere. (Feuert nacheinander die Anker ab.)

S: Das ist unglaublich. Ich habe wirklich gefühlt, wie ich mich verändere.

Th: Nun können Sie es für sich selbst machen und lernen, wie sie für Sie arbeiten.

S: Es funktioniert, aber nicht so gut, wie wenn Sie es machen.

Th: Es wird funktionieren. Sie müssen nur lernen, was Sie anstreben. Wann immer Sie Kontakt mit Ihrem neugierigen Teil aufnehmen wollen, der so ungeduldig darauf wartet, daß Sie das reichst- und vollstmögliche Leben haben, drücken Sie einfach sanft Ihr linkes Knie und erinnern sich an die Speichertür. Das Gefühl der Neugier wird Sie wissen lassen, daß dieser Teil sich Zugang zu Ihnen verschafft. Los, versuchen Sie es jetzt.

S: Sie haben recht.

Th: Natürlich. Auch können Sie, wenn Sie wollen, Ihren Mann in ein Geheimnis einweihen. Wenn er Sie gerne auf subtile und angenehme Weise erregen möchte, soll er Sie bloß sanft am rechten Knie drücken. Nämlich so (drückt rechtes Knie).

S: (Farbe kommt ins Gesicht, lächelt) Was haben Sie mit mir gemacht?

Th: Diese besondere Berührung hat sich bei Ihnen mit dem Erlebnis des Erregtseins assoziiert... der Vorfreude auf den umfassenderen physischen Kontakt. Wir nennen sie Anker. Sie geraten in Verknüpfung mit besonderen Erlebnissen. Zudem können Sie jetzt, da Sie Bescheid wissen, sogar noch stärker reagieren, indem Sie nämlich zulassen, daß Ihr bewußtes Erleben sich mit Ihrer unbewußten Reaktion verbindet. Haben Sie irgendwelche Fragen?

S: Wahrscheinlich schon, aber im Moment nicht.

Th: Gut, dann lassen Sie sich einige Momente Zeit und lassen Sie den Prozeß Revue passieren, durch den wir gegangen sind, damit Sie es alleine tun können, indem Sie sich erinnern, wie Sie Kontakt mit Teilen aufgenommen haben, von ihnen gelernt und etwas über sie erfahren haben, und zwar in einer Weise, die es Ihnen gestattet, die erwünschten Veränderungen zu erzielen.

S: (Schließt die Augen und ist mehrere Minuten still.) Okay.

Th: Gut. Ich möchte gerne, daß Sie in zwei Wochen wiederkommen. Dann werden wir nachsehen, welche Veränderungen stattgefunden haben, und Sie können sich noch andere Veränderungen heraussuchen, die Sie gerne machen würden. Dann können Sie in meiner Gegenwart diesen Prozeß anwenden, um eventuell auftretende Schwierigkeiten zu beheben, um sicher zu gehen, daß Sie eigenständig Veränderungen bewirken und neue Wahlmöglichkeiten erschließen können. Okay?

S: Sicher, und vielen Dank. Vielen herzlichen Dank.

Literatur

Ard, B., Ard, C., Handbook of Marriage Counseling, Science and Behavior Books, Palo Alto 1973.

Bandler, R., Grinder, J., The Structure of Magic, Volume I, Science and Behavior Books, Palo Alto 1975; dt.: Metasprache und Psychotherapie. Die Struktur der Magie I, Junfermann, Paderborn 1981.

—, Patterns of the Hypnotic Techniques of Milton H. Erickson, M. D., Volume I, Meta Publications, Cupertino 1976.

Bandler, R., Grinder, J., DeLozier, J., Patterns of the Hypnotic Techniques of Milton H. Erickson, M. D., Volume II, Meta Publications, Cupertino 1977.

Bandler, R., Grinder J., Cameron-Bandler, L., DeLozier, J., Patterns of the Hypnotic Techniques of Milton H. Erickson, M. D., Volume III, Meta Publications, Cupertino 1979.

Bandler, R., Grinder, J. Satir, V., Changing with Families, Science and Behavior Books, Palo Alto 1976.

Belliveau, F., Richter, L., Understanding Human Sexual Inadequacy, Little, Brown and Co., New York 1970.

Berne, E., Sex in Human Loving, Simon & Schuster, New York 1970.

Ellis, A., Sex without Guilt, Lyle Stewart, New York 1958.

—, The Art and Science of Love, Lyle Stewart, New York 1960.

—, The Sensuous Person, The New American Library, New York 1974.

Farrely, F., Brandsma, J., Provocative Therapy, Meta Publications, Cupertino 1978.

Fried, E., On Love and Sexuality, Grune & Stratton, New York 1960.

Grinder, J., Bandler, R., The Structure of Magic, Volume II, Science and Behavior Books, Palo Alto 1976; dt.: Kommunikation und Veränderung. Die Struktur der Magie II, Junfermann, Paderborn 1982.

Haley, J., Advanced Techniques of Hypnosis and Therapy: Selected Papers of Milton H. Erickson, M. D., Grune & Stratton, New York 1967.

—, Uncommon Therapy, Grune & Stratton, New York 1968; dt.: Die Psychotherapie Milton H. Ericksons, Pfeiffer, München 1978.

Jaynes, J., The Origin of Consciousness in the Breakdown of the Bicameral Mind, Houghton Mifflin, New York 1976.

Laing, R. D., The Politics of the Family, Random House (Vintage Press), New York 1969; dt.: Die Politik der Familie, Kiepenheuer & Witsch, Köln 1974.

Marshall, D., Suggs, R., Human Sexual Behavior, The Institute for Sex Research, 1972.

Masters, W., Johnson, V., Human Sexual Response, Little, Brown and Co., New York 1966; dt.: Die sexuelle Reaktion, Akademische Verlagsgesellschaft, Frankfurt 1967.

—, Human Sexual Inadequacy, Little, Brown and Co., New York 1970; dt.: Impotenz und Anorgasmie, Frankfurt 1973.

—, The Pleasure Bond, Little, Brown and Co., New York 1975; dt.: Spaß an der Ehe, Molden, Wien-München-Zürich 1976.

Perls, F., The Gestalt Approach and Eye Witness to Therapy, Science and Behavior Books, Palo Alto, ca. 1973; dt.: Grundlagen der Gestalt-Therapie. Einführung und Sitzungsprotokolle, Pfeiffer, München 1976.

Slater, P., Footholds, Clark Irwin Co., Canada 1968.

Watzlawick, P., Weakland, J., Fish, R., Change, W. Norton, New York 1974; dt.: Lösungen. Zur Theorie und Praxis menschlichen Wandels, Huber, Bern 1974.

NLP-Bücher von JUNFERMANN

Andreas, Steve & Connirae: Gewußt wie. 2. Auflage 1990

Bachmann, Winfried: DAS NEUE LERNEN - Eine systematische Einführung in das Konzept des Neurolinguistischen Programmierens (NLP). 1991

Bandler, Richard: Veränderung des subjektiven Erlebens. 3. Auflage 1990

Bandler, Richard: „Bitte verändern Sie sich ... jetzt". 1991

Bandler, Richard & Grinder, John: Neue Wege der Kurzzeit-Therapie. 9. Auflage 1991

Bandler, Richard & Grinder, John: Metasprache und Psychotherapie. 6. Auflage 1990

Bandler, Richard & Grinder, John: Kommunikation und Veränderung. 5. Auflage 1989

Bandler, Richard & Grinder, John: Reframing. 4. Auflage 1990

Bandler, Richard & MacDonald, Will: Der feine Unterschied. 2. Auflage 1991

Bierbaum, Georg, Marwitz, Klaus & May, Horst: Happy Selling. Der geniale Verkäufer. 1990

Brinkmann, Manuela: Unterwegs zur Vollkommenheit: Rolfing und NLP. 1989

Cameron-Bandler, Leslie: Wieder zusammenfinden. 5. Auflage 1991

Cameron-Bandler, Leslie & Lebeau, Michael: Die Intelligenz der Gefühle. 1990

Dilts, Robert: Identität, Glaubenssysteme und Gesundheit. 1991

Dilts, Robert, Bandler, Richard, Grinder, John u.a.: Strukturen subjektiver Erfahrung. 3. Auflage 1989

Gordon, David: Therapeutische Metaphern. 3. Auflage 1990

James, Tad & Woodsmall, Wyatt: TIME LINE. 1991

Stahl, Thies: Triffst du 'nen Frosch unterwegs... 3. Auflage 1990

Weiß, Josef: Selbst-Coaching. 2. Auflage 1991

NLP-tangierende Titel:

Erickson, Milton H. & Rossi, Ernest L.: Der Februarmann. 1991

Feldenkrais, Moshe: Die Feldenkrais-Methode in Aktion. 2. Auflage 1990

Gazzaniga, Michael: Das erkennende Gehirn. 1989

Ornstein, Robert: MULTIMIND. 2. Auflage 1990

Perls, Fritz: Gestalt · Wachstum · Integration. 4. Auflage 1990

Satir, Virginia: Kommunikation · Selbstwert · Kongruenz. 1990

Satir, Virginia & Baldwin, Michele: Familientherapie in Aktion. 2. Auflage 1989

Information zur Aus- und Fortbildung in NLP in Deutschland

FORUM für Metakommunikation D, CH, A

Dipl. Biokybernetiker Bernd Isert
NLP-Trainings und Beratung · NLP-Einsätze in der Wirtschaft
Ferienseminare
Quellengrund 2
D-3000 Hannover 91
Tel.: 05 11 / 2 12 33 33
Fax: 05 11 / 2 11 02 20

DGNLP/Communication & Coaching GmbH
Deutsche Gesellschaft für Neurolinguistisches Programmieren

Haus Elbroich · Am Falder 4
D-4000 Düsseldorf 13
Tel.: 02 11 / 7 57 07 57
Fax: 02 11 / 75 32 15

NLP-Ausbildungen im sozialen Bereich und der Wirtschaft,
Sonderseminare

SYNAPSE

Dr. med. H.T.M. Alberts, Dipl. Psych. K.H. Leinhos,
Dipl. Psych. C.M. Reuben
Tübinger Str. 105
D-7000 Stuttgart 1
Tel./Telefax: 07 11 / 6 40 18 16
Stuttgarter Seminare zur Technik und
Kunst menschlicher Kommunikation

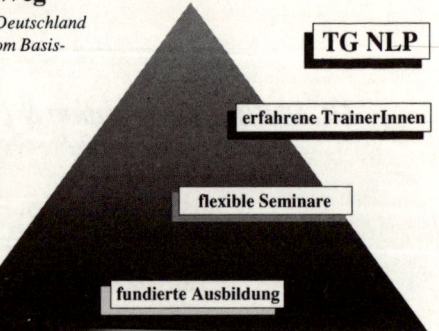

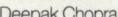